CLASSICS

译文 名著文库　　YIWEN CLASSICS

[美] 弗·司各特·菲茨杰拉德 著

F. Scott Fitzgerald

巫宁坤等 译

了不起的盖茨比
The Great Gatsby

上海译文出版社

图书在版编目(CIP)数据

了不起的盖茨比 / (美)菲茨杰拉德(Fitzgerald,F．S．)著；巫宁坤等译.—上海：上海译文出版社,2006.8 (2013.11重印)
(译文　名著文库)
ISBN 978 - 7 - 5327 - 3985 - 1

Ⅰ．了...　Ⅱ．①菲...②巫...
Ⅲ．长篇小说－美国－现代　Ⅳ. I712.45

中国版本图书馆 CIP 数据核字(2006)第 026607 号

F．Scott Fitzgerald
THE GREAT GATSBY

了不起的盖茨比
THE GREAT GATSBY

F．Scott Fitzgerald
菲茨杰拉德　著
巫宁坤等　译

责任编辑　黄昱宁
装帧设计　陆智昌

上海世纪出版股份有限公司
译文出版社出版
网址：www.yiwen.com.cn
上海世纪出版股份有限公司发行中心发行
200001　上海福建中路193号　www.ewen.cc
上海信老印刷厂印刷

开本 850×1168　1/32　印张 11.25　插页 2　字数 302,000
2006 年 8月第 1 版　2013 年11月第 11 次印刷

ISBN 978 - 7 - 5327 - 3985 - 1/I · 2229
定价：17.00 元

译本序

弗·司各特·菲茨杰拉德(1896—1940)的一生是短暂的,他的创作生涯充其量不过二十年,却留下了四部长篇小说和一百六十多篇短篇小说,使他成为二十世纪最重要的美国小说家之一。

菲茨杰拉德于一八九六年九月二十四日出生在美国中西部明尼苏达州圣保罗市一个小商人家庭。他家境不佳,全靠亲戚的资助才上了东部一所富家子弟的预科学校,"因自惭形秽而痛苦万状……因为……他是个在富家子弟学校里的穷孩子"。一九一三年秋,他又在亲戚的资助下进入贵族学府普林斯顿大学,起初醉心社会活动,梦想崭露头角,后来决心从事创作,并写下了他第一部小说《人间天堂》的初稿。他当时对他的同学、后来成为著名文学评论家的艾德蒙·威尔逊说:"我要成为有史以来最伟大的作家之一,你呢?"

一九一七年美国参加第一次世界大战,菲茨杰拉德应征入伍,当了一名步兵少尉,被派驻到南方的亚拉巴马州给一位将军当副官。在这里,他爱上了一位法官的女儿姗尔达,并且和她订了婚。大战结束以后,他回到纽约谋生,收入微薄,前途渺茫,未婚妻立即解除婚约。菲茨杰拉德失望之余,返回家园,闭门修改被出版商退稿的《人间天堂》。一九二〇年三月,小说出版,哄动一时,作者也如愿以偿地和那位"金姑娘"结了婚。但是,他却永远没有忘记:这个一年之后口袋里金钱丁当响才娶到"金姑娘"的男人，将永远重视他对有闲阶级的不信任和敌意。他痛苦的经历和"农民的郁积的愤懑"加深了他对美国社会的认识，为他后来的小说创作提供了感性的素材。

继《人间天堂》之后，又出版了《美丽的不幸者》(1922)、《了不起的盖茨比》(1925)和《夜色温柔》(1934)。短篇小说集包括《爵士时代的故事》(1922)、《所有悲伤的年轻人的故事》(1926)等等。

菲茨杰拉德一举成名之后，就像他小说中的某些人物那样，沉湎于酒食征逐的生活，挥金如土，成为纽约和巴黎社交界的名人。这种热狂的生活不仅影响了他的健康和创作，而且也使他经常入不敷出，为了挣钱挥霍又不得不去写一些他自己也为之感到羞耻的作品。《了不起的盖茨比》发表后不久，他的妻子得了精神病，他本人长年饮酒过度，以致引起精神崩溃。"在灵魂的真正的暗夜里，"他在《精神崩溃》中写道，"日复一日，永远是深夜三点钟。"长篇小说《夜色温柔》于一九三四年发表之后，受到评论界的冷遇，菲茨杰拉德从此一蹶不振。三年以后，他不得不移居好莱坞，去为电影公司写电影剧本谋生。一九四○年，他已病体支离，但精神振作，立志要写一部杰作，即小说《最后一个大亨》，但只写出了六章就在圣诞节前四天因冠心病猝发而结束了悲剧的一生。

作为一个文学艺术家，菲茨杰拉德最引人瞩目的特色是他那诗人和梦想家的气质和风格。在小说创作方面，他受到了俄罗斯作家屠格涅夫、法国作家福楼拜、英国作家康拉德的影响，但他最为之倾心的作家却是英国浪漫主义大诗人济慈。他把自己和济慈划归同一种类型："成熟得早的才华往往是属于诗人类型的，我自己基本上就是如此。"

二十世纪的二十年代和三十年代是美国小说的黄金时代，这二十年间群星灿烂，各放异彩。一九二五年四月，《了不起的盖茨比》在纽约出版，著名诗人兼文学评论家 T·S·艾略特立刻称之为"美国小说自从亨利·詹姆斯以来迈出的第一步"。海明威在回忆菲茨杰拉德时写道，"既然他能够写出一本像《了不起的盖茨比》这样好的书，我相信他一定能够写出更好的书。"如果我们记住在那个期间德莱塞已经出版了一部又一部长篇巨著，并且在同一年又发表了他的代表作《美国的悲剧》，如果我们知道艾略特和海明威是多么苛刻的批评家，那么我们就不难领会这些评价的分量和全部意义了。

《人间天堂》问世以后的十几年中，菲茨杰拉德红极一时。他的长篇小说受到好评，他的短篇小说在最时髦的杂志上发表。三十年代后期，他的声名一落千丈，他去世之前他的书已无人问津了。直到他死了十多年以后，他的作品在美国和西欧才重新引起人们的重视，同时评论家也对他作出了新的高度评价。马尔科姆·考利把《了不起的盖茨比》列为美国最优秀的十二部小说之一。他的评传的作者、美国学者阿·密兹纳说，"虽然有着许多明显的缺点和错误，但是从某些方面看，他的一生是英雄的一生"。

巫宁坤

目录

了不起的盖茨比

那就戴顶金帽子，如果能打动她的心肠；
如果你能跳得高，就为她也跳一跳，
跳到她高呼"情郎，戴金帽、跳得高的情郎，
我一定得把你要！"

托马斯·帕克·丹维里埃①

第一章

我年纪还轻，阅历不深的时候，我父亲教导过我一句话，我至今还念念不忘。

"每逢你想要批评任何人的时候，"他对我说，"你就记住，这个世界上所有的人，并不是个个都有过你那些优越条件。"

他没再说别的。但是，我们父子之间话虽不多，却一向是非常通气的，因此我明白他的意思远远不止那一句话。久而久之，我就惯于对所有的人都保留判断，这习惯既使许多怪僻的人肯跟我讲心里话，也使我成为不少爱唠叨的惹人厌烦的人的受害者。这个特点在正常的人身上出现的时候，心理不正常的人很快就会察觉并且抓住不放。由于这个缘故，我上大学的时候就被不公正地指责为小政客，因为我与闻一些放荡的、不知名的人的秘密的伤心事。绝大多数的隐私都不是我打听来的——每逢我根据某种明白无误的迹象看出又有一次倾诉衷情在地平线上喷薄欲出的时候，我往往假装睡觉，假装心不在焉，或者假装出不怀好意的轻佻态度；因为青年人倾诉的衷情，或者至少他们表达这些衷情所用的语言，往往是剽窃性的，而且多有明显的隐瞒。保留判断是表示怀有无限的希望。我现在仍然唯恐错过什么东西，如果我忘记（如同我父亲带着优越感所暗示过的，我现在又带着优越感重复的）基本的道德观念是在人出世的时候就分配不均的。

3

在这样夸耀我的宽容之后，我得承认宽容也有个限度。人的行为可能建立在坚固的岩石上面，也可能建立在潮湿的沼泽之中，但是一过某种程度，我就不管它是建立在什么上面的了。去年秋天我从东部回来的时候，我觉得我希望全世界的人都穿上军装，并且永远在道德上保持一种立正姿势；我不再要参与放浪形骸的游乐，也不再要偶尔窥见人内心深处的荣幸了。唯有盖茨比——就是把名字赋予本书的那个人——除外，不属于我这种反应的范围——盖茨比，他代表我所真心鄙夷的一切。假使人的品格是一系列连续不断的成功的姿态，那么这个人身上就有一种瑰丽的异彩，他对于人生的希望具有一种高度的敏感，类似一台能够记录万里以外的地震的错综复杂的仪器。这种敏感和通常美其名曰"创造性气质"的那种软绵绵的感受性毫不相干——它是一种异乎寻常的永葆希望的天赋，一种富于浪漫色彩的敏捷，这是我在别人身上从未发现过的，也是我今后不大可能会再发现的。不——盖茨比本人到头来倒是无可厚非的；使我对人们短暂的悲哀和片刻的欢欣暂时丧失兴趣的，却是那些吞噬盖茨比心灵的东西，是在他的幻梦消逝后跟踪而来的恶浊的灰尘。

我家三代以来都是这个中西部城市家道殷实的头面人物。姓卡罗威的也可算是个世家，据家里传说我们是布克娄奇公爵[②]的后裔，但是我们家系的实际创始人却是我祖父的哥哥。他在一八五一年来到这里，买了个替身去参加南北战争，开始做起五金批发生意，也就是我父亲今天还在经营的买卖。

我从未见过这位伯祖父，但是据说我长得像他，特别有挂在父亲办公室里的那幅铁板面孔的画像为证。我在一九一五年从纽黑文[③]毕业，刚好比我父亲晚四分之一个世纪，不久以后我就参加了那个称之为世界

---

① 这是作者的第一部小说《人间天堂》中的一个人物。
② 苏格兰贵族。
③ 耶鲁大学所在地。

大战的延迟的条顿民族大迁徙。我在反攻中感到其乐无穷，回来以后就觉得百无聊赖了。中西部不再是世界温暖的中心，而倒像是宇宙的荒凉的边缘——于是我决定到东部去学债券生意。我所认识的人个个都是做债券生意的，因此我认为它多养活一个单身汉总不成问题。我的叔伯姑姨们商量了一番，俨然是在为我挑选一家预备学校①，最后才说："呃……那就……这样吧。"面容都很严肃而犹疑。父亲答应为我提供一年的费用，然后又几经耽搁我才在一九二二年春天到东部去，自以为是一去不返的了。

切合实际的办法是在城里找一套房间寄宿，但那时已是温暖季节，而我又是刚刚离开了一个有宽阔的草坪和宜人的树木的地方，因此办公室里一个年轻人提议我们俩到近郊合租一所房子的时候，我觉得那是个很妙的主意。他找到了房子，那是一座风雨剥蚀的木板平房，月租八十美元，可是在最后一分钟公司把他调到华盛顿去，我也就只好一个人搬到郊外去住了。我有一条狗、——至少在它跑掉以前我养了它几天——一辆旧道吉汽车和一个芬兰女用人，她替我收拾床铺，烧早饭，在电炉上一面做饭，一面嘴里咕哝着芬兰的格言。

头几天我感到孤单，直到一天早上有个人，比我更是新来乍到的，在路上拦住了我。

"到西卵村去怎么走啊？"他无可奈何地问我。

我告诉他。我再继续往前走的时候，我不再感到孤单了。我成了领路人、开拓者、一个原始的移民。他无意之中授予了我这一带地方的荣誉市民权。

眼看阳光明媚，树木忽然间长满了叶子，就像电影里东西长得那么快，我就又产生了那个熟悉的信念，觉得生命随着夏天的来临又重新开始了。

有那么多书要读，这是一点，同时从清新宜人的空气中也有那么多

---

① 为富家子弟办的私立寄宿学校。

营养要汲取。我买了十来本有关银行业、信贷和投资证券的书籍，一本本红皮烫金立在书架上，好像造币厂新铸的钱币一样，准备揭示迈达斯①、摩根②和米赛纳斯③的秘诀。除此之外，我还有雄心要读许多别的书。我在大学的时候是喜欢舞文弄墨的，——有一年我给《耶鲁新闻》写过一连串一本正经而又平淡无奇的社论——现在我准备把诸如此类的东西重新纳入我的生活，重新成为"通才"，也就是那种最浅薄的专家。这并不只是一个俏皮的警句——光从一个窗口去观察人生究竟要成功得多。

纯粹出于偶然，我租的这所房子在北美最离奇的一个村镇。这个村镇位于纽约市正东那个细长的奇形怪状的小岛上——那里除了其他天然奇观以外，还有两个地方形状异乎寻常。离城二十英里路，有一对其大无比的鸡蛋般的半岛，外形一模一样，中间隔着一条小湾，一直伸进西半球那片最恬静的咸水，长岛海峡那个巨大的潮湿的场院。它们并不是正椭圆形，——而是像哥伦布故事里的鸡蛋一样，在碰过的那头都是压碎了的——但是它们外貌的相似一定是使从头上飞过的海鸥惊异不已的源泉。对于没有翅膀的人类来说，一个更加饶有趣味的现象，却是这两个地方除了形状大小之外，在每一个方面都截然不同。

我住在西卵，这是两个地方中比较不那么时髦的一个，不过这是一个非常肤浅的标签，不足以表示二者之间那种离奇古怪而又很不吉祥的对比。我的房子紧靠在鸡蛋的顶端，离海湾只有五十码，挤在两座每季租金要一万二到一万五的大别墅中间。我右边的那一幢，不管按什么标准来说，都是一个庞然大物——它是诺曼底④某市政厅的翻版，一边有一座簇新的塔楼，上面疏疏落落地覆盖着一层常春藤，还有一座大理石游泳池，以及四十多英亩的草坪和花园。这是盖茨比的公馆。或者更确

---

① 迈达斯：希腊神话中的国王，曾求神赐予点金术。
② 摩根：美国财阀。
③ 米赛纳斯：古罗马大财主。
④ 诺曼底：法国北部一地区，多古色古香的城堡。

切地说这是一位姓盖茨比的阔人所住的公馆，因为我还不认识盖茨比先生。我自己的房子实在难看，幸而很小，没有被人注意，因此我才有缘欣赏一片海景，欣赏我邻居草坪的一部分，并且能以与百万富翁为邻而引以自慰——所有这一切每月只需出八十美元。

小湾对岸，东卵豪华住宅区的洁白的宫殿式的大厦沿着水边光彩夺目，那个夏天的故事是从我开车去那边到汤姆·布坎农夫妇家吃饭的那个晚上才真正开始的。黛西是我远房表妹，汤姆是我在大学里就认识的。大战刚结束之后，我在芝加哥还在他们家住过两天。

她的丈夫，除了擅长其他各种运动之外，曾经是纽黑文有史以来最伟大的橄榄球运动员之一——也可说是个全国闻名的人物，这种人二十一岁就在有限范围内取得登峰造极的成就，从此以后一切都不免有走下坡路的味道了。他家里非常有钱，——还在大学时他那样任意花钱已经遭人非议，但现在他离开了芝加哥搬到东部来，搬家的那个排场可真要使人惊讶不置。比方说，他从森林湖①运来整整一群打马球用的马匹。在我这一辈子中竟然还有人阔到能够干这种事，实在令人难以置信。

他们为什么到东部来，我并不知道。他们并没有什么特殊的理由，在法国待了一年，后来又不安定地东飘西荡，所去的地方都有人打马球，而且大家都有钱。这次是定居了，黛西在电话里说。可是我并不相信——我看不透黛西的心思，不过我觉得汤姆会为追寻某场无法重演的球赛的戏剧性的激奋，就这样略有点怅惘地永远飘荡下去。

于是，在一个温暖有风的晚上，我开车到东卵去看望两个我几乎完全不了解的老朋友。他们的房子比我料想的还要豪华，一座鲜明悦目，红白二色的乔治王殖民时代式的大厦，面临着海湾。草坪从海滩起步，直奔大门，足足有四分之一英里，一路跨过日晷、砖径和火红的花园——最后跑到房子跟前，仿佛借助于奔跑的势头，爽性变成绿油油的常春藤，沿着墙往上爬。房子正面有一溜法国式的落地长窗，此刻在夕

---

① 森林湖：伊利诺州东北部的小城。

7

照中金光闪闪，迎着午后的暖风敞开着。汤姆·布坎农身穿骑装，两腿叉开，站在前门阳台上。

从纽黑文时代以来，他样子已经变了。现在他是三十多岁的人了，身体健壮，头发稻草色，嘴边略带狠相，举止高傲。两只炯炯有光的傲慢的眼睛已经在他脸上占了支配地位，给人一种永远盛气凌人的印象。即使他那套像女人穿的优雅的骑装也掩藏不住那个身躯的巨大的体力——他仿佛填满了那双雪亮的皮靴，把上面的带子绷得紧紧的；他的肩膀转动时，你可以看到一大块肌肉在他薄薄的上衣下面移动。这是一个力大无比的身躯，一个残忍的身躯。

他说话的声音，又粗又大的男高音，增添了他给人的性情暴戾的印象。他说起话来还带着一种长辈教训人的口吻，即使对他喜欢的人也一样。因此在纽黑文的时候对他恨之入骨的大有人在。

"我说，你可别认为我在这些问题上的意见是说了算的，"他仿佛在说，"仅仅因为我力气比你大，比你更有男子汉气概。"我们俩属于同一个高年级学生联谊会，虽然我们的关系并不密切，我总觉得他很看重我，而且带着他那特有的粗野、蛮横的怅惘神气，希望我也喜欢他。

我们在阳光和煦的阳台上谈了几分钟。

"我这地方很不错，"他说，他的眼睛不停地转来转去。

他抓住我的一只胳臂把我转过身来，伸出一只巨大的手掌指点眼前的景色，在一挥手之中包括了一座意大利式的凹型花园，半英亩地深色的、浓郁的玫瑰花，以及一艘在岸边随着浪潮起伏的狮子鼻的汽艇。

"这地方原来属于石油大王德梅因。"他又把我推转过身来，客客气气但是不容分说，"我们到里面去吧。"

我们穿过一条高高的走廊，走进一间宽敞明亮的玫瑰色的屋子。两头都是落地长窗，把这间屋子轻巧地嵌在这座房子当中。这些长窗都半开着，在外面嫩绿的草地的映衬下，显得晶莹耀眼，那片草仿佛要长到室内来似的。一阵轻风吹过屋里，把窗帘从一头吹进来，又从另一头吹出去，好像一面面白旗，吹向天花板上糖花结婚蛋糕似的装饰，然后轻轻拂过绛色地毯，留下一阵阴影有如风吹海面。

屋子里唯一完全静止的东西是一张庞大的长沙发椅，上面有两个年轻的女人，活像浮在一个停泊在地面的大气球上。她们俩都身穿白衣，衣裙在风中飘荡，好像她们乘气球绕着房子飞了一圈刚被风吹回来似的。我准是站了好一会，倾听窗帘刮动的劈啪声和墙上一幅挂像嘎吱嘎吱的响声。忽然砰然一声，汤姆·布坎农关上了后面的落地窗，室内的余风才渐渐平息，窗帘、地毯和两位少妇也都慢慢地降落地面。

两个之中比较年轻的那个，我不认识。她平躺在长沙发的一头，身子一动也不动，下巴稍微向上仰起，仿佛她在上面平衡着一件什么东西，生怕它掉下来似的。如果她从眼角中看到了我，她可毫无表示——其实我倒吃了一惊，差一点要张口向她道歉，因为我进来惊动了她。

另外那个少妇，黛西，想要站起身来，——她身子微微向前倾，一脸诚心诚意的表情——接着她噗嗤一笑，又滑稽又可爱地轻轻一笑，我也跟着笑了，接着就走上前去进了屋子。

"我高兴得瘫……瘫掉了。"

她又笑了一次，好像她说了一句非常俏皮的话，接着就拉住我的手，仰起脸看着我，表示世界上没有第二个人她更高兴见到的了。那是她特有的一种表情。她低声告诉我那个在搞平衡动作的姑娘姓贝克（我听人说过，黛西的喃喃低语只是为了让人家把身子向她靠近，这是不相干的闲话，丝毫无损于这种表情的魅力）。

不管怎样，贝克小姐的嘴唇微微一动，她几乎看不出来地向我点了点头，接着赶忙把头又仰回去——她在保持平衡的那件东西显然歪了一下，让她吃了一惊。道歉的话又一次冒到了我的嘴边。这种几乎是完全我行我素的神情总是使我感到目瞪口呆，满心赞佩。

我掉过头去看我的表妹，她开始用她那低低的、令人激动的声音向我提问题。这是那种叫人侧耳倾听的声音，仿佛每句话都是永远不会重新演奏的一组音符。她的脸庞忧郁而美丽，脸上有明媚的神采，有两只明媚的眼睛，有一张明媚而热情的嘴，但是她声音里有一种激动人心的特质，那是为她倾倒过的男人都觉得难以忘怀的：一种抑扬动听的魅力，一声喃喃的"听着"，一种暗示，说她片刻以前刚刚干完一些赏心乐事，而且下一个小时里还有赏心乐事。

我告诉了她我到东部来的途中曾在芝加哥停留一天，有十来个朋友都托我向她问好。

"他们想念我吗?"她大喜若狂似地喊道。

"全城都凄凄惨惨。所有的汽车都把左后轮漆上了黑漆当花圈，沿着城北的湖边①整夜哀声不绝于耳。"

"太美了! 汤姆，咱们回去吧。明天!"随即她又毫不相干地说："你应当看看宝宝。"

"我很想看。"

"她睡着了。她三岁。你从没见过她吗?"

"从来没有。"

"那么你应当看看她。她是……"

汤姆·布坎农本来坐立不安地在屋子里来回走动，现在停了下来把一只手放在我肩上。

"你在干什么买卖，尼克?"

"我在做债券生意。"

"在哪家公司?"

我告诉了他。

"从来没听说过，"他断然地说。

这使我感到不痛快。

"你会听到的，"我简慢地答道，"你在东部待久了就会听到的。"

"噢，我一定会在东部待下来的，你放心吧。"他先望望黛西又望望我，仿佛他在提防还有别的什么名堂。"我要是个天大的傻瓜才会到

———————————
① 芝加哥富人聚居的地区。

10

任何别的地方去住。"

这时贝克小姐说："绝对如此!"来得那么突然，使我吃了一惊——这是我进了屋子之后她说的第一句话。显然她的话也使她自己同样吃惊，因为她打了个呵欠，随即做了一连串迅速而灵巧的动作就站了起来。

"我都木了，"她抱怨道，"我在那张沙发上躺了不知多久了。"

"别盯着我看，"黛西回嘴说，"我整个下午都在动员你上纽约去。"

"不要，谢谢，"贝克小姐对着刚从食品间端来的四杯鸡尾酒说，"我正一板一眼地在进行锻炼哩。"

她的男主人难以置信地看着她。

"是吗!"他把自己的酒喝了下去，仿佛那是杯底的一滴。"我真不明白你怎么可能做得成任何事情。"

我看看贝克小姐，感到纳闷，她"做得成"的是什么事。我喜欢看她。她是个身材苗条、乳房小小的姑娘，由于她像个年轻的军校学员那样挺起胸膛更显得英姿挺拔。她那双被太阳照得眯缝着的灰眼睛也看着我，一张苍白、可爱、不满的脸上流露出有礼貌的、回敬的好奇心。我这才想起我以前在什么地方见过她，或者她的照片。

"你住在西卵吧!"她用鄙夷的口气说，"我认识那边一个人。"

"我一个人也不认……"

"你总该认识盖茨比吧。"

"盖茨比?"黛西追问道，"哪个盖茨比?"

我还没来得及回答说他是我的邻居，用人就宣布开饭了；汤姆·布坎农不由分说就把一只紧张的胳臂插在我的胳臂下面，把我从屋子里推出去，仿佛他是在把一个棋子推到棋盘上另一格去似的。

两位女郎袅袅婷婷地、懒洋洋地，手轻轻搭在腰上，在我们前面往外走上玫瑰色的阳台。阳台迎着落日，餐桌上有四支蜡烛在减弱了的风中闪烁不定。

"点蜡烛干什么?"黛西皱着眉头表示不悦。她用手指把它们掐灭了。"再过两个星期就是一年中最长的一天了。"她满面春风地看着我们大家。"你们是否老在等一年中最长的一天,到头来偏偏还是错过?我老在等一年中最长的一天,到头来偏偏还是错过了。"

"我们应当计划干点什么,"贝克小姐打着呵欠说道,仿佛上床睡觉似的在桌子旁边坐了下来。

"好嘛,"黛西说,"咱们计划什么呢?"她把脸转向我,无可奈何地问道,"人们究竟计划些什么?"

我还没来得及回答,她的两眼带着畏惧的表情盯着她的小手指。

"瞧!"她抱怨道,"我把它碰伤了。"

我们大家都瞧了——指关节有点青紫。

"是你搞的,汤姆,"她责怪他说,"我知道你不是故意的,但确实是你搞的。这是我的报应,嫁给这么个粗野的男人,一个又粗又大又笨拙的汉子……"

"我恨笨拙这个词,"汤姆气呼呼地抗议道,"即使开玩笑也不行。"

"笨拙,"黛西强嘴说。

有时她和贝克小姐同时讲话,可是并不惹人注意,不过开点无关紧要的玩笑,也算不上唠叨,跟她们的白色衣裙以及没有任何欲念的超然的眼睛一样冷漠。她们坐在这里,应酬汤姆和我,只不过是客客气气地尽力款待客人或者接受款待。她们知道一会儿晚饭就吃完了,再过一会儿这一晚也就过去,随随便便就打发掉了。这和西部截然不同,在那里每逢晚上待客总是迫不及待地从一个阶段向另一个阶段推向结尾,总是有所期待而又不断地感到失望,要不然就对结尾时刻的到来感到十分紧张和恐惧。

"你让我觉得自己不文明,黛西,"我喝第二杯虽然有点软木塞气味却相当精彩的红葡萄酒时坦白地说,"你不能谈谈庄稼或者谈点儿别的什么吗?"

我说这句话并没有什么特殊的用意，但它却出乎意外地被人接过去了。

"文明正在崩溃，"汤姆气势汹汹地大声说，"我近来成了个对世界非常悲观的人。你看过戈达德这个人写的《有色帝国的兴起》吗?"

"呃，没有，"我答道，对他的语气感到很吃惊。

"我说，这是一本很好的书，人人都应当读一读。书的大意是说，如果我们不当心，白色人种就会……就会完全被淹没了。讲的全是科学道理，已经证明了的。"

"汤姆变得很渊博了。"黛西说，脸上露出一种并不深切的忧伤的表情。"他看一些深奥的书，书里有许多深奥的字眼。那是个什么字来着，我们……"

"我说，这些书都是有科学根据的，"汤姆一个劲地说下去，对她不耐烦地瞅了一眼。"这家伙把整个道理讲得一清二楚。我们是占统治地位的人种，我们有责任提高警惕，不然的话，其他人种就会掌握一切了。"

"我们非打倒他们不可，"黛西低声地讲，一面拼命地对炽热的太阳眨眼。

"你们应当到加利福尼亚住家，……"贝克小姐开口说，可是汤姆在椅子上沉重地挪动了一下身子，打断了她的话。

"主要的论点是说我们是北欧日耳曼民族。我是，你是，你也是，还有……"稍稍犹疑了一下之后，他点了点头把黛西也包括了进去，这时她又冲我眨了眨眼。"而我们创造了所有那些加在一起构成文明的东西——科学艺术啦，以及其他等等。你们明白吗?"

他那副专心致志的劲头看上去有点可怜，似乎他那种自负的态度，虽然比往日还突出，但对他来说已经很不够了。这时屋子里电话铃响了，男管家离开阳台去接，黛西几乎立刻就抓住这个打岔的机会把脸凑到我面前来。

"我要告诉你一桩家庭秘密，"她兴奋地咬耳朵说，"是关于男管家的鼻子的。你想听听男管家鼻子的故事吗?"

"这正是我今晚来拜访的目的嘛。"

"你要知道,他并不是一向当男管家的;他从前专门替纽约一个人家擦银器,那家有一套供二百人用的银餐具。他从早擦到晚,后来他的鼻子就受不了啦……"

"后来情况越来越坏,"贝克小姐提了一句。

"是的。情况越来越坏,最后他只得辞掉不干。"

有一会儿工夫夕阳的余晖温情脉脉地照在她那红艳发光的脸上;她的声音使我身不由主地凑上前去屏息倾听——然后光彩逐渐消逝,每一道光都依依不舍地离开了她,就像孩子们在黄昏时刻离开一条愉快的街道那样。

男管家回来凑着汤姆的耳朵咕哝了点什么,汤姆听了眉头一皱,把他的椅子朝后一推,一言不发就走进室内去。仿佛他的离去使她活跃了起来,黛西又探身向前,她的声音像唱歌似的抑扬动听。

"我真高兴在我的餐桌上见到你,尼克。你使我想到一朵———朵玫瑰花,一朵地地道道的玫瑰花。是不是?"她把脸转向贝克小姐要求她附和这句话,"一朵地地道道的玫瑰花?"

这是瞎说。我跟玫瑰花毫无相似之处。她不过是随嘴乱说一气,但是却洋溢着一种动人的激情,仿佛她的心就藏在那些气喘吁吁的、激动人的话语里,想向你倾诉一番。然后她突然把餐巾往桌上一扔,说了声对不起就走进房子里面去了。

贝克小姐和我互相使了一下眼色,故意表示没有任何意思。我刚想开口的时候,她警觉地坐直起来,用警告的声音说了一声"嘘"。可以听得见那边屋子里有一阵低低的、激动的交谈声,贝克小姐就毫无顾忌地探身竖起耳朵去听。喃喃的话语声几次接近听得真的程度,降低下去,又激动地高上去,然后完全终止。

"你刚才提到的那位盖茨比先生是我的邻居……"我开始说。

"别说话,我要听听出了什么事。"

"是出了事吗?"我天真地问。

"难道说你不知道吗?"贝克小姐说,她真的感到奇怪。"我以为人人都知道了。"

"我可不知道。"

"哎呀……"她犹疑了一下说,"汤姆在纽约有个女人。"

"有个女人?"我茫然地跟着说。

贝克小姐点点头。

"她起码该顾点大体,不在吃饭的时候给他打电话嘛。你说呢?"

我几乎还没明白她的意思,就听见一阵裙衣窸窣和皮靴咯咯的声响,汤姆和黛西回到餐桌上来了。

"真没办法!"黛西强作欢愉地大声说。

她坐了下来,先朝贝克小姐然后朝我察看了一眼,又接着说:"我到外面看了一下,看到外面浪漫极了。草坪上有一只鸟,我想一定是搭康拉德或者白星轮船公司①的船过来的一只夜莺。它在不停地歌唱……"她的声音也像唱歌一般。"很浪漫,是不是,汤姆?"

"非常浪漫,"他说,然后哭丧着脸对我说,"吃过饭要是天还够亮的话,我要领你到马房去看看。"

里面电话又响了,大家都吃了一惊。黛西断然地对汤姆摇摇头,于是马房的话题,事实上所有的话题,都化为乌有了。在餐桌上最后五分钟残存的印象中,我记得蜡烛又无缘无故地点着了,同时我意识到自己很想正眼看看大家,然而却又想避开大家的目光。我猜不出黛西和汤姆在想什么,但是我也怀疑,就连贝克小姐那样似乎玩世不恭的人,是否能把这第五位客人尖锐刺耳的迫切呼声完全置之度外。对某种性情的人来说,这个局面可能倒怪有意思的——我自己本能的反应是立刻去打电话叫警察。

马,不用说,就没有再提了。汤姆和贝克小姐,两人中间隔着几英

_____

① 两家著名的英国轮船公司,专营横渡大西洋的业务。

15

尺的暮色，慢慢溜达着回书房去，仿佛走到一个确实存在的尸体旁边去守夜。同时，我一面装出感兴趣的样子，一面装出有点聋，跟着黛西穿过一连串的走廊，走到前面的阳台上去。在苍茫暮色中我们并排在一张柳条的长靠椅上坐下。

黛西把脸捧在手里，好像在抚摩她那可爱的面庞，同时她渐渐放眼去看那天鹅绒般的暮色。我看出她心潮澎湃，于是我问了几个我认为有镇静作用的关于她小女儿的问题。

"我们彼此并不熟识，尼克，"她忽然说，"尽管我们是表亲。你没参加我的婚礼。"

"我打仗还没回来。"

"确实。"她犹疑了一下。"哎，我可真够受的，尼克，所以我把一切都差不多看透了。"

显然她抱这种看法是有缘故的。我等着听，可是她没再往下说，过了一会儿我又吞吞吐吐地回到了她女儿这个话题。

"我想她一定会说，又……会吃，什么都会吧。"

"呃，是啊。"她心不在焉地看着我。"听我说，尼克，让我告诉你她出世的时候我说了什么话。你想听吗?"

"非常想听。"

"你听了就会明白我为什么会这样看待———切事物。她出世还不到一个钟头，汤姆就天晓得跑到哪里去了。我从乙醚麻醉中醒过来，有一种孤苦伶仃的感觉，马上问护士是男孩还是女孩。她告诉我是个女孩，我就转过脸哭了起来。'好吧，'我说，'我很高兴是个女孩。而且我希望她将来是个傻瓜——这就是女孩子在这种世界上最好的出路，当一个美丽的小傻瓜。'"

"你明白我认为反正一切都糟透了，"她深信不疑地继续说，"人人都这样认为——那些最先进的人。而我知道。我什么地方都去过了，什么也都见过了，什么也都干过了。"她两眼闪闪有光，环顾四周，俨然不可一世的神气，很像汤姆，她又放声大笑，笑声里充满了可怕的讥

16

嘲。"饱经世故……天哪，我可是饱经世故了。"

她的话音一落，不再强迫我注意她和相信她时，我就感到她刚才说的根本不是真心话。这使我感到不安，似乎整个晚上都是一个圈套，强使我也付出一份相应的感情。我等着，果然过了一会儿她看着我时，她那可爱的脸上就确实露出了假笑，仿佛她已经表明了她是她和汤姆所属于的一个上流社会的秘密团体中的一分子。

室内，那间绯红色的屋子灯火辉煌。汤姆和贝克小姐各坐在长沙发的一头，她在念《星期六晚邮报》给他听，声音很低，没有变化，一连串的字有一种让人定心的调子。灯光照在他皮靴上雪亮，照在她秋叶黄的头发上暗淡无光，每当她翻过一页，胳臂上细细的肌肉颤动的时候，灯光又一晃一晃地照在纸上。

我们走进屋子，她举起一只手来示意叫我们不要出声。

"待续，"她念道，一面把杂志扔在桌上，"见本刊下期。"

她膝盖一动，身子一直，就霍地站了起来。

"十点了，"她说，仿佛在天花板上看到了时间。"我这个好孩子该上床睡觉了。"

"乔丹明天要去参加锦标赛，"黛西解释道，"在威斯彻斯特那边。"

"哦……你是乔丹·贝克。"

我现在才明白为什么她的面孔很眼熟——她那可爱的傲慢的表情曾经从报道阿希维尔、温泉和棕榈海滩①的体育生活的许多报刊照片上朝外向我看过。我还听说过关于她的一些闲话，一些说她不好的闲话，至于究竟是什么事我可早已忘掉了。

"明天见，"她轻声说。"八点叫我，好吧?"

"只要你起得来。"

---

① 美国几个著名的旅游胜地，贝克小姐曾多次前往参加高尔夫球赛。

"我一定可以。晚安，卡罗威先生。改天见吧。"

"你们当然会再见面的，"黛西保证道，"说实在，我想我要做个媒。多来几趟，尼克，我就想办法——呃——把你们俩拽到一起。比方说，无意间把你们关在被单储藏室里啦，或者把你们放在小船上往海里一推啦，以及诸如此类的办法……"

"明天见，"贝克小姐从楼梯上喊道。"我一个字也没听见。"

"她是个好孩子，"过了一会儿汤姆说。"他们不应当让她这样到处乱跑。"

"是谁不应当？"黛西冷冷地问。

"她家里人。"

"她家里只有一个七老八十的姑妈。再说，尼克以后可以照应她了，是不是，尼克？她今年夏天要到这里来度许多个周末。我想这里的家庭环境对她会大有好处的。"

黛西和汤姆一声不响地彼此看了一会儿。

"她是纽约州的人吗？"我赶快问。

"路易斯维尔①人。我们纯洁的少女时期是一道在那里度过的。我们那美丽纯洁的……"

"你在阳台上是不是跟尼克把心里话都讲了？"汤姆忽然质问。

"我讲了吗？"她看着我。"我好像不记得，不过我们大概谈到了日耳曼种族。对了，我可以肯定我们谈的是那个。它不知不觉就进入了我们的话题，你还没注意到哩……"

"别听到什么都信以为真，尼克，"他告诫我道。

我轻松地说我什么都没听到，几分钟之后我就起身告辞了。他们把我送到门口，两人并肩站在方方一片明亮的灯光里。我发动了汽车，忽然黛西命令式地喊道："等等！"

"我忘了问你一件事，很重要的。我们听说你在西部跟一个姑娘订

———————————

① 路易斯维尔：美国南部肯塔基州的城市。

婚了。"

"不错，"汤姆和蔼地附和说，"我们听说你订婚了。"

"那是造谣诽谤。我太穷了。"

"可是我们听说了，"黛西坚持说，使我感到惊讶的是她又像花朵一样绽开了。"我们听三个人说过，所以一定是真的。"

我当然知道他们指的是什么事，但是我压根儿没有订婚。流言蜚语传播说我订了婚，这正是我之所以到东部来的一个原因。你不能因为怕谣言就和一个老朋友断绝来往，可是另一方面我也无意迫于谣言的压力就去结婚。

他们对我的关心倒很使我感动，也使他们不显得那么有钱与高不可攀了。虽然如此，在我开车回家的路上，我感到迷惑不解，还有点厌恶。我觉得，黛西应该做的事是抱着孩子跑出这座房子——可是显然她头脑里丝毫没有这种打算。至于汤姆，他"在纽约有个女人"这种事倒不足为怪，奇怪的是他会因为读了一本书而感到沮丧。不知什么东西在使他从陈腐的学说里摄取精神食粮，仿佛他那壮硕的体格的唯我主义已经不再能滋养他那颗唯我独尊的心了。

一路上小旅馆房顶上和路边汽油站门前已经是一片盛夏景象，鲜红的加油机一台台蹲在电灯光圈里。我回到我在西卵的住处，把车停在小车棚之后，在院子里一架闲置的刈草机上坐了一会儿。风已经停了，眼前是一片嘈杂；明亮的夜景，有鸟雀在树上拍翅膀的声音，还有大地的风箱使青蛙鼓足了气力发出的连续不断的风琴声。一只猫的侧影在月光中慢慢地移动，我掉过头去看它的时候，发觉我不是一个人——五十英尺之外一个人已经从我邻居的大厦的阴影里走了出来，现在两手插在口袋里站在那里仰望银白的星光。从他那悠闲的动作和他那两脚稳踏在草坪上的姿态可以看出这就是盖茨比先生本人，出来确定一下我们本地的天空哪一片是属于他的。

我打定了主意要招呼他。贝克小姐在吃饭时提到过他，那也可以算作介绍了。但我并没招呼他，因为他突然做了个动作，好像表示他满足于独自待着，——他朝着幽暗的海水把两只胳膊伸了出去，那样子真古怪，并且尽管我离他很远，我可以发誓他正在发抖。我也情不自禁地朝海上望去——什么都看不出来，除了一盏绿灯，又小又远，也许是一座码头的尽头。等我回头再去看盖茨比时，他已经不见了，于是我又独自待在不平静的黑夜里。

第二章

西卵和纽约之间大约一半路程的地方，汽车路匆匆忙忙跟铁路会合，它在铁路旁边跑上四分之一英里，为的是要躲开一片荒凉的地方。这是一个灰烬的山谷——一个离奇古怪的农场，在这里灰烬像麦子一样生长，长成小山小丘和奇形怪状的园子；在这里灰烬堆成房屋、烟囱和炊烟的形式，最后，经过超绝的努力，堆成一个个灰蒙蒙的人，隐隐约约地在走动，而且已经在尘土飞扬的空气中化为灰烬了。有时一列灰色的货车慢慢沿着一条看不见的轨道爬行，叽嘎一声鬼叫，停了下来，马上那些灰蒙蒙的人就拖着铁铲一窝蜂拥上来，扬起一片尘土，让你看不到他们隐秘的活动。

但是，在这片灰蒙蒙的土地以及永远笼罩在它上空的一阵阵暗淡的尘土的上面，你过一会儿就看到 T·J·埃克尔堡大夫的眼睛。埃克尔堡大夫的眼睛是蓝色的，庞大无比——瞳仁就有一码高。这双眼睛不是从一张脸上向外看，而是从架在一个不存在的鼻子上的一副硕大无朋的黄色眼镜向外看。显然是一个异想天开的眼科医生把它们竖在那儿的，为了招徕生意，扩大他在皇后区的业务，到后来大概他自己也永远闭上了眼睛，再不然就是撇下它们搬走了。但是，他留下的那两只眼睛，由于年深月久，日晒雨淋，油漆剥落，光彩虽不如前，却依然若有所思，阴郁地俯视着这片阴沉沉的灰堆。

灰烬谷一边有条肮脏的小河流过，每逢河上吊桥拉起让驳船通过，等候过桥的火车上的乘客就得盯着这片凄凉景色，时间长达半小时之久。平时火车在这里至少也要停一分钟，也正由于这个缘故，我才初次见到汤姆·布坎农的情妇。

他有个情妇，这是所有知道他的人都认定的事实。他的熟人都很气愤，因为他常常带着她上时髦的馆子，并且，让她在一张桌子旁坐下后，自己就走来走去，跟他认识的人拉呱。我虽然好奇，想看看她，可并不想和她见面——但是我会到她了。一天下午，我跟汤姆同行搭火车上纽约去。等我们在灰堆停下来的时候，他一骨碌跳了起来，抓住我的胳膊肘，简直是强迫我下了车。

“我们在这儿下车，”他断然地说，“我要你见见我的女朋友。”

大概他那天午饭时喝得够多的，因此他硬要我陪他的做法近乎暴力行为。他狂妄自大地认为，我在星期天下午似乎没有什么更有意思的事情可做。

我跟着他跨过一排刷得雪白的低低的铁路栅栏，然后沿着公路，在埃克尔堡大夫目不转睛的注视之下，往回走了一百码。眼前唯一的建筑物是一小排黄砖房子，坐落在这片荒原的边缘，大概是供应本地居民生活必需品的一条小型“主街”①，左右隔壁一无所有。这排房子里有三家店铺，一家正在招租，另一家是通宵营业的饭馆，门前有一条炉渣小道；第三家是个汽车修理行——“**乔治·B·威尔逊**。修理汽车。买卖汽车。”——我跟着汤姆走了进去。

---

① 美国小城镇往往只有一条大街，商店集中在这条街上，通称“主街”。

车行里毫无兴旺的气象,空空如也;只看见一辆汽车,一部盖满灰尘、破旧不堪的福特车,蹲在阴暗的角落里。我忽然想到,这间有名无实的车行莫不是个幌子,而楼上却掩藏着豪华温馨的房间,这时老板出现在一间办公室的门口,不停地在一块抹布上擦着手。他是个头发金黄、没精打采的人,脸上没有血色,样子还不难看。他一看见我们,那对浅蓝的眼睛就流露出一线暗淡的希望。

"哈啰,威尔逊,你这家伙,"汤姆说,一面嘻嘻哈哈地拍拍他的肩膀。"生意怎么样?"

"还可以,"威尔逊缺乏说服力地回答,"你什么时候才把那部车子卖给我?"

"下星期;我现在已经让我的司机在整修它了。"

"他干得很慢,是不是?"

"不,他干得不慢,"汤姆冷冷地说,"如果你这样看法,也许我还是把它拿到别处去卖为好。"

"我不是这个意思,"威尔逊连忙解释。"我只是说……"

他的声音逐渐消失,同时汤姆不耐烦地向车行四面张望。接着我听到楼梯上有脚步的声音,过一会儿一个女人粗粗的身材挡住了办公室门口的光线。她年纪三十五六,身子胖胖的,可是如同有些女人一样,胖得很美。她穿了一件有油渍的深蓝双绉连衣裙,她的脸庞没有一丝一毫的美,但是她有一种显而易见的活力,仿佛她浑身的神经都在不停地燃烧。她慢慢地一笑。然后大摇大摆地从她丈夫身边穿过,仿佛他只是个幽灵,走过来跟汤姆握手,两眼直盯着他。接着她用舌头润了润嘴唇,头也不回就低低地、粗声粗气地对她丈夫说:

"你怎么不拿两张椅子来,让人家坐下。"

"对,对,"威尔逊连忙答应,随即向小办公室走去,他的身影马上就跟墙壁的水泥色打成一片了。一层灰白色的尘土笼罩着他深色的衣服和浅色的头发,笼罩着前后左右的一切——除了他的妻子之外。她走到了汤姆身边。

"我要见你，"汤姆热切地说道，"搭下一班火车。"

"好吧。"

"我在车站下层报摊旁边等你。"

她点点头就从他身边走开，正赶上威尔逊从办公室里搬了两张椅子出来。

我们在公路上没人看见的地方等她。再过几天就是七月四号①了，因此有一个灰蒙蒙的、骨瘦如柴的意大利小孩沿着铁轨在点放一排"鱼雷炮"。

"多可怕的地方，是不是，"汤姆说，同时皱起眉头看着埃克尔堡大夫。

"糟透了。"

"换换环境对她有好处。"

"她丈夫没意见吗?"

"威尔逊? 他以为她是到纽约去看她妹妹。他蠢得要命，连自己活着都不知道。"

就这样，汤姆·布坎农和他的情人还有我，三人一同上纽约去——或许不能说一同去，因为威尔逊太太很识相，她坐在另一节车厢里。汤姆做了这一点让步，以免引起可能在这趟车上的那些东卵人的反感。

她已经换上了一件棕色花布连衣裙，到了纽约汤姆扶她下车时那裙子紧紧地绷在她那肥阔的臀部。她在报摊上买了一份《纽约闲话》和一本电影杂志，又在车站药店②里买了一瓶冷霜和一小瓶香水。在楼上，在那阴沉沉的、有回音的车道里，她放过了四辆出租汽车，然后才选中了一辆新车，车身是淡紫色的，里面坐垫是灰色的。我们坐着这辆车子驶出庞大的车站，开进灿烂的阳光里。可是马上她又猛然把头从车窗前掉过来，身子向前一探，敲敲前面的玻璃。

---

① 美国独立纪念日。
② 美国药店兼售糖果、香烟、饮料及其他杂货。

"我要买一只那种小狗。"她热切地说，"我要买一只养在公寓里。怪有意思的——养只狗。"

我们的车子倒退到一个白头发老头跟前，他长得活像约翰·D·洛克菲勒①，真有点滑稽。他脖子上挂着一个篮子，里面蹲着十几条新出世的、难以确定品种的小狗崽子。

"它们是什么种?"威尔逊太太等老头走到出租汽车窗口就急着问道。

"各种都有。你要哪一种，太太?"

"我想要一条那种警犬；我看你不一定有那一种吧?"

老头怀疑地向竹篮子里望望，伸手进去捏着颈皮拎起一只来，小狗身子直扭。

"这又不是警犬，"汤姆说。

"不是，这不一定是警犬，"老头说，声音里流露出失望情绪。"多半是一只硬毛猎狗。"他的手抚摸着狗背上棕色毛巾似的皮毛。"你瞧这个皮毛，很不错的皮毛，这条狗绝不会伤风感冒，给你找麻烦的。"

"我觉得它真好玩，"威尔逊太太热烈地说，"多少钱?"

"这只狗吗?"老头用赞赏的神气看着它。"这只狗要十美元。"

这只硬毛猎狗转了手，——毫无疑问它的血统里不知什么地方跟硬毛猎狗有过关系，不过它的爪子却白得出奇②——随即安然躺进威尔逊太太的怀里。她欢天喜地抚摸着那不怕伤风着凉的皮毛。

"这是雄的还是雌的?"她委婉地问。

"那只狗? 那只狗是雄的。"

"是只母狗，"汤姆斩钉截铁地说，"给你钱。拿去再买十只狗。"

---

① 美国石油大王，亿万富翁。
② 这种狗背上和两侧往往是黑色，其余部位是棕色。

我们坐着车子来到五号路，在这夏天星期日的下午，空气又温暖又柔和，几乎有田园风味。即使看见一大群雪白的绵羊突然从街角拐出来，我也不会感到惊奇。

"停一下，"我说，"我得在这儿跟你们分手了。"

"不行，你不能走，"汤姆连忙插话说。"茉特尔要生气的，要是你不上公寓去。是不是，茉特尔？"

"来吧，"她恳求我。"我打电话叫我妹妹凯瑟琳来。很多有眼力的人都说她真漂亮。"

"呃，我很想来，可是……"

我们继续前进，又掉头穿过中央公园，向西城一百多号街那边去，出租汽车在一五八号街一大排白色蛋糕似的公寓中的一幢前面停下。威尔逊太太向四周扫视一番，俨然一副皇后回宫的神气，一面捧起小狗和其他买来的东西，趾高气扬地走了进去。

"我要把麦基夫妇请上来，"我们乘电梯上楼时她宣布说。"当然，我还要打电话给我妹妹。"

他们的一套房间在最高一层———一间小起居室，一间小餐室，一间小卧室，还有一个洗澡间。起居室给一套大得很不相称的织锦靠垫的家具挤得满满当当的，以至于要在室内走动就要不断地绊倒在法国仕女在凡尔赛宫的花园里荡秋千的画面上。墙上挂的唯一的画是一张放得特大的相片，乍一看是一只母鸡蹲在一块模糊的岩石上。可是，从远处看去，母鸡化为一顶女帽，一位胖老太太笑眯眯地俯视着屋子。桌子上放着几份旧的《纽约闲话》，还有一本《名字叫彼得的西门》①以及两三本百老汇②的黄色小刊物。威尔逊太太首先关心的是狗。一个老大不情愿的开电梯的工人弄来了一只垫满稻草的盒子和一些牛奶，另外他又主动给买了一听又大又硬的狗饼干，有一块饼干一下午泡在一碟牛奶里，

---

① 当时流行的一部通俗小说。
② 纽约戏院集中的地区。

泡得稀巴烂。同时，汤姆打开了一个上锁的柜子的门，拿出一瓶威士忌来。

我一辈子只喝醉过两次，第二次就是那天下午；因此当时所发生的一切现在都好像在雾里一样，模糊不清，虽然公寓里直到八点以后还充满了明亮的阳光。威尔逊太太坐在汤姆膝盖上给好几个人打了电话；后来香烟没了，我就出去到街角上的药店去买烟。我回来的时候，他俩都不见了，于是我很识相地在起居室里坐下，看了《名字叫彼得的西门》中的一章——要么书写得太糟，要么威士忌使东西变得面目全非，因为我看不出一点名堂来。

汤姆和茉特尔（第一杯酒下肚之后威尔逊太太和我就彼此喊教名了）一重新露面，客人们就开始来敲公寓的门了。

她妹妹凯瑟琳是一个苗条而俗气的女人，年纪三十上下，一头浓密的短短的红头发，脸上粉搽得像牛奶一样白。她的眉毛是拔掉又重画过的，画的角度还俏皮一些，可是天然的力量却要恢复旧观，弄得她脸有点眉目不清。她走动的时候，不断发出丁当丁当的声音，因为许多假玉手镯在她胳臂上面上上下下地抖动。她像主人一样大模大样走了进来，对家具扫视了一番，仿佛东西是属于她的，使我怀疑她是否就住在这里。但是等我问她时，她放声大笑，大声重复了我的问题，然后告诉我她和一个女朋友同住在一家旅馆里。

麦基先生是住在楼下一层的一个白净的、女人气的男人。他刚刮过胡子，因为他颧骨上还有一点白肥皂沫。他和屋里每一个人打招呼时都毕恭毕敬。他告诉我他是"吃艺术饭"的，后来我才明白他是摄影师，墙上挂的威尔逊太太的母亲那幅像一片胚叶似的模糊不清的放大照片就是他摄制的。他老婆尖声尖气，没精打采，漂漂亮亮，可是非常讨厌。她得意洋洋地告诉我，自从他们结婚以来她丈夫已经替她照过一百二十七次相了。

威尔逊太太不知什么时候又换了一套衣服，现在穿的是一件精致的奶油色雪纺绸的连衣裙，是下午做客穿的那种，她在屋子里转来转去的时候，衣裙就不断地沙沙作响。由于衣服的影响，她的个性也跟着起了变化。早先在车行里那么显著的活力变成了目空一切的hauteur①。她的笑声、她的姿势、她的言谈，每一刻都变得越来越矫揉造作，同时随着她逐渐膨胀，她周围的屋子就显得越来越小，后来，她好像在烟雾弥漫的空气中坐在一个吱吱喳喳的木轴上不停地转动。

"亲爱的，"她装腔作势地大声告诉她妹妹。"这年头不论是谁都想欺骗你。他们脑子里想的只有钱。上星期我找了个女的来看看我的脚，等她把账单给我，你还以为她给我割了阑尾哩。"

"那女人姓什么?"麦基太太问。

"埃伯哈特太太。她经常到人家里去替人看脚。"

"我喜欢你这件衣服，"麦基太太说，"我觉得它真漂亮。"

威尔逊太太不屑地把眉毛一扬，否定了这句恭维话。

"这只是一件破烂的旧货，"她说。"我不在乎自己是什么样子的时候，我就把它往身上一套。"

"可是穿在你身上就显得特别漂亮，如果你懂得我的意思的话，"麦基太太紧跟着说。"只要切斯特能把你这个姿势拍下来，我想这一定会是一幅杰作。"

我们大家都默默地看着威尔逊太太，她把一缕头发从眼前掠开，笑吟吟地看着我们大家。麦基先生歪着头，目不转睛地端详着她，然后又伸出一只手在面前慢慢地来回移动。

"我得改换光线，"他过了一会儿说道，"我很想把面貌的立体感表现出来。我还要把后面的头发全部摄进来。"

"我认为根本不应该改换光线，"麦基太太大声说。"我认为……"

她丈夫"嘘"了一声，于是我们大家又都把目光转向摄影的题材，这时汤姆·布坎农出声地打了一个呵欠，站了起来。

"你们麦基家两口子喝点什么吧，"他说。"再搞点冰和矿泉水

---

① 法语：傲慢。

27

来，茉特尔，不然的话大家都睡着了。"

"我早就叫那小子送冰来了。"茉特尔把眉毛一扬，对下等人的懒惰无能表示绝望。"这些人！你非得老盯着他们不可。"

她看看我，忽然莫名其妙地笑了起来。接着她蹦蹦跳跳跑到小狗跟前，欢天喜地地亲亲它，然后又大摇大摆地走进厨房，那神气就好似那里有十几个大厨师在听候她的吩咐。

"我在长岛那边拍过几张好的，"麦基先生断言。

汤姆茫然地看看他。

"有两幅我们配了镜框挂在楼下。"

"两幅什么？"汤姆追问。

"两幅习作。其中一幅我称之为《蒙涛角——海鸥》，另一幅叫《蒙涛角——大海》。"

那位名叫凯瑟琳的妹妹在沙发上我的身边坐下。

"你也住在长岛那边吗？"她问我。

"我住在西卵。"

"是吗？我到那儿参加过一次聚会，大约一个月以前。在一个姓盖茨比的人的家里。你认识他吗？"

"我就住在他隔壁。"

"噢，人家说他是德国威廉皇帝的侄儿，或者什么别的亲戚。他的钱都是那么来的。"

"真的吗？"

她点了点头。

"我害怕他。我可不愿意落到他手里。"

关于我邻居的这段引人入胜的报道，由于麦基太太突然伸手指着凯瑟琳而被打断了。

"切斯特，我觉得你满可以给她拍一张好的，"她大声嚷嚷，可是麦基先生光是懒洋洋地点了点头，把注意力又转向汤姆。

"我很想在长岛多搞点业务，要是有人介绍的话。我唯一的要求就是他们帮我开个头。"

"问茉特尔好了，"汤姆哈哈一笑说，正好威尔逊太太端个托盘走了进来。"她可以给你写封介绍信，是不是，茉特尔？"

"干什么？"她吃惊地问道。

"你给麦基写一封介绍信去见你丈夫，他就可以给他拍几张特写。"他嘴唇不出声地动了一会儿，接着胡诌道，"《乔治·B·威尔逊在油泵前》，或者诸如此类的玩意。"

凯瑟琳凑到我耳边，跟我小声说：

"他们俩谁都受不了自己的那口子。"

"是吗？"

"受不了。"她先看看茉特尔，又看看汤姆。"依我说，既然受不了，何必还在一起过下去呢？要是我，我就离婚，然后马上重新结婚。"

"她也不喜欢威尔逊吗？"

对这个问题的答复是出乎意外的。它来自茉特尔，因为她凑巧听见了问题，而她讲的话是又粗暴又不干净的。

"你瞧，"凯瑟琳得意洋洋地大声说，她又压低了嗓门。"使他们不能结婚的其实是他老婆。她是天主教徒，那些人是不赞成离婚的。"

黛西并不是天主教徒，因此这个煞费苦心的谎言使我有点震惊。

"哪天他们结了婚，"凯瑟琳接着说，"他们准备到西部去住一些时候，等风波过去再回来。"

"更稳妥的办法是到欧洲去。"

"哦，你喜欢欧洲吗？"她出其不意地叫了起来。"我刚从蒙地卡罗①回来。"

"真的吗？"

"就在去年，我和另外一个姑娘一起去的。"

———————

① 世界著名的赌城。

"待了很久吗?"

"没有,我们只去了蒙地卡罗就回来了。我们是取道马赛去的。我们动身的时候带了一千二百多美元,可是两天之内就在赌场小房间里让人骗光了。我们回来一路上吃的苦头可不少,我对你说吧。天哪,我恨死那城市了。"

窗外,天空在夕照中显得格外柔和,像蔚蓝的地中海一样。这时麦基太太尖锐的声音把我唤回到屋子里来。

"我差点也犯错误,"她精神抖擞地大声说,"我差点嫁给了一个追了我好几年的犹太小子。我知道他配不上我。大家都对我说:'露西尔,那个人比你差远了。'可是,如果我没碰上切斯特,他保险会把我搞到手的。"

"不错,可是你听我说,"茉特尔·威尔逊说,一面不停地摇头晃脑。"好在你并没嫁给他啊。"

"我知道我没嫁给他。"

"但是,我可嫁给了他,"茉特尔含糊其辞地说。"这就是你的情况和我的情况不同的地方。"

"你为什么嫁给他呢,茉特尔?"凯瑟琳质问道,"也没有人强迫你。"

茉特尔考虑了一会儿。

"我嫁给了他,是因为我以为他是个上等人,"她最后说,"我以为他还有点教养,不料他连舔我的鞋都不配。"

"你有一阵子爱他爱得发疯,"凯瑟琳说。

"爱他爱得发疯!"茉特尔不相信地喊道,"谁说我爱他爱得发疯啦?我从来没爱过他,就像我没爱过那个人一样。"

她突然指着我,于是大家都用责备的目光看着我。我竭力做出一副样子表示我并没指望什么人爱我。

"我干的唯一发疯的事是跟他结了婚。我马上就知道我犯了错误。他借了人家一套做客的衣服穿着结婚,而还从来不告诉我,后来有一天他不在家，那人来讨还衣服。'哦，这套衣服是你的吗?'我说。'这还是我头一回听说哩。'但是我把衣服给了他，然后我躺到床上，号啕大哭，整整哭了一下午。"

"她实在应当离开他，"凯瑟琳又跟我说下去。"他们在那汽车行楼顶上住了十一年了。汤姆还是她第一个相好的哩。"

那瓶威士忌——第二瓶了——此刻大家都喝个不停，唯有凯瑟琳除外，她"什么都不喝也感到飘飘然"。汤姆按铃把看门的喊来，叫他去买一种出名的三明治，吃了可以抵得上一顿晚餐。我想到外面去，在柔和的暮色中向东朝公园走过去，但每次我起身告辞，都被卷入一阵吵闹刺耳的争执中，结果就仿佛有绳子把我拉回到椅子上。然而我们这排黄澄澄的窗户高踞在城市的上空，一定给暮色苍茫的街道上一位观望的过客增添了一点人生的秘密，同时我也可以看到他，一面在仰望一面在寻思。我既身在其中又身在其外，对人生的千变万化既感到陶醉，同时又感到厌恶。

茉特尔把她自己的椅子拉到我椅子旁边，忽然之间她吐出的热气朝我喷来，她絮絮叨叨讲起了她跟汤姆初次相逢的故事。

"事情发生在两个面对面的小座位上，就是火车上一向剩下的最后两个座位。我是上纽约去看我妹妹，在她那儿过夜。他穿了一身礼服，一双漆皮鞋，我就忍不住老是看他，可是每次他一看我，我只好假装在看他头顶上的广告。我们走进车站时，他紧挨在我身边，他那雪白的衬衫前胸蹭着我的胳膊，于是我跟他说我可要叫警察了，但他明知我在说假话。我神魂颠倒，跟他上了一辆出租汽车，还以为是上了地铁哩。我心里翻来覆去想的只有一句话：'你又不能永远活着。你又不能永远活着。'"

她回过头来跟麦基太太讲话，屋子里充满了她那不自然的笑声。

"亲爱的，"她喊道，"我这件衣服穿过之后就送给你。明天我得去另买一件。我要把所有要办的事情开个单子。按摩、烫发、替小狗买条项圈，买一个那种有弹簧的、小巧玲珑的烟灰缸，还要给妈妈的坟上

31

买一个挂黑丝结的假花圈，可以摆一个夏天的那种。我一定得写个单子，免得我忘掉要做哪些事。"

已经九点钟了———转眼我再看表时发觉已经十点了。麦基先生倒在椅子上睡着了，两手握拳放在大腿上，好像一张活动家的相片。我掏出手帕，把他脸上那一小片叫我一下午都看了难受的干肥皂沫擦掉。

小狗坐在桌子上，两眼在烟雾中盲目地张望，不时轻轻地哼着。屋子里的人一会儿不见了，一会儿又重新出现，商量到什么地方去，然后又找不着对方，找来找去，发现彼此就在几尺之内。快到半夜的时候，汤姆·布坎农和威尔逊太太面对面站着争吵，声音很激动，争的是威尔逊太太有没有权利提黛西的名字。

"黛西！黛西！黛西！"威尔逊太太大喊大叫。"我什么时候想叫就叫！黛西！黛……"

汤姆·布坎农动作敏捷，伸出手一巴掌打破了威尔逊太太的鼻子。

接着，浴室满地都是血淋淋的毛巾，只听见女人骂骂咧咧的声音，同时在一片混乱之中，还夹有断断续续痛楚的哀号。麦基先生打盹醒了，懵懵懂懂地就朝门口走。他走了一半路，又转过身来看着屋子里的景象发呆——他老婆和凯瑟琳一面骂一面哄，同时手里拿着急救用的东西跌跌撞撞地在拥挤的家具中间来回跑，还有躺在沙发上的那个凄楚的人形，一面血流不止，一面还想把一份《纽约闲话》报铺在织锦椅套上的凡尔赛风景上面。然后麦基先生又掉转身子，继续走出门去。我从灯架上取下我的帽子，也跟着走了出去。

"改天过来一道吃午饭吧。"我们在电梯里哼哼唧唧地往下走的时候，他提议说。

"什么地方？"

"随便什么地方？"

"别碰电梯开关，"开电梯的工人不客气地说。

"对不起，"麦基先生神气十足地说，"我还不知道我碰了。"

"好吧，"我表示同意说，"我一定奉陪。"

……我正站在麦基床边，而他坐在两层床单中间，身上只穿着内衣，手里捧着一本大相片簿。

"《美人与野兽》……《寂寞》……《小店老马》……《布鲁克林大桥》……"

后来我半睡半醒躺在宾夕法尼亚车站下层很冷的候车室里，一面盯着刚出的《论坛报》，一面等候清早四点钟的那班火车。

第三章

整个夏天的夜晚都有音乐声从我邻居家传过来。在他蔚蓝的花园里，男男女女像飞蛾一般在笑语、香槟和繁星中间来来往往。下午涨潮的时候，我看着他的客人从他的木筏的跳台上跳水，或是躺在他私人海滩的热沙上晒太阳，同时他的两艘小汽艇破浪前进，拖着滑水板驶过翻腾的浪花。每逢周末，他的罗尔斯—罗伊斯轿车就成了公共汽车，从早晨九点到深更半夜往来城里接送客人，同时他的旅行车也像一只轻捷的黄硬壳虫那样去火车站接所有的班车。每星期一，八个仆人，包括一个临时园丁，整整苦干一天，用许多拖把、板刷、榔头、修枝剪来收拾前一晚的残局。

每星期五，五箱橙子和柠檬从纽约一家水果行送到；每星期一，这些橙子和柠檬变成一座半拉半拉的果皮堆成的小金字塔从他的后门运出去。他厨房里有一架榨果汁机，半小时之内可以榨两百只橙子，只要男

33

管家用大拇指把一个按钮按两百次就行了。

至少每两周一次，大批包办筵席的人从城里下来，带来好几百英尺帆布帐篷和无数的彩色电灯，足以把盖茨比巨大的花园布置得像一棵圣诞树。自助餐桌上各色冷盘琳琅满目，一只只五香火腿周围摆满了五花八门的色拉、烤得金黄的乳猪和火鸡。大厅里面，设起了一个装着一根真的铜杆的酒吧，备有各种杜松子酒和烈性酒，还有各种早已罕见的甘露酒，大多数女客年纪太轻，根本分不清哪个是哪个。

七点以前乐队到达，决不是什么五人小乐队，而是配备齐全的整班人马，双簧管、长号、萨克斯管、大小提琴、短号、短笛、高低音铜鼓，应有尽有。游泳的客人最后一批已经从海滩上进来，现在正在楼上换衣服；纽约来的轿车五辆一排停在车道上，同时所有的厅堂、客室、阳台已经都是五彩缤纷，女客们的发型争奇斗妍，披的纱巾是卡斯蒂尔①人做梦也想不到的。酒吧那边生意兴隆，同时一盘盘鸡尾酒传送到外面花园里的每个角落，到后来整个空气里充满了欢声笑语，充满了脱口而出、转眼就忘的打趣和介绍，充满了彼此始终不知姓名的女太太们之间亲热无比的会见。

大地蹒跚着离开太阳，电灯显得更亮，此刻乐队正在奏黄色鸡尾酒会音乐，于是大合唱般的人声又提高了一个音调。笑声每时每刻都变得越来越容易，毫无节制地倾泻出来，只要一句笑话就会引起哄然大笑。人群的变化越来越快，忽而随着新来的客人而增大，忽而分散后又立即重新组合；已经有一些人在东飘西荡——脸皮厚的年轻姑娘在比较稳定的人群中间钻进钻出，一会儿在片刻的欢腾中成为一群人注意的中心，一会儿又得意洋洋在不断变化的灯光下穿过变幻不定的面孔、声音和色彩扬长而去。

忽然间，这些吉卜赛人式的姑娘中有一个，满身珠光宝气，一伸手就抓来一杯鸡尾酒，一口干下去壮壮胆子，然后手舞足蹈，一个人跳到

---

① 西班牙一地区，以产头巾出名。

篷布舞池中间去表演。片刻的寂静，乐队指挥殷勤地为她改变了拍子，随后突然响起了一阵叽叽喳喳的说话声，因为有谣言传开，说她是速演剧团的吉尔德·格雷①的替角。晚会正式开始了。

我相信那天晚上我第一次到盖茨比家去时，我是少数几个真正接到请帖的客人之一。人们并不是邀请来的——他们是自己来的。他们坐上汽车，车子把他们送到长岛，后来也不知怎么的他们总是出现在盖茨比的门口。一到之后总会有什么认识盖茨比的人给他们介绍一下，从此他们的言谈行事就像在娱乐场所一样了。有时候他们从来到走根本没见过盖茨比，他们怀着一片至诚前来赴会，这一点就可以算一张入场券了。

我确实是受到邀请的。那个星期六一清早，一个身穿绿蓝色制服的司机穿过我的草地，为他主人送来一封措辞非常客气的请柬，上面写道：如蒙我光临当晚他的"小小聚会"，盖茨比当感到不胜荣幸。他已经看到我几次，并且早就打算趋访，但由于种种特殊原因未能如愿——杰伊·盖茨比签名，笔迹很神气。

晚上七点一过，我身穿一套白法兰绒便装走过去到他的草坪上，很不自在地在一群群我不认识的人中间晃来晃去——虽然偶尔也有一个我在区间火车上见过的面孔。我马上注意到客人中夹杂着不少年轻的英国人；个个衣着整齐，个个面有饥色，个个都在低声下气地跟殷实的美国人谈话。我敢说他们都在推销什么——或是债券，或是保险，或是汽车。他们最起码都揪心地意识到，近在眼前就有唾手可得的钱，并且相信，只要几句话说得投机，钱就到手了。

我一到之后就设法去找主人，可是问了两三个人他在哪里，他们都大为惊异地瞪着我，同时矢口否认知道他的行踪，我只好悄悄地向供应鸡尾酒的桌子溜过去——整个花园里只有这个地方，一个单身汉可以留连一下而不显得无聊和孤独。

我百无聊赖，正准备喝个酩酊大醉，这时乔丹·贝克从屋里走了出来，

---

① 吉尔德·格雷：名噪一时的纽约舞星。

站在大理石台阶最上一级，身体微向后仰，用轻蔑的神气俯瞰着花园。

不管人家欢迎不欢迎，我觉得实在非依附一个人不可，不然的话，我恐怕要跟过往的客人寒暄起来了。

"哈啰!"我大喊一声，朝她走去。我的声音在花园里听上去似乎响得很不自然。

"我猜你也许会来的，"等我走到跟前，她心不在焉地答道，"我记得你住在隔壁……"

她不带感情地拉拉我的手，作为她答应马上再来理会我的表示，同时去听在台阶下面站住的两个穿着一样的黄色连衣裙的姑娘讲话。

"哈啰!"她们同声喊道，"可惜你没赢。"

这说的是高尔夫球比赛。她在上星期的决赛中输掉了。

"你不知道我们是谁，"两个穿黄衣的姑娘中的一个说，"可是大约一个月以前我们在这儿见过面。"

"你们后来染过头发了，"乔丹说，我听了一惊，但两个姑娘却已经漫不经心地走开了，因此她这句话说给早升的月亮听了，月亮和晚餐的酒菜一样，无疑也是从包办酒席的人的篮子里拿出来的。乔丹用她那纤细的、金黄色的手臂挽着我的手臂，我们走下了台阶，在花园里闲逛。一盘鸡尾酒在暮色苍茫中飘到我们面前，我们就在一张桌子旁坐下，同座的还有那两个穿黄衣的姑娘和三个男的，介绍给我们的时候名字全含含糊糊一带而过。

"你常来参加这些晚会吗?"乔丹问她旁边的那个姑娘。

"我上次来就是见到你的那一次，"姑娘回答，声音是机灵而自信的。她又转身问她的朋友，"你是不是也一样，露西尔?"

露西尔也是一样。

"我喜欢来，"露西尔说。"我从来不在乎干什么，只要我玩得痛快就行。上次我来这里，我把衣服在椅子上撕破了，他就问了我的姓名住址——不出一个星期我收到克罗里公司送来一个包裹，里面是一件新的晚礼服。"

"你收下了吗?"乔丹问。

"我当然收下了。我本来今晚准备穿的,可是它胸口太大,非改不可。衣服是淡蓝色的,镶着淡紫色的珠子。二百六十五美元。"

"一个人肯干这样的事真有点古怪,"另外那个姑娘热切地说,"他不愿意得罪任何人。"

"谁不愿意?"我问。

"盖茨比。有人告诉我……"

两个姑娘和乔丹诡秘地把头靠到一起。

"有人告诉我,人家认为他杀过一个人。"

我们大家都感到十分惊异。三位先生也把头伸到前面,竖起耳朵来听。

"我想并不是那回事,"露西尔不以为然地分辩道,"多半是因为在大战时他当过德国间谍。"

三个男的当中有一个点头表示赞同。

"我也听过一个人这样说,这人对他一清二楚,是从小和他一起在德国长大的,"他肯定无疑地告诉我们。

"噢,不对,"第一个姑娘又说,"不可能是那样,因为大战期间他在美国军队里。"由于我们又倾向于听信她的话,她又兴致勃勃地把头伸到前面。"你只要趁他以为没有人看他的时候看他一眼。我敢打赌他杀过一个人。"

她眯起眼睛,哆嗦了起来。露西尔也在哆嗦。我们大家掉转身来,四面张望去找盖茨比。有些人早就认为这个世界上没有什么需要避讳的事情,现在谈起他来却这样窃窃私语,这一点也足以证明他引起了人们何等浪漫的遐想了。

第一顿晚饭——午夜后还有一顿——此刻开出来了,乔丹邀我去和花园那边围着一张桌子坐的她的一伙朋友坐在一起。一共有三对夫妇,外加一个陪同乔丹来的男大学生,此人死气白赖,说起话来老是旁敲侧击,并且显然认为乔丹早晚会或多或少委身于他的。这伙人不到处转悠，而正襟危坐，自成一体，并且俨然自封为庄重的农村贵族的代表——东卵屈尊光临西卵，而又小心翼翼提防它那灯红酒绿的欢乐。

"咱们走开吧，"乔丹低声地讲，这时已经莫名其妙地浪费了半个钟头。"这里对我来说是太斯文了。"

我们站了起来，她解释说我们要去找主人；她就是因为我还从来没见过他，这使我颇感局促不安。那位大学生点点头，神情既玩世不恭，又闷闷不乐。

我们先到酒吧间去张了一张，那儿挤满了人，可盖茨比并不在那里。她从台阶上头向下看，找不到他，他也不在阳台上。我们怀着希望推开一扇很神气的门，走进了一间高高的哥特式图书室，四壁镶的是英国雕花橡木，大有可能是从海外某处古迹原封不动地拆过来的。

一个矮矮胖胖的中年男人，戴着老大的一副猫头鹰式眼镜，正醉醺醺地坐在一张大桌子的边上，迷迷糊糊目不转睛地看着书架上一排排的书。我们一走进去他就兴奋地转过身来，把乔丹从头到脚打量了一番。

"你觉得怎么样?"他冒冒失失地问道。

"关于什么?"

他把手向书架一扬。

"关于那个。其实你也不必仔细看了，我已经仔细看过。它们都是真的。"

"这些书吗?"

他点点头。

"绝对是真的———一页一页的，什么都有。我起先还以为大概是好看的空书壳子。事实上，它们绝对是真的。一页一页的什么——等等!我拿给你们瞧。"

他想当然地认为我们不相信，急忙跑到书橱前面，拿回来一本《斯托达德演说集》卷一①。

———————————
① 约翰·斯托达德(1850—1931)：美国演说家，著有《演说集》十卷。

"瞧!"他得意洋洋地嚷道，"这是一本地地道道的印刷品。它真把我蒙住了。这家伙简直是个贝拉斯科①。真是巧夺天工。多么一丝不苟! 多么逼真! 而且知道见好就收——并没裁开纸页。你还要怎样? 你还指望什么?"

　　他从我手里把那本书一把夺走，急急忙忙在书架上放回原处，一面叽咕着说什么假使一块砖头被挪开，整个图书室就有可能塌掉。

　　"谁带你们来的?"他问道，"还是不请自到的? 我是有人带我来的。大多数客人都是别人带来的。"

　　乔丹很机灵，很高兴地看着他，但并没有答话。

　　"我是一位姓罗斯福的太太带来的，"他接着说，"克劳德·罗斯福太太。你们认识她吗? 我昨天晚上不知在什么地方碰上她的。我已经醉了个把星期了，我以为在图书室里坐一会儿可以醒醒酒。"

　　"有没有醒?"

　　"醒了一点，我想。我还不敢说。我在这儿刚待了一个钟头。我跟你们讲过这些书吗? 它们都是真的。它们是……"

　　"你告诉过我们了。"

　　我们庄重地和他握握手，随即回到外边去。

　　此刻花园里篷布上有人在跳舞；有老头子推着年轻姑娘向后倒退，无止无休地绕着难看的圈子；有高傲的男女抱在一起按时髦的舞步扭来扭去，守在一个角落里跳——还有许许多多单身姑娘在作单人舞蹈，或者帮乐队弹一会儿班卓琴或者敲一会儿打击乐器。到了午夜欢闹更甚。一位有名的男高音唱了意大利文歌曲，还有一位声名狼藉的女低音唱了爵士音乐，还有人在两个节目之间在花园里到处表演"绝技"，同时一阵阵欢乐而空洞的笑声响彻夏夜的天空。一对双胞胎——原来就是那两个黄衣姑娘——演了一出化装的娃娃戏，同时香槟一杯杯的端出来，杯子比洗手用的小碗还要大。月亮升得更高了，海湾里飘着一副三角形

---

① 大卫·贝拉斯科(1859—1931)：美国舞台监督，以布景逼真闻名。

39

的银色天秤①，随着草坪上班卓琴铿锵的琴声微微颤动。

我仍然和乔丹·贝克在一起。我们坐的一张桌上还有一位跟我年纪差不多的男子和一个吵吵闹闹的小姑娘，她动不动就忍不住要放声大笑。我现在玩得也挺开心了。我已经喝了两大碗香槟，因此这片景色在我眼前变成了一种意味深长的、根本性的、奥妙的东西。

在文娱节目中间休息的时候，那个男的看着我微笑。

"您很面熟，"他很客气地说。"战争期间您不是在第一师吗？"

"正是啊。我在步兵二十八连。"

"我在十六连，直到一九一八年六月。我刚才就知道我以前在哪儿见过您的。"

我们谈了一会儿法国的一些阴雨、灰暗的小村庄。显而易见他就住在附近，因为他告诉我他刚买了一架水上飞机，并且准备明天早晨去试飞一下。

"愿意跟我一块去吗，老兄？就在海湾沿着岸边转转。"

"什么时候？"

"随便什么时候，对你合适就行。"

我已经话到了嘴边想问他的名字，这时乔丹掉转头来朝我一笑。

"现在玩得快活吧？"她问。

"好多了。"我又掉转脸对着我的新交。"这对我来说是个奇特的晚会。我连主人都还没见到哩。我就住在那边……"我朝着远处看不见的树篱笆把手一挥。"这位姓盖茨比的派他的司机过来送了一份请帖。"

他朝我望了一会儿，似乎没听懂我的话。

"我就是盖茨比，"他突然说。

"什么！"我叫了一声，"噢，真对不起。"

"我还以为你知道哩，老兄。我恐怕不是个很好的主人。"

---

① 指天秤座星斗。

他心领神会地一笑——还不止心领神会。这是极为罕见的笑容，其中含有永久的善意的表情，这是你一辈子也不过遇见四五次的。它面对——或者似乎面对——整个永恒的世界一刹那，然后就凝注在你身上，对你表现出不可抗拒的偏爱。他了解你恰恰到你本人希望被了解的程度，相信你如同你乐于相信你自己那样，并且教你放心他对你的印象正是你最得意时希望给予别人的印象。恰好在这一刻他的笑容消失了——于是我看着的不过是一个风度翩翩的年轻汉子，三十一、二岁年纪，说起话来文质彬彬，几乎有点可笑。在他作自我介绍之前不久，我有一个强烈的印象，觉得他说话字斟句酌。

差不多在盖茨比先生说明自己身份的那一刻，一个男管家急急忙忙跑到他跟前报告他芝加哥有长途电话找他。他微微欠身道歉，把我们大家——包括在内。

"你想要什么尽管开口，老兄，"他恳切地对我说，"对不起，过会儿再来奉陪。"

他走开之后，我马上转向乔丹——迫不及待地要告诉她我感到的惊异。我本来以为盖茨比先生是个红光满面、肥头大耳的中年人。

"他是谁?"我急切地问，"你可知道?"

"他就是一个姓盖茨比的人呗。"

"我是问他是哪儿来的? 他又是干什么的?"

"现在你也琢磨起这个题目来了，"她厌倦地笑道，"唔，他告诉过我他上过牛津大学。"

一个模糊的背景开始在他身后出现，但是随着她的下一句话又立即消失了。

"可是，我并不相信。"

"为什么不信?"

"我不知道，"她固执地说，"我就是不相信他上过牛津。"

她的语气之中有点什么使我想起另外那个姑娘说的"我想他杀过一个人"，其结果是打动了我的好奇心。随便说盖茨比出身于路易斯安那那州的沼泽地区也好，出身于纽约东城南区①也好，我都可以毫无疑问地接受。那是可以理解的。但是年纪轻的人不可能——至少我这个孤陋寡闻的乡下人认为他们不可能——不知从什么地方悄悄地出现，在长岛海湾买下一座宫殿式的别墅。

"不管怎样，他举行大型宴会，"乔丹像一般城里人一样不屑于谈具体细节，所以改换了话题。"而我也喜欢大型宴会。这样亲热得很。在小的聚会上，三三两两谈心倒不可能。"

大鼓轰隆隆一阵响，接着突然传来乐队指挥的声音，盖过花园里嘈杂的人声。

"女士们先生们，"他大声说，"应盖茨比先生的要求，我们现在为各位演奏弗拉迪米尔·托斯托夫先生的最新作品，这部作品五月里在卡内基音乐厅曾经引起那么多人注意。各位看报就知道那是轰动一时的事件。"他带着轻松而居高临下的神气微微一笑，又加了一句："可真叫轰动！"引得大家都放声大笑。

"这支乐曲，"他最后用洪亮的声音说，"叫做《弗拉迪米尔·托斯托夫的爵士音乐世界史》。"

托斯托夫先生这个乐曲是怎么回事，我没有注意到，因为演奏一开始，我就一眼看到了盖茨比单独一个人站在大理石台阶上面，用满意的目光从这一群人看到那一群人。他那晒得黑黑的皮肤很漂亮地紧绷在脸上，他那短短的头发看上去好像是每天都修剪似的。我看不出他身上有什么诡秘的迹象。我纳闷是否他不喝酒这个事实有助于把他跟他的客人们截然分开，因为我觉得随着沉滥一气的欢闹的高涨，他却变得越发端庄了。等到《爵士音乐世界史》演奏完毕，有的姑娘像小哈巴狗一样乐滋滋地靠在男人肩膀上，有的姑娘开玩笑地向后晕倒在男人怀抱里，甚至倒进人群里，明知反正有人会把她们托住——可是没有人晕倒在盖茨比身上，也没有法国式的短发碰到盖茨比的肩头，也没有人组织四人合

---

① 贫民窟。

唱团来拉盖茨比加入。

"对不起。"

盖茨比的男管家忽然站在我们身旁。

"贝克小姐?"他问道,"对不起,盖茨比先生想单独跟您谈谈。"

"跟我谈?"她惊奇地大声说。

"是的,小姐。"

她慢慢地站了起来,惊愕地对我扬了扬眉毛,然后跟着男管家向房子走过去。我注意到她穿晚礼服,穿所有的衣服,都像穿运动服一样——她的动作有一种矫健的姿势,仿佛她当初就是在空气清新的早晨在高尔夫球场上学走路的。

我独自一人,时间已快两点了。有好一会儿,从阳台上面一间长长的、有许多窗户的房间里传来了一阵阵杂乱而引人入胜的声音。乔丹的那位大学生此刻正在和两个歌舞团的舞女大谈助产术,央求我去加入,可是我溜掉了,走到室内去。

大房间里挤满了人。穿黄衣的姑娘有一个在弹钢琴,她身旁站着一个高高的红发少妇,是从一个有名的歌舞团来的,正在那里唱歌。她已经喝了大量的香槟,在她唱歌的过程中她又不合时宜地认定一切都非常非常悲惨——她不仅在唱,而且还在哭。每逢曲中有停顿的地方,她就用抽抽噎噎的哭声来填补,然后又用震颤的女高音继续去唱歌词。眼泪沿着她的面颊往下流,——可不是畅通无阻地流,因为眼泪一碰到画得浓浓的睫毛之后变成了黑墨水,像两条黑色的小河似的慢慢地继续往下流。有人开玩笑,建议她唱上脸上的那些音符,她听了这话把两手向上一甩,倒在一张椅子上,醉醺醺地呼呼大睡起来。

"她刚才跟一个自称是她丈夫的人打过一架,"我身旁一个姑娘解释说。

我向四周看看,剩下的女客现在多半都在跟她们所谓的丈夫吵架。连乔丹的那一伙,从东卵来的那四位,也由于意见不和而四分五裂了。

男的当中有一个正在劲头十足地跟一个年轻的女演员交谈,他的妻子起先还保持尊严,装得满不在乎,想一笑置之,到后来完全垮了,就采取侧面攻击——不时突然出现在他身边,像一条愤怒的衲脊蛇,向他耳中嘶道:"你答应过的!"

舍不得回家的并不限于任性的男客。穿堂里此刻有两个毫无醉意的男客和他们怒气冲天的太太。两位太太略微提高了嗓子在互相表示同情。

"每次他一看见我玩得开心他就要回家。"

"我这辈子从来没听过这么自私的事。"

"我们总是第一个走。"

"我们也是一样。"

"不过,今晚我们几乎是最后的了,"两个男的有一个怯生生地说。"乐队半个钟头以前就走了。"

尽管两位太太一致认为这种恶毒心肠简直难以置信,这场纠纷终于在一阵短短的揪斗中结束,两位太太都被抱了起来,两腿乱踢,消失在黑夜里。

我在穿堂里等我帽子的时候,图书室的门开了,乔丹·贝克和盖茨比一同走了出来。他还在跟她说最后一句话,可是这时有几个人走过来和他告别,他原先热切的态度陡然收敛,变成了拘谨。

乔丹那一伙人从阳台上不耐烦地喊她,可是她还逗留了片刻和我握手。

"我刚才听到一件最惊人的事情,"她出神地小声说,"我们在那里边待了多久?"

"哦,个把钟头。"

"这事……太惊人了,"她出神地重复说。"可是我发过誓不告诉别人,而我现在已经在逗你了。"她对着我的脸轻轻打了个呵欠。"有空请过来看我……电话簿……西古奈·霍华德太太名下……我的姑妈……"她一边说一边匆匆离去——她活泼地挥了一下那只晒得黑黑的

44

手表示告别，然后就消失在门口她那一伙人当中了。

我觉得怪难为情的，第一次来就待得这么晚，于是走到包围着盖茨比的最后几位客人那边去。我想要解释一下我一来就到处找过他，同时向他道歉刚才在花园里当面都不认识。

"没有关系，"他恳切地嘱咐我。"别放在心上，老兄。"这个亲热的称呼还比不上非常友好地拍拍我肩膀的那只手所表示的亲热。"别忘了明天早上九点我们要乘水上飞机上天哩。"

接着男管家来了，站在他背后。

"先生，费城有长途电话请您说话。"

"好，就来。告诉他们我就来。……晚安。"

"晚安。"

"晚安。"他微微一笑。突然之间，我待到最后才走，这其中好像含有愉快的深意，仿佛他是一直希望如此的。"晚安，老兄……晚安。"

可是，当我走下台阶时，我看到晚会还没有完全结束。离大门五十英尺，十几辆汽车的前灯照亮了一个不寻常的、闹哄哄的场面。在路旁的小沟里，右边向上，躺着一辆新的小轿车，可是一只轮子撞掉了。这辆车离开盖茨比的车道还不到两分钟，一堵墙的突出部分是造成车轮脱落的原因，现在有五六个好奇的司机在围观。可是，由于他们让自己的车子挡住了路，后面车子上的司机已经按了好久喇叭，一片刺耳的噪音更增添了整个场面本来就很严重的混乱。

一个穿着长风衣的男人已经从撞坏的车子里出来，此刻站在大路中间，从车子看到轮胎，又从轮胎看到旁观的人，脸上带着愉快而迷惑不解的表情。

"请看！"他解释道，"车子开到沟里去了。"

这个事实使他感到不胜惊奇。我先听出了那不平常的惊奇的口吻，然后认出了这个人——就是早先光顾盖茨比图书室的那一位。

"怎么搞的？"

他耸了耸肩膀。

"我对机械一窍不通，"他肯定地说。

"到底怎么搞的？你撞到墙上去了吗？"

"别问我，""猫头鹰眼"说，把事情推脱得一干二净。"我不大懂开车——几乎一无所知。事情发生了，我就知道这一点。"

"既然你车子开得不好，那么你晚上就不应当试着开车嘛。"

"可是我连试也没试，"他气愤愤地解释。"我连试也没试啊。"

旁观的人听了都惊愕得说不出话来。

"你想自杀吗？"

"幸亏只是一只轮子！开车开得不好，还连试都不试！"

"你们不明白，"罪人解释说，"我没有开车。车子里还有一个人。"

这句声明所引起的震惊表现为一连声的"噢……啊……啊！"同时那辆小轿车的门也慢慢开了。人群——此刻已经是一大群了——不由得向后一退，等到车门敞开以后，又有片刻阴森可怕的停顿。然后，逐渐逐渐地，一部分一部分地，一个脸色煞白、摇来晃去的人从撞坏了的汽车里跨了出来，先伸出一只大舞鞋在地面上试探了几下。

这位幽灵被汽车前灯的亮光照得睁不开眼，又被一片汽车喇叭声吵得糊里糊涂，站在那里摇晃了一会儿才认出那个穿风衣的人。

"怎么啦？"他镇静地问道，"咱们没汽油了吗？"

"你瞧！"

五六个人用手指指向那脱落下来的车轮——他朝它瞪了一眼，然后抬头向上看，仿佛他怀疑轮子是从天上掉下来的。

"轮子掉下来了，"有一个人解释说。

他点点头。

"起先我还没发现咱们停住了。"

过了一会儿，他深深吸了一口气，又挺起胸膛，用坚决的声音说：

"不知可不可以告诉我哪儿有加油站？"

至少有五六个人，其中有的比他稍微清醒一点，解释给他听，轮子和车子之间已经没有任何实质性的联系了。

"倒车，"过了一会儿他又出点子，"用倒车档。"

"可是轮子掉啦！"

他迟疑了一会儿。

"试试也无妨嘛，"他说。

汽车喇叭的尖声怪叫达到了高潮，于是我掉转身，穿过草地回家。我回头望了一眼。一轮明月正照在盖茨比别墅的上面，使夜色跟先前一样美好；明月依旧，而欢声笑语已经从仍然光辉灿烂的花园里消失了。一股突然的空虚此刻好像从那些窗户和巨大的门里流出来，使主人的形象处于完全的孤立之中，他这时站在阳台上，举起一只手作出正式的告别姿势。

重读一遍以上所写的，我觉得我已经给人一种印象，好像相隔好几个星期的三个晚上所发生的事情就是我所关注的一切。恰恰相反，它们只不过是一个繁忙的夏天当中的一些小事，而且直到很久以后，我对它们还远远不如对待我自己的私事那样关心。

大部分时间我都在工作。每天清早太阳把我的影子投向西边时，我沿着纽约南部摩天大楼之间的白色裂口匆匆走向正诚信托公司。我跟其他的办事员和年轻的债券推销员混得很熟，和他们一起在阴暗拥挤的饭馆里吃午饭，吃点小猪肉香肠加土豆泥，喝杯咖啡。我甚至和一个姑娘发生过短期的关系，她住在泽西城①，在会计处工作。可是她哥哥开始给我眼色看，因此她七月里出去度假的时候，我就让这事悄悄地吹了。

我一般在耶鲁俱乐部吃晚饭，——不知为了什么缘故这是我一天中最凄凉的事情——饭后我上楼到图书室去认真学习各种投资和证券一个钟头。同学会里往往有几个爱玩爱闹的人光临，但他们从来不进图书

---

① 在纽约市附近。

室，所以那里倒是个做工作的好地方。在那以后，如果天气宜人，我就沿着麦迪逊路溜达，经过那座古老的默里山饭店，再穿过三十三号街走到宾夕法尼亚车站。

我开始喜欢纽约了，喜欢夜晚那种奔放冒险的情调，喜欢那川流不息的男男女女和往来车辆给应接不暇的眼睛带来的满足。我喜欢在五号路上溜达，从人群中挑出风流的女人，幻想几分钟之内我就要进入她们的生活，而永远也不会有人知道或者非难这件事。有时，在我脑海里，我跟着她们走到神秘的街道拐角上她们所住的公寓，到了门口她们回眸一笑，然后走进一扇门消失在温暖的黑暗之中。在大都市迷人的黄昏时刻，我有时感到一种难以排遣的寂寞，同时也觉得别人有同感，——那些在橱窗面前踯躅的穷困的青年小职员，等到了时候独个儿上小饭馆去吃一顿晚饭——黄昏中的青年小职员，虚度着夜晚和生活中最令人陶醉的时光。

有时晚上八点钟，四十几号街那一带阴暗的街巷挤满了出租汽车，五辆一排，热闹非凡，都是前往戏院区的，这时我心中就感到一种无名的怅惘。出租汽车在路口暂停的时候，车里边的人身子偎在一起，说话的声音传了出来，听不见的笑话引起了欢笑，点燃的香烟在里面造成一个个模糊的光圈。幻想着我也在匆匆赶去寻欢作乐，分享他们内心的激动，于是我暗自为他们祝福。

有好久我没有见过乔丹·贝克，后来在仲夏时节我又找到了她。起初我陪她到各处去感到很荣幸，因为她是个高尔夫球冠军，所有的人都知道她的大名。后来却有了另一种感情。我并没有真的爱上她，但我产生了一种温柔的好奇心。她对世人摆出的那副厌烦而高傲的面孔掩盖了点什么——大多数装模作样的言行到后来总是在掩盖点什么，虽然起初并不如此——有一天我发现了那是什么。当时我们两人一同到沃维克去参加一次别墅聚会。她把一辆借来的车子车篷不拉上就停在雨里，然后扯了个谎——突然之间我记起了那天晚上我在黛西家里想不起来的那件关于她的事。在她参加的第一个重要的高尔夫锦标赛上，发生了一场风波，差一点闹到登报，——有人说在半决赛那一局她把球从一个坏位置上移动过。事情几乎要成为一桩丑闻——后来平息了下去。一个球童收回了他的话，唯一的另一个见证人也承认他可能搞错了。这个事件和她的名字却留在我脑子里。

乔丹·贝克本能地回避聪明机警的男人，现在我明白了这是因为她认为，在对越轨的行动不以为然的社会圈子里活动比较保险。她不诚实到了不可救药的地步。她不能忍受处于不利的地位，既然这样不甘心，因此我想她从很年轻的时候就开始耍各种花招，为了对世人保持那个傲慢的冷笑，而同时又能满足她那硬硬的、矫健的肉体的要求。

这对我完全无所谓。女人不诚实，这是人们司空见惯的事——我微微感到遗憾，过后就忘了。也是在参加那次别墅聚会的时候，我们俩有过一次关于开车的奇怪的谈话。因为她从几个工人身旁开过去，挨得太近，结果挡泥板擦着一个工人上衣的纽扣。

"你是个粗心的驾驶员，"我提出了抗议。"你该再小心点儿，要不就干脆别开车。"

"我很小心。"

"不对，你不小心。"

"不要紧，反正别人很小心，"她轻巧地说。

"这跟你开车有什么关系？"

"他们会躲开我的，"她固执地说，"要两方面才能造成一次车祸嘛。"

"假定你碰到一个像你一样不小心的人呢？"

"我希望永远不会碰到，"她答道，"我顶讨厌不小心的人。这也是我喜欢你的原因。"

她那双灰色的、被太阳照得眯紧的眼睛笔直地盯着前方，但她故意地改变了我们的关系，因而有片刻工夫我以为我爱上了她。但是我思想迟钝，而且满脑袋清规戒律，这都对我的情欲起着刹车的作用，同时我也知道首先我得完全摆脱家乡的那段纠葛。我一直每星期写一封信并且签上："爱你，尼克"，而我能想到的只是每次那位小姐一打网球，她的上唇上边总出现像小胡子一样的一溜汗珠。不过确实有过一种含糊的默契，这必须先委婉地解除，然后我才可以自由。

每个人都以为他自己至少有一种主要的美德，而这就是我的：我所认识的诚实的人并不多，而我自己恰好就是其中的一个。

第四章

星期天早晨，教堂的钟声响彻沿岸村镇的时候，时髦社会的男男女女又回到了盖茨比的别墅，在他的草坪上寻欢作乐。

"他是个私酒贩子，"那些少妇一边说，一边在他的鸡尾酒和他的好花之间的什么地方走动着。"有一回他杀了一个人，那人打听出他是兴登堡①的侄子，魔鬼的表兄弟。递给我一朵玫瑰花，宝贝，再往那只水晶杯子里给我倒最后一滴酒。"

有一次我在一张火车时刻表上空白的地方写下了那年夏天到盖茨比别墅来过的人的名字。现在这已经是一张很旧的时刻表了，沿着折印快要散了，上面印着"本表1922年7月5日起生效"。但我还认得出那些暗淡的名字，它们可以给你一个比我的笼统概括更清楚的印象，那些人到盖茨比家里作客，却对他一无所知，仿佛这是对他所表示的一种

---

① 兴登堡（1847—1934）：德国元帅，第一次世界大战期间任德军总司令。

微妙的敬意。

好吧，从东卵来的有切斯特·贝克夫妇、利契夫妇、一个我在耶鲁认识的姓本森的，还有去年夏天在缅因州淹死的韦伯斯特·西维特大夫。还有霍恩比姆夫妇、威利·伏尔泰夫妇以及布莱克巴克全家，他们总是聚集在一个角落里，不管谁走近他们就像山羊一样翘起鼻孔。还有伊士梅夫妇、克里斯蒂夫妇(更确切地说是休伯特·奥尔巴哈和克里斯蒂先生的老婆)和埃德加·比弗，据说有一个冬天的下午他的头发无缘无故地变得像雪一样白。

我记得，克拉伦斯·恩狄是从东卵来的。他只来过一次，穿着一条白灯笼裤，还在花园里跟一个姓艾蒂的二流子干了一架。从岛上更远的地方来的有齐德勒夫妇、O·R·P·斯雷德夫妇、乔治亚州的斯通瓦尔·杰克逊·亚伯拉姆夫妇，还有菲希加德夫妇和里普利·斯奈尔夫妇。斯奈尔在他去坐牢的前三天还来过，喝得烂醉躺在石子车道上，结果尤里西斯·斯威特太太的汽车从他的右手上开了过去。丹赛夫妇也来，还有年近七十的S·B·怀特贝特、莫理斯·A·弗林克、汉姆海德夫妇、烟草进口商贝路加以及贝路加的几个姑娘。

西卵来的有波尔夫妇、马尔雷德夫妇、塞西尔·罗伯克、塞西尔·肖恩、州议员古利克，还有卓越影片公司的后台老板牛顿·奥基德、艾克豪斯特和克莱德·科恩、小唐·S·施沃兹以及阿瑟·麦加蒂，他们都是跟电影界有这样那样的关系。还有卡特利普夫妇、班姆堡夫妇和G·厄尔·马尔东，就是后来勒死妻子的那个姓马尔东的人的兄弟。投机商达·冯坦诺也来这儿，还有爱德·莱格罗、詹姆斯·B·(诨名是"坏酒")菲来特、德·琼夫妇和欧内斯特·利里——他们都是来赌钱的，每当菲来特逛进花园里去，那就意味着他输得精光，第二天联合运输公司的股票又得有利可图地涨落一番。

有一个姓克利普斯普林格的男人在那儿次数又多时间又长，后来大家就称他为"房客"了——我怀疑他根本就没别的家。在戏剧界人士中，有葛斯·威兹、霍勒斯·奥多诺万、莱斯特·迈尔、乔治·德克维德和弗朗西斯·布尔。从纽约城里来的还有克罗姆夫妇、贝克海森夫妇、丹尼克夫妇、罗素·贝蒂、科里根夫妇、凯利赫夫妇、杜厄夫妇、斯科里夫妇、S·W·贝尔丘夫妇、斯默克夫妇、现在离了婚的小奎因夫妇和亨利·L·帕默多，他后来在时报广场跳在一列地下火车前面自杀了。

本尼·麦克莱纳亨总是带着四个姑娘一同来。她们每次人都不同，可是全长得一模一样，因此看上去好像是以前来过的。她们的名字我忘了——杰奎林，大概是，要不然就是康雪爱拉，或者格洛丽亚或者珠迪或者琼，她们的姓要么是音调悦耳的花名和月份的名字，要么是美国大资本家的庄严的姓氏，只要有人追问，她们就会承认自己是他们的远亲。

除了这许多人之外，我还记得福丝娣娜·奥布莱恩至少来过一次，还有贝达克家姐妹，还有小布鲁尔，就是在战争中鼻子被枪弹打掉的那个，还有阿尔布鲁克斯堡先生和他的未婚妻海格小姐、阿迪泰·费兹彼得夫妇和一度当过美国退伍军人协会主席的P·朱厄特先生，还有克劳迪娅·希普小姐和一个被认为是她司机的男伴，还有一位某某亲王，我们管他叫公爵，即使我曾经知道他的名字，我也忘掉了。

所有这些人那年夏天都到盖茨比的别墅来过。

七月末一天早上九点钟，盖茨比的华丽汽车沿着岩石车道一路颠到我门口停下，它那三个音符的喇叭发出一阵悦耳的音调。这是他第一次来看我，虽然我已经赴过两次他的晚会，乘过他的水上飞机，而且在他热情邀请之下时常借用他的海滩。

"早啊，老兄。你今天要和我一同吃午饭，我想我们就同车进城吧。"

他站在他车子的挡泥板上，保持着身体的平衡，那种灵活的动作是美国人所特有的——我想这是由于年轻时候不干重活的缘故，更重要的是由于我们各种紧张剧烈的运动造成姿势自然而优美。这个特点不断地以坐立不安的形式突破他那拘谨的举止而流露出来。他一刻也不安静；

总是有一只脚在什么地方轻轻拍着，要不然就是有一只手在不耐烦地一开一合。

他瞧出我用赞赏的目光看着他的汽车。

"这车子很漂亮，是不是，老兄？"他跳了下来，好让我看清楚一些。"你以前从来没看到过它吗？"

我看到过，大家都看到过。车子是瑰丽的奶油色的，镀镍的地方闪光耀眼，车身长得出奇，四处鼓出帽子盒、大饭盒和工具盒，琳琅满目，还有层层叠叠的挡风玻璃反映出十来个太阳的光辉。我们在温室似的绿皮车厢里许多层玻璃后面坐下，向城里进发。

过去一个月里，我大概跟他交谈过五六次。使我失望的是，我发现他没有多少话可说。因此我最初以为他是一位相当重要的人物的印象，已经渐渐消失，他只不过是隔壁一家豪华的郊外饭店的老板。

接着就发生了那次使我感到窘迫的同车之行。我们还没到西卵镇，盖茨比就开始把他文雅的句子说到一半就打住，同时犹疑不决地用手拍着他酱色西装的膝盖。

"我说，老兄，"他出其不意地大声说，"你到底对我是怎么个看法？"

我有点不知所措，就开始说一些含糊其辞的话来搪塞。

"得啦，我来给你讲讲我自己的身世吧，"他打断了我的话。"你听到这么多闲话，我不希望你从中得到一个对我的错误看法。"

原来他知道那些给他客厅里的谈话增添风趣的离奇的流言蜚语。

"上帝作证，我要跟你说老实话。"他的右手突然命令上天的惩罚作好准备。"我是中西部一个有钱人家的儿子——家里人都死光了。我是在美国长大的，可是在牛津受的教育，因为我家祖祖辈辈都是在牛津受教育的。这是个家庭传统。"

他斜着眼朝我望望——我这才明白为什么乔丹·贝克曾认为他撒谎。他把"在牛津受教育的"这句话匆匆带了过去，或者含糊其辞，或者半吞半吐，仿佛这句话以前就使他犯嘀咕。有了这个疑点，他的整个自述就站不住脚了，因此我猜疑他毕竟是有点什么不可告人之处。

"中西部什么地方？"我随便一问。

"旧金山。①"

"哦，是这样。"

"我家里人都死光了，因此我继承了很多钱。"

他的声音很严肃，仿佛想起家族的突然消亡犹有余痛似的。有一会儿我怀疑他在捉弄我，但是看了他一眼就使我相信不是那么回事。

"后来我就像一个年轻的东方王公那样到欧洲各国首都去当寓公——巴黎、威尼斯、罗马——收藏珠宝，以红宝石为主；打打狮子老虎；画点儿画，不过是为了自己消遣，同时尽量想忘掉好久以前一件使我非常伤心的事。"

我好不容易才忍住不笑出来，因为他的话令人难以置信。他的措词本身那么陈腐，以致在我脑子里只能是这样的形象：一个裹着头巾的傀儡戏里的"角色"，在布龙公园②追着打老虎，一面跑一面从身子里每个孔洞里往外漏木屑。

"后来就打仗了，老兄。这倒是莫大的宽慰，我千方百计地去找死，可是我的命好像有神仙保佑一样。战争开始的时候，我得到了中尉的军衔。在阿贡森林一役，我带领我那个机枪营的残余部队一往直前，结果我们两边都有半英里的空地，步兵在那里无法推进。我们在那儿待了两天两夜，一百三十个人，十六挺刘易斯式机枪。后来等到步兵开上来，他们在堆积如山的尸体中发现了三个德国师的徽记。我被提升为少校，每一个同盟国政府都发给我一枚勋章——其中甚至包括门的内哥罗，亚德里亚海上的那个小小的门的内哥罗。"

小小的门的内哥罗！他仿佛把这几个字举了起来，冲着它们点头微笑。这一笑表示他了解门的内哥罗动乱的历史，并且同情门的内哥罗人

---

① 旧金山在西部海岸，不属中西部。
② 在巴黎郊外，有大片森林。

民的英勇斗争。这一笑也表示他完全理解那个国家一系列的情况，正是这些情况使得门的内哥罗热情的小小的心里发出了这个颂扬。我的怀疑此刻已化为惊奇；这好像是匆匆忙忙翻阅十几本杂志一样。

他伸手到口袋里去掏，随即一块系在一条缎带上的金属片落进我的手掌心。

"这就是门的内哥罗的那一个。"

使我吃惊的是，这玩意看上去是真的。"丹尼罗勋章"，上面的一圈铭文写道："门的内哥罗国王尼古拉斯。"

"翻过来。"

"杰伊·盖茨比少校，"我念道，"英勇过人。"

"这儿还有一件我随身带的东西，牛津时期的纪念品，是在三一学院校园里照的——我左边那个人现在是唐卡斯特伯爵。"

这是一张五六个年轻人的相片，身上穿着运动上衣，在一条拱廊下闲站着，背后可以看见许许多多塔尖①，其中有盖茨比，比现在显得年轻点，但也年轻不了多少——手里拿着一根板球棒。

这样看来他说的都是真的啦。我仿佛看见一张张五色斑斓的老虎皮挂在他在大运河②上的宫殿里，我仿佛看见他打开一箱红宝石，借它们浓艳的红光来减轻他那颗破碎的心的痛苦。

"我今天有件大事要请你帮忙，"他说，一面很满意地把他的纪念品放进口袋里。"因此我觉得你应当了解我的情况。我不希望你认为我只是一个不三不四的人。要知道，我往往和陌生人交往，因为我东飘西荡，尽量想忘掉那件伤心事。"他犹疑了一下。"这件事今天下午你就可以听到。"

"吃午饭的时候?"

"不，今天下午。我碰巧打听到你约了贝克小姐喝茶。"

---

① 牛津校舍大多为哥特式建筑，塔尖林立。
② 指意大利威尼斯城的大运河。

"你是说你爱上了贝克小姐吗?"

"不是,老兄,我没有。可是承蒙贝克小姐答应我跟你谈这件事。"

我一点儿也不知道"这件事"是指什么,但是我兴趣不大,倒觉得厌烦。我请贝克小姐喝茶,并不是为了谈论杰伊·盖茨比先生。我敢肯定他要求的一定是什么异想天开的事,有一会儿工夫我真后悔当初不该踏上他那客人过多的草坪。

他一句话也不说了。我们离城越近他也越发矜持。我们经过罗斯福港,瞥见船身有一圈红漆的远洋轮船,又沿着一条贫民区的石子路急驰而过,路两旁排列着二十世纪初褪色的镀金时代的那些还有人光顾的阴暗酒吧。接着,灰烬之谷在我们两边伸展出去,我从车上瞥见威尔逊太太浑身是劲在加油机旁喘着气替人加油。

汽车的挡泥板像翅膀一样张开。我们一路给半个阿斯托里亚①带来了光明——只是半个,因为正当我们在高架铁路的支柱中间绕来绕去的时候,我听到一辆机器脚踏车熟悉的"嘟——嘟——劈啪"的响声,随即看到一名气急败坏的警察在我们车旁行驶。

"好了,老兄,"盖茨比喊道。我们放慢了速度。盖茨比从他的皮夹里掏出一张白色卡片,在警察的眼前晃了一下。

"行了,您哪,"警察满口应承,并且轻轻碰一碰帽檐。"下次就认识您啦,盖茨比先生。请原谅我!"

"那是什么?"我问道,"那张牛津的相片吗?"

"我给警察局长帮过一次忙,因此他每年都给我寄一张圣诞贺片。"

在大桥上,阳光从钢架中间透过来在川流不息的车辆上闪闪发光,河对岸城里的大楼高耸在眼前,像一堆一堆白糖块一样,尽是出于好心花了没有铜臭的钱盖起来的。从皇后区大桥看去,这座城市永远好像是

_____

① 皇后区的一个地段。

初次看见一样，那样引人入胜，充满了世界上所有的神秘和瑰丽。

一辆装着死人的灵车从我们身旁经过，车上堆满了鲜花，后面跟着两辆马车，遮帘拉上了的，还有几辆比较轻松的马车载着亲友。这些亲友从车子里向我们张望，从他们忧伤的眼睛和短短的上唇看上去他们是东南欧那带的人。我很高兴在他们凄惨的出丧车队中还能看到盖茨比豪华的汽车。我们的车子从桥上过布莱克威尔岛的时候，一辆大型轿车超越了我们的车子，司机是个白人，车子里坐着三个时髦的黑人，两男一女。他们冲着我们翻翻白眼，一副傲慢争先的神气，我看了忍不住放声大笑。

"我们现在一过这座桥，什么事都可能发生了，"我心里想，"无论什么事都会有……"

因此，连盖茨比这种人物也是会出现的，这用不着大惊小怪。

炎热的中午。在四十二号街一家电扇大开的地下餐厅里，我跟盖茨比碰头一起吃午饭。我先眨眨眼驱散外面马路上的亮光，然后才在休息室里模模糊糊认出了他，他正在跟一个人说话。

"卡罗威先生，这是我的朋友沃尔夫山姆先生。"

一个矮小的塌鼻子的犹太人抬起了他的大脑袋来打量我，他的鼻孔里面长着两撮很浓的毛。过了一会儿我才在半明半暗的光线中发现了他的两只小眼睛。

"……于是我瞥了他一眼，"沃尔夫山姆先生一面说下去一面很热切地和我握手。"然后，你猜猜我干了什么事？"

"什么事？"我有礼貌地问道。

显然他并不是在跟我讲话，因为他放下了我的手，把他那只富有表情的鼻子对准了盖茨比。

"我把那笔钱交给凯兹保，同时我对他说：'就这样吧，凯兹保，他要是不住嘴，一分钱也不要给他。'他当时立刻就住了嘴。"

盖茨比拉住我们每人一只胳臂，向前走进餐厅，于是沃尔夫山姆先生把他刚开始说的一句话咽了下去，露出了如梦似痴的神态。

"要姜汁威士忌吗?"服务员领班问道。

"这儿的这家馆子不错,"沃尔夫山姆先生抬头望着天花板上的长老会美女说,"但是我更喜欢马路对面那家。"

"好的,来几杯姜汁威士忌,"盖茨比同意,然后对沃尔夫山姆先生说,"那边太热了。"

"又热又小——不错,"沃尔夫山姆先生说,"可是充满了回忆。"

"那是哪一家馆子?"我问。

"老大都会。"

"老大都会,"沃尔夫山姆先生闷闷不乐地回忆道,"那里聚集过多少早已消逝的面容,聚集过多少如今已经不在人间的朋友。我只要活着就不会忘记他们开枪打死罗西·罗森塔尔的那个晚上。我们一桌六个人,罗西一夜大吃大喝。快到天亮的时候,服务员一副尴尬面孔来到他跟前说有个人请他到外面去讲话。'好吧,'罗西说,马上就要站起来,我把他一把拉回到椅子上。

"'那些杂种要找你,让他们进来好了,罗西,但你可千万千万不要离开这间屋子。'那时候已经是清早四点,要是我们掀起窗帘,我们会看见天已经亮了。"

"他去了吗?"我天真地问。

"他当然去了。"沃尔夫山姆先生的鼻子气呼呼地向我一掀。"他走到门口还回过头来说:'别让那个服务员把我的咖啡收掉!'说完他就走到外面人行道上,他们向他吃得饱饱的肚皮放了三枪,然后开车跑掉。"

"其中四个人坐了电椅,"我想了起来就说道。

"五个,连贝克在内。"他鼻孔转向我,带着对我感兴趣的神情。"我听说你在找一个做生意的关系。"

这两句话连在一起使人听了震惊。盖茨比替我回答:

"啊,不是,"他大声说,"这不是那个人。"

"不是吗?"沃尔夫山姆先生似乎很失望。

"这只是一位朋友。我告诉过你我们改天再谈那件事嘛。"

　　"对不起，"沃尔夫山姆先生说，"我弄错了人。"

　　一盘鲜美的肉丁烤菜端了上来，于是沃尔夫山姆先生就忘掉了老大都会的温情得多的气氛，开始斯斯文文地大吃起来。同时他的两眼很慢地转动着，把整个餐厅巡视一遍；他又转过身来打量紧坐在我们背后的客人，从而完成了整个弧圈。我想，要不是有我在座，他准会连我们自己桌子底下也去瞧一眼的。

　　"我说，老兄，"盖茨比伸过头来跟我说，"今天早上在车子里我恐怕惹你生气了吧?"

　　他脸上又出现了那种笑容，可是这次我无动于衷。

　　"我不喜欢神秘的玩意儿，"我答道，"我也不明白你为什么不肯坦率地讲出来，让我知道你要什么。为什么一定全要通过贝克小姐?"

　　"噢，决不是什么鬼鬼祟祟的事情，"他向我保证。"你也知道，贝克小姐是一位大运动家，她决不会做什么不正当的事。"

　　忽然间他看了看表，跳了起来，匆匆离开餐厅，把我跟沃尔夫山姆先生留在桌子边。

　　"他得去打电话，"沃尔夫山姆先生说，一面目送他出去。"好人，是不是? 一表人才，而且人品极好。"

　　"是的。"

　　"他是牛劲①出身的。"

　　"哦!"

　　"他上过英国的牛劲大学。你知道牛劲大学吗?"

　　"我听说过。"

　　"它是全世界最有名的大学之一。"

　　"你认识盖茨比很久了吗?"我问道。

　　"好几年了，"他心满意足地答道。"刚打完仗之后我偶然有机会

────────────

① 牛劲，"牛津"的讹音。

59

认识了他。可是我跟他才谈了一个钟头就知道我发现了一个非常有教养的人。我就对自己说：'这就是你愿意带回家介绍你母亲和妹妹认识的那种人。'"他停了下来。"我知道你在看我的袖扣。"

我本来并没有看，可是现在倒看了。它们是用几片小象牙制作的，看着眼熟得奇怪。

"用精选的真人白齿做的。"他告诉我。

"真的！"我仔细看看。"这倒是个很妙的主意。"

"不错。"他把衬衣袖口缩回到上衣下面去。"不错，盖茨比在女人方面非常规矩。朋友的太太他连看也不看。"

这个受到本能的信赖的对象又回到桌边坐下的时候，沃尔夫山姆先生一口把他的咖啡喝掉，然后站起身来。

"我中饭吃得很高兴，"他说，"现在我要扔下你们两个年轻人走了，免得你们嫌我不知趣。"

"别忙，迈尔，"盖茨比说，一点也不热情。沃尔夫山姆先生像祝福似地举起了手。

"你们很有礼貌，不过我是老一辈的人了，"他严肃地说。"你们在这里坐坐，谈谈体育，谈谈你们的年轻女人，谈谈你们的……"他又把手一挥，以代替一个幻想的名词。"至于我哩，我已经五十岁了，我也就不再打搅你们了。"

他跟我们握握手，掉转身去，他那忧伤的鼻子又在颤动。我不知是否我说了什么话得罪了他。

"他有时会变得很伤感，"盖茨比解释道。"今天又是他伤感的日子。他在纽约是个人物——百老汇的地头蛇。"

"他到底是什么人？是演员吗？"

"不是。"

"牙科医生？"

"迈尔·沃尔夫山姆？不是，他是个赌棍。"盖茨比犹疑了一下，然后若无其事地补充道，"他就是一九一九年那年非法操纵世界棒球联

60

赛的那个人。"

"非法操纵世界棒球联赛?"我重复了一遍。

居然有这种事,我听了发愣。我当然记得世界棒球联赛在一九一九年被人非法操纵,可是即使我想到过这种事,我也会以为那只不过是一件发生了的事情,是一连串必然事件的后果。我从来没料到一个人可以愚弄五千万人,就像一个撬开保险箱的贼那样专心致志。

"他怎么会干那个的?"我过了一分钟才问道。

"他只不过是看中了机会。"

"他怎么没坐牢呢?"

"他们逮不住他,老兄。他是个非常精明的人。"

我抢着付了账。服务员把找的钱送来时,我看到了汤姆·布坎农在拥挤的餐厅的那一边。

"跟我来一下,"我说,"我得同一个人打个招呼。"

汤姆一看见我们就跳了起来,朝我们的方向迈了五六步。

"你这一阵哪儿去了?"他急切地问道,"黛西气死了,因为你不打电话来。"

"这位是盖茨比先生,布坎农先生。"

他们随便握了握手,盖茨比脸上忽然流露出一种不自然的、不常见的窘迫表情。

"你近来到底怎么样?"汤姆问我。"你怎么会跑这么远到这儿来吃饭?"

"我是和盖茨比先生在一道吃午饭。"

我转身去看盖茨比先生,但他已经不在那儿了。

一九一七年十月里有一天——

(那天下午乔丹·贝克说,当时她挺直地坐在广场饭店茶室里一张挺直的椅子上。)

——我正在从一个地方向另一个地方走去,一半走在人行道上,一

61

半走在草坪上。我更喜欢走草坪，因为我穿了一双英国鞋，鞋底有会在软绵绵的地面留下印痕的橡皮疙瘩。我还穿了一条新的能随风微微扬起的方格呢裙子，每当裙子随风扬起来，所有人家门前的红、白、蓝三色旗就都挺得笔直，并且发出"啧——啧——啧——啧"的声音，好像很不以为然似的。

几面最大的旗子和几片最大的草坪都是属于黛西·费伊家的。她刚刚十八岁，比我大两岁，是路易斯维尔所有小姐中最出风头的一个。她穿的是白衣服，开的是一辆白色小跑车，她家电话一天到晚响个不停，泰勒营那些兴奋的青年军官一个个都要求那天晚上独占她的全部时间。"至少，给一个钟头吧！"

那天早上我从她家门口对面路过时，她的白色跑车停在路边，她跟一位我以前从未见过的中尉同坐在车上。他们俩彼此全神贯注，一直到我走到五步之内她才看见我。

"哈啰，乔丹，"她出其不意地喊道。"请你过来。"

她要跟我说话，我觉得很光彩，因为在所有年纪比我大的女孩当中，我最崇拜的就是她。她问我是否到红十字会去做绷带。我说是的。那么，可否请我告诉他们说这天她不能来了？黛西说话的时候，那位军官盯住她看，每一个姑娘都巴望人家有时会用这种神态来看自己。因为我觉得那非常浪漫，所以我后来一直记得这个情节。他的名字叫杰伊·盖茨比，从那以后一隔四年多，我一直没有再见过他——就连我在长岛遇到他以后，我也不知道原来就是同一个人。

那是一九一七年。到了第二年，我自己也有了几个男朋友，同时我开始参加比赛，因此我就不常见到黛西。她来往的是一帮比我年纪稍大一点的朋友——如果她还跟任何人来往的话。关于她的荒唐谣言到处传播——说什么有一个冬天夜晚她母亲发现她在收拾行装，准备到纽约去跟一个正要到海外去的军人告别。家里人有效地阻止了她，可是事后她有好几个星期不跟家里人讲话。从那以后她就不再跟军人一起玩了，只跟城里几个根本不能参军的平脚近视的青年人来往。

等到第二年秋天，她又活跃起来，和以前一样活跃。停战以后她参加了一次初进社交界的舞会，据说二月里她跟新奥尔良市来的一个人订了婚。六月里她就跟芝加哥的汤姆·布坎农结了婚，婚礼之隆重豪华是路易斯维尔前所未闻的。他和一百位客人乘了四节包车一同南来，在莫尔巴赫饭店租了整个一层楼，在婚礼的前一天他送了她一串估计值三十五万美元的珍珠。

我是伴娘之一。在举行婚礼前夕送别新娘的宴会之前半个小时，我走进她的屋子，发现她躺在床上，穿着绣花的衣裳，像那个六月的夜晚一样的美，像猴子一样喝得烂醉。她一手拿着一瓶白葡萄酒，一手捏着一封信。

"恭……喜我，"她含混不清地咕哝着说，"从来没喝过酒，啊，今天喝得可真痛快。"

"怎么回事，黛西？"

我吓坏了，真的；我从来没见过一个女孩子醉成这副模样。

"喏，心肝宝贝。"她在拿到床上的字纸篓里乱摸了一会，掏出了那串珍珠。"把这个拿下楼去，是谁的东西就还给谁。告诉大家，黛西改变主意了。就说'黛西改变主意了！'"

她哭了起来——她哭了又哭。我跑出去，找到她母亲的贴身女用人，然后我们锁上了门，让她洗个冷水澡。她死死捏住那封信不放。她把信带到澡盆里去，捏成湿淋淋的一团，直到她看见它碎得像雪花一样，才让我拿过去放在肥皂碟里。

可是她一句话也没有再说。我们让她闻阿摩尼亚精，把冰放在她脑门上，然后又替她把衣裳穿好。半小时后我们走出房间，那串珍珠套在她脖子上，这场风波就过去了。第二天下午五点钟，她没事儿似的跟汤姆·布坎农结了婚，然后动身到南太平洋去作三个月的旅行。

他们回来以后，我在圣巴巴拉①见到了他们，我觉得我从来没见过

---

① 加利福尼亚的海滨旅游胜地。

一个女孩那么迷恋丈夫的。如果他离开屋子一会儿工夫，她就会惴惴不安地四下张望，嘴里说："汤姆上哪儿去啦？"同时脸上显出一副神情恍惚的样子，直到她看见他从门口走进来。她往往坐在沙滩上，一坐个把钟头，让他把头搁在她膝盖上，一面用手指轻轻按摩他的眼睛，一面无限欣喜地看着他。看着他们俩在一起那种情景真使你感动——使你入迷，使你莞尔而笑。那是八月里的事。我离开圣巴巴拉一个星期以后，汤姆一天夜晚在凡图拉公路上与一辆货车相撞，把他车上的前轮撞掉了一只。跟他同车的姑娘也上了报，因为她的胳膊撞断了——她是圣巴巴拉饭店里的一个收拾房间的女用人。

第二年四月黛西生了她那个小女儿，随后他们到法国去待了一年。有一个春天我在戛纳①见到他们，后来又在多维尔②见过，再后来他们就回芝加哥定居了。黛西在芝加哥很出风头，这是你知道的。他们和一帮花天酒地的人来往，个个都是又年轻又有钱又放荡的，但是她的名声却始终清清白白。也许因为她不喝酒的缘故。在爱喝酒的人中间而自己不喝酒，那是很占便宜的。你可以守口如瓶，而且，你可以为你自己的小动作选择时机，等到别人都喝得烂醉要么看不见要么不理会的时候再搞。也许黛西从来不爱搞什么桃色事件——然而她那声音里却有点儿什么异样的地方……

后来，大约六个星期以前，她多年来第一次听到了盖茨比这个名字。就是那次我问你——你还记得吗？——你认识不认识西卵的盖茨比。你回家之后，她到我屋里来把我推醒，问我："哪个姓盖茨比的？"我把他形容了一番——我半睡半醒——她用最古怪的声音说那一定是她过去认识的那个人。直到那时我才把这个盖茨比跟当年坐在她白色跑车里的那个军官联系起来。

---

① 法国南部海港，旅游疗养胜地。
② 法国西北部旅游胜地。

等到乔丹·贝克把上面这些都讲完，我们离开了广场饭店已经有半个钟头，两人乘着一辆敞篷马车穿过中央公园。太阳已经落在西城五十几号街那一带电影明星们居住的公寓大楼后面，这时儿童像草地上的蟋蟀一样聚在一起，他们清脆的声音在闷热的黄昏中歌唱：

> 我是阿拉伯的酋长，
> 你的爱情在我心上。
> 今夜当你睡意正浓，
> 我将爬进你的帐篷——

"真是奇怪的巧合，"我说。

"但这根本不是什么巧合。"

"为什么不是?"

"盖茨比买下那座房子，就是因为这样一来黛西就在海湾对面嘛。"

这么说来，六月里那个夜晚他所向往的不单单是天上的星斗了。盖茨比在我眼中有了生命，忽然之间从他那子宫般的毫无目的的豪华里分娩了出来。

"他想知道，"乔丹继续说，"你肯不肯哪一天下午请黛西到你住处来，然后让他过来坐一坐。"

这个要求如此微不足道，真使我震惊。他居然等了五年，又买了一座大厦，在那里把星光施与来来往往的飞蛾——为的是在哪个下午他可以到一个陌生人的花园里"坐一坐"。

"我非得先知道这一切，然后他才能托我这点小事吗?"

"他害怕，他等得太久了。他想你也许会见怪。尽管如此，他其实是非常顽强的。"

我还是放不下心。

"他为什么不请你安排一次见面呢?"

"他要让她看看他的房子，"她解释道。"你的房子又刚好在紧隔壁。"

"哦!"

"我想他大概指望哪天晚上她会翩然而至，光临他的一次宴会，"乔丹继续说，"但是她始终没有来过。后来他就开始有意无意地问人家是否认识她，而我是他找到的第一个人。就是在舞会上他派人去请我的那一晚，可惜你没听到他那样煞费苦心、转弯抹角才说到正题。我自然马上建议在纽约吃一顿午餐——不料他急得像要发疯:'我可不要做什么不对头的事情!'他一再说，'我只要在隔壁见她。'

"后来我说你是汤姆的好朋友，他又想完全打消这个主意。他对汤姆的情况不太了解，虽然他说他有好几年天天看一份芝加哥报纸，希望碰巧可以看到黛西的名字。"

这时天黑了，我们的马车走到一座小桥下面，我伸出胳臂搂住乔丹的金黄色肩膀，把她拉到我身边，请她一起吃晚饭。忽然之间，我想的已经不是黛西和盖茨比，而是这个干净、结实、智力有限的人，她对世间的一切都抱怀疑态度，她怪精神地往后靠在我伸出的胳臂上。一个警句开始在我耳中令人兴奋地激动鸣响:"世界上只有被追求者和追求者，忙碌的人和疲倦的人。"

"黛西生活里也应当有点安慰，"乔丹喃喃地对我说。

"她愿意见盖茨比吗?"

"事先是不让她知道的。盖茨比不要她知道。你只是请她来喝茶。"

我们经过了一排黑黝黝的树，然后五十九号街的高楼里一片柔和的灯光照到下面公园里来。跟盖茨比和汤姆·布坎农不一样，我的眼前没有什么情人的面影沿着阴暗的檐口和耀眼的招牌缥缈浮动，于是我把身边这个女孩子拉得更近一点，同时胳臂搂得更紧。她那张苍白、轻蔑的嘴嫣然一笑，于是我把她拉得更紧一点，这次一直拉到贴着我的脸。

66

第五章

　　那天夜里我回到西卵的时候，有一会儿我疑心是我的房子着了火。半夜两点钟了，而半岛的那整个一角照得亮堂堂的，光线照在灌木丛上好像是假的，又照在路旁电线上映出细细的一长条一长条的闪光。转弯以后，我才看出原来是盖茨比的别墅，从塔楼到地窖都灯火通明。

　　起初我还以为又是一次晚会，一次狂欢的盛会，整个别墅统统敞开，好让大家做游戏，玩捉迷藏或"罐头沙丁鱼"。可是一点声音都没有。只有树丛中的风声，风把电线吹动，电灯忽暗忽明，好像房子在对着黑夜眨眼。当出租汽车哼哼着开走的时候，我看到盖茨比穿过他的草坪朝着我走过来。

　　"你府上看上去像世界博览会一样，"我说。

　　"是吗?"他心不在焉地转过眼睛去望望。"我刚才打开了几间屋子随便看看。咱俩到康尼岛①去玩吧，老兄。坐我车子去。"

　　"时间太晚了。"

　　"那么，到游泳池里泡一泡怎么样? 我一夏天还没泡过哩。"

　　"我得上床睡觉了。"

---

① 康尼岛：纽约的一处游乐胜地。

"好吧。"

他等待着，急巴巴地望着我。

"我和贝克小姐谈过了，"我等了一会才说，"我明天打电话给黛西，请她到这里来喝茶。"

"哦，那好嘛，"他漫不经心地说，"我不希望给您添麻烦。"

"哪天对您合适?"

"哪天对您合适?"他马上纠正了我的话。"我不希望给您添麻烦，你明白。"

他考虑了一会。然后，他勉强地说："我要让人把草地平整一下。"

我们俩都低头看了看草地——在我的乱蓬蓬的草地和他那一大片剪得整整齐齐的深绿色草坪之间有一条很清楚的分界线。我猜他指的是我的草地。

"另外还有一件小事，"他含混地说，然后犹疑了一会。

"你是不是希望推迟几天?"我问道。

"哦，跟那个没关系。至少……"他笨拙地一连开了几个头，"呃，我猜想……呃，我说，老兄，你挣钱不多，是吧?"

"不太多。"

这似乎使他放心一点，于是他更有信心地继续说了下去。

"我猜想你挣钱不多，如果你不怪我——你知道，我附带做点小生意，搞点副业，你明白。我也想到既然你挣钱不多——你在卖债券，是吧，老兄?"

"学着干。"

"那么，这也许会引起你的兴趣。不需要花费很多时间，你就可以挣一笔可观的钱。碰巧是一件相当机密的事。"

我现在认识到，如果当时情况不同，那次谈话可能会是我一生中的一个转折点。但是，因为这个建议说得很露骨，很不得体，明摆着是为了酬谢我给他帮的忙，我别无选择，只有当场把他的话打断。

"我手头工作很忙，"我说。"我非常感激，可是我不可能再承担更多的工作。"

"你不需要跟沃尔夫山姆打任何交道的。"显然他以为我讨厌中饭时候提到的那种"关系"，但我告诉他他搞错了。他又等了一会，希望我找个话题，但是我心完全不在这儿，没有答碴，结果他只好勉勉强强地回家去了。

这一晚使我感到又轻飘又快乐；大概我一走进自己的大门就倒头大睡。因此我不知道盖茨比究竟有没有去康尼岛，也不知他又花了几个小时"随便看看房间"，同时他的房子继续刺眼地大放光明。第二天早晨我从办公室给黛西打了个电话，请她过来喝茶。

"别带汤姆来，"我警告她。

"什么?"

"别带汤姆来。"

"谁是'汤姆'?"她装傻地问道。

我们约定的那天大雨倾盆。上午十一点钟，一个男的身穿雨衣，拖着一架刈草机，敲敲我的大门，说盖茨比先生派他过来刈我的草。这使我想起我那芬兰女用人回来，于是我就开车到西卵镇上去，在湿淋淋的、两边是白石灰墙的小巷子里找她，同时买了一些茶杯、柠檬和鲜花。

花是多余的，因为下午两点钟从盖茨比家里送来一暖房的鲜花，连同无数插花的器皿。一小时以后，大门战战兢兢地打开，盖茨比一身白法兰绒西装，银色衬衫，金色领带，慌慌张张跑了进来。他脸色煞白，眼圈黑黑的，看得出他一夜没睡好。

"一切都准备好了吗?"他一进门就问。

"草地看上去很漂亮，如果你指的是草地。"

"什么草地?"他茫然地问道，"哦，你院子里的草地。"他从窗子里向外看，可是从他的表情看来，我相信他什么都没看见。

"看上去很好，"他含糊地说。"有一家报纸说他们认为雨在四点左右会停，大概是《纽约日报》。喝茶所需要的东西都齐全了吗?"

我把他带到食品间里去，他有点看不顺眼似地向那芬兰女用人望望。我们一起把甜食店里买来的十二块柠檬蛋糕细细打量了一番。

"这行吗?"我问道。

"当然行，当然行! 好得很!"然后他又茫然地加了一声，"……老兄。"

三点半钟左右雨渐渐收了，变成了湿雾，不时还有几滴雨水像露珠一样在雾里飘着。盖茨比心不在焉地翻阅着一本克莱的《经济学》，每当芬兰女用人的脚步震动厨房的地板他就一惊，并且不时朝着模糊的窗户张望，仿佛一系列看不见然而怵目惊心的事件正在外面发生。最后他站了起来，用犹疑的声音对我说，他要回家了。

"那是为什么?"

"没有人来喝茶啦。时间太晚了!"他看了看他的表，仿佛别处还有紧急的事等着他去办。"我不能等一整天。"

"别傻，现在刚刚是四点差两分。"

他苦恼地坐了下来，仿佛我推了他似的，正在这时传来一辆汽车拐进我巷子的声音。我们俩都跳了起来，然后我自己也有点慌张地跑到院子里去。

在滴着水的没有花的紫丁香树下，一辆大型的敞篷汽车沿着汽车道开了上来。车子停了。黛西的脸在一顶三角形的浅紫色帽子下面歪向一边，满面春风、心花怒放地朝我看着。

"你千真万确是住在这儿吗，我最亲爱的人儿?"

她那悠扬的嗓音在雨中听了使人陶醉。我得先倾听那高低起伏的声音，过了一会儿才听出她所说的话语。一缕潮湿的头发贴在她面颊上，像抹了一笔蓝色的颜料一样；我搀她下车的时候，看到她的手也被晶莹的水珠打湿了。

"你是爱上我了吗，"她悄悄在我耳朵边说，"要不然为什么我非得一个人来呢?"

"那是雷克兰特古堡①的秘密。叫你的司机走得远远的，过一个钟头再来。"

"过一个钟头再回来，弗迪。"然后煞有介事地低声说，"他名字叫弗迪。"

"汽油味道影响他的鼻子吗？"

"我想并不影响，"她天真地说，"为什么？"

我们走进屋子里。使我大为惊异的是起居室里空荡荡的。

"咦，这真滑稽，"我大声说。

"什么滑稽？"

正在此刻大门上有人斯文地轻轻敲了一声，她转过头去看。我走到外面去开门。盖茨比面如死灰，那只手像重东西一样揣在上衣口袋里，两只脚站在一滩水里，神色凄惶地瞪着我的眼睛。

他阔步从我身边跨进门廊，手还揣在上衣口袋里，仿佛受牵线操纵似的突然一转身，走进起居室不见了。那样子一点也不滑稽。我意识到自己的心也在扑通扑通跳。外面雨下大了，我伸手把大门关上。

有半分钟之久，一点声音也没有。然后我听到从起居室里传来一阵哽咽似的低语声和一点笑声，跟着就是黛西的嘹亮而做作的声音：

"又见到你，我真高兴极了。"

一阵静寂；时间长得可怕。我在门廊里没事可做，于是我走进了屋子里。

盖茨比两手仍然揣在口袋里，正斜倚在壁炉架上，勉强装出一副悠然自得、甚至无精打采的神气。他的头往后仰，一直碰到一架早已报废的大台钟的钟面上；他那双显得心神错乱的眼睛从这个位置向下盯着黛西，她坐在一张硬背椅子的边上，神色惶恐，姿态倒很优美。

"我们以前见过，"盖茨比咕哝着说。他瞥了我一眼，嘴唇张开想笑又没笑出来。幸好那架钟由于他的头的压力就在这一刻摇摇欲坠，他

---

① 《雷克兰特古堡》为英国十八世纪女小说家埃奇沃思所著恐怖神秘小说。

71

连忙转过身来用颤抖的手指把钟抓住，放回原处。然后他坐了下来，直挺挺地，胳臂肘放在沙发扶手上，手托住下巴。

"对不起，把钟碰了，"他说。

我自己的脸也涨得通红，像被热带的太阳晒过那样。我脑子里虽有千百句客套话，可是一句也说不出来。

"是一架很旧的钟，"我呆头呆脑地告诉他们。

我想我们大家当时有一会儿都相信那架钟已经在地板上砸得粉碎了。

"我们多年不见了，"黛西说，她的声音尽可能地平板。

"到十一月整整五年。"

盖茨比脱口而出的回答至少使我们大家又愣了一分钟。我急中生智，建议他们帮我到厨房里去预备茶，他们俩立刻站了起来，正在这时那魔鬼般的芬兰女用人用托盘把茶端了进来。

递茶杯、传蛋糕所造成的忙乱大受欢迎，在忙乱之中建立了一种有形的体统。盖茨比躲到了一边去，当我跟黛西交谈时，他用紧张而痛苦的眼睛认真地在我们两人之间看来看去。可是，因为平静本身并不是目的，我一有机会就找了个借口，站起身来要走。

"你上哪儿去？"盖茨比马上惊慌地问道。

"我就回来。"

"你走以前，我有话要跟你说。"

他发疯似地跟我走进厨房，关上了门，然后很痛苦地低声说："啊，天哪！"

"怎么啦？"

"这是个大错，"他把头摇来摇去地说，"大错而特错。"

"你不过是难为情罢了，没别的。"幸好我又补了一句，"黛西也难为情。"

"她难为情？"他大不以为然地重复了我的话。

"跟你同样难为情。"

72

"声音不要那么大。"

"你的行动像一个小孩，"我不耐烦地发作说，"不但如此，你也很没礼貌。黛西孤零零一个人坐在那里面。"

他举起手来不让我再讲下去，怀着令人难忘的怨气看了我一眼，然后战战兢兢地打开了门，又回到那间屋子里去。

我从后门走了出去，——半小时前盖茨比也正是从这里出去，精神紧张地绕着房子跑了一圈——奔向一棵黑黝黝的盘缠多节的大树，茂密的树叶构成了一块挡雨的苫布。此刻雨又下大了，我那片不成形的草地，虽然被盖茨比的园丁修剪得很整齐，现在却满是小泥潭和历史悠久的沼泽了。从树底下望出去，除了盖茨比的庞大的房屋之外没别的东西可看，于是我盯着它看了半个小时，好像康德①盯着他的教堂尖塔一样。这座房子是十年前一位酿酒商在那个"仿古热"初期建造的，并且还有一个传闻，说他曾答应为所有邻近的小型别墅付五年的税款，只要各位房主肯在屋顶铺上茅草。也许他们的拒绝使他"创建家业"的计划受到了致命的打击——他立刻衰颓了。丧事的花圈还挂在门上，他的子女就把房子卖掉了。美国人虽然愿意、甚至渴望去当农奴，可是一向是坚决不肯当乡下佬的。

半小时以后，太阳又出来了，食品店的送货汽车沿着盖茨比的汽车道拐弯，送来他的仆人做晚饭用的原料——我敢肯定他本人一口也吃不下。一个女用人开始打开楼上的窗户，在每个窗口出现片刻，然后，从正中的大窗户探出身子，若有所思地向花园里啐了一口。该是我回去的时候了。刚才雨下个不停，仿佛是他们俩窃窃私语的声音，不时随着感情的迸发而变得高昂。但是在这新的静寂中，我觉得房子里面也是一片肃静了。

我走了进去——先在厨房里作出一切可能的响声，就差把炉灶推翻——但我相信他们什么也没听见。他们两人分坐在长沙发两端，面面

---

① 康德(1724—1804)：德国哲学家。

相觑，仿佛有什么问题提了出来，或者悬而未决，一切难为情的迹象也都消失了。黛西满面泪痕，我一进来她就跳了起来，用手绢对着一面镜子擦起脸来。但是盖茨比身上却发生了一种令人惶惑的变化。他简直是光芒四射；虽然没有任何表示欣喜的言语姿势，一种新的幸福感从他身上散发出来，充塞了那间小屋子。

"哦，哈啰，老兄，"他说，仿佛他有好多年没见过我了。有一会儿工夫我还以为他想跟我握手哩。

"雨停了。"

"是吗？"等他明白我说的是什么，又发觉屋子里阳光闪烁时，他像一个气象预报员又像一个欣喜若狂的回归光守护神似地露出了笑容，又把消息转报给黛西。"你看多有趣，雨停了。"

"我很高兴，杰伊。"她的声音哀艳动人，可是她吐露的只是她意外的喜悦。

"我要你和黛西一起到我家里来，"他说，"我很想领她参观参观。"

"你真的要我来吗？"

"绝对如此，老兄。"

黛西上楼去洗脸——我很羞惭地想起了我的毛巾，可惜为时太晚了——盖茨比和我在草坪上等候。

"我的房子很好看，是不是？"他问道。"你瞧它整个正面反映着阳光。"

我同意说房子真漂亮极了。

"是的。"他用眼睛仔细打量了一番，每一扇拱门、每一座方塔都看到了。"我只花了三年工夫就挣到了买房子的钱。"

"我还以为你的钱是继承来的。"

"不错，老兄，"他脱口而出说，"但是我在大恐慌期间损失了一大半——就是战争引起的那次大恐慌。"

我猜想他自己也不大知道他在说些什么，因为等我问他做的是什么生意时，他回答："那是我的事儿。"话说出口他才发觉这个回答很不得体。

"哦，我干过好几行，"他改口说，"我做药材生意，后来又做过石油生意。可是现在我这两行都不干了。"他比较注意地看着我。"那么说你考虑过那天晚上我提的那件事了？"

我还没来得及回答，黛西就从房子里出来了，她衣服上的两排铜钮扣在阳光中闪烁。

"是那边那座老大的房子？"她用手指着大声问。

"你喜欢它吗？"

"我太喜欢了，但是我不明白你怎么能一个人住在那儿。"

"我让它不分昼夜都挤满了有意思的人，干有意思的事情的人，有名气的人。"

我们没有抄近路沿海边过去，而是绕到大路上，从巨大的后门进去的。黛西望着那衬在天空的中世纪城堡的黑黝黝的轮廓，用她那迷人的低语赞不绝口，一边走一边又赞赏花园，赞赏长寿花闪烁的香味，山楂花和梅花泡沫般的香味，还有吻别花淡金色的香味。走到大理石台阶前，我看不到鲜艳的时装在门口出出进进，除了树上的鸟鸣也听不到一点声音，真感到很异样。

到了里面，我们漫步穿过玛丽·安托万内特①式的音乐厅和王政复辟时期②式样的小客厅，我觉得每张沙发、每张桌子后面都藏着客人，奉命屏息不动直到我们走过为止。当盖茨比关上"默顿学院图书室"③的门时，我可以发誓我听到了那个猫头鹰眼睛的人突然发出了鬼似的笑声。

我们走上楼，穿过一间间仿古的卧室，里面铺满了玫瑰色和淡紫色的绸缎，摆满了色彩缤纷的鲜花，穿过一间间更衣室和弹子室，以及嵌

---

① 玛丽·安托万内特(1755—1793)：法国国王路易十六的王后，在大革命中被送上断头台。
② 英国十七世纪中叶第一次资产阶级革命失败后，英王查理二世于 1660 年复辟。
③ 默顿学院：牛津大学的一个学院，以藏书丰富闻名。

有地下浴池的浴室——闯进一间卧室，里面有一个邋里邋遢穿着睡衣的人正在地板上做俯卧撑。那是"房客"克利普斯普林格先生。那天早上我看到过他如饥似渴地在海滩上徘徊。最后我们来到盖茨比本人的套间，包括一间卧室、一间浴室和一间小书房。我们在书房里坐下，喝了一杯他从壁橱里拿出来的荨麻酒。

他一刻不停地看着黛西，因此我想他是在把房子里的每一件东西都按照那双他所钟爱的眼睛里的反应重新估价。有时他也神情恍惚地向四面凝视他自己的财物，仿佛在她这个惊心动魄的真人面前，所有这些东西就没有一件是真实的了。有一次他差点从楼梯上滚了下去。

他自己的卧室是所有屋子中最简朴的一间——只有梳妆台上点缀着一副纯金的梳妆用具。黛西高兴地拿起了刷子刷刷头发，引得盖茨比坐下来用手遮住眼睛笑了起来。

"真是最滑稽的事情，老兄，"他嘻嘻哈哈地说，"我简直不能……我一想要……"

显而易见，他已经历了两种精神状态，现在正进入第三种。他起初局促不安，继而大喜若狂，目前又由于她出现在眼前感到过分惊异而不能自持。这件事他长年朝思暮想，梦寐以求，简直是咬紧了牙关期待着，感情强烈到不可思议的程度。此刻，由于反作用，他像一架发条上得太紧的时钟一样精疲力竭了。

过了一会，精神恢复之后，他为我们打开了两个非常讲究的特大衣橱，里面装满了他的西装、晨衣和领带，还有一打一打像砖头一样堆起来的衬衣。

"我有一个人在英国替我买衣服。每年春秋两季开始的时候，他都挑选一些东西寄给我。"

他拿出一堆衬衫，开始一件一件扔在我们面前，薄麻布衬衫、厚绸衬衫、细法兰绒衬衫都抖散了，五颜六色摆满了一桌。我们欣赏着的时候，他又继续抱来，那个柔软贵重的衬衣堆越来越高——条子衬衫、花纹衬衫、方格衬衫，珊瑚色的、苹果绿的、浅紫色的、淡桔色的、上面绣着深蓝色的他的姓名的交织字母。突然之间，黛西发出了很不自然的声音，一下把头埋进衬衫堆里，号啕大哭起来。

"这些衬衫这么美，"她呜咽地说，她的声音在厚厚的衣堆里闷哑了。"我看了很伤心，因为我从来没见过这么——这么美的衬衫。"

看过房子之后，我们本来还要去看看庭园和游泳池、水上飞机和仲夏的繁花——但是盖茨比的窗外又下起雨来了，因此我们三人就站成一排远眺水波荡漾的海面。

"要不是有雾，我们可以看见海湾对面你家的房子，"盖茨比说，"你家码头的尽头总有一盏通宵不灭的绿灯。"

黛西蓦然伸过胳臂去挽着他的胳臂，但他似乎沉浸在他方才所说的话里。可能他突然想到那盏灯的巨大意义现在永远消失了。和那把他跟黛西分开的遥远距离相比较，那盏灯曾经似乎离她很近，几乎碰得着她。那就好像一颗星离月亮那么近一样。现在它又是码头上的一盏绿灯了。他的神奇的宝物已经减少了一件。

我开始在屋子里随便走走，在半明不暗的光线中看着各种各样模糊不清的摆饰。一个身穿游艇服的上年纪的男人的一张大相片引起了我的注意，相片挂在他书桌前面的墙上。

"这是谁?"

"那个? 那是丹·科迪先生，老兄。"

那名字听着有点耳熟。

"他已经死了。很多年前他是我最好的朋友。"

五斗橱上有一张盖茨比本人的小相片，也是穿着游艇服的——盖茨比昂着头，一副满不在乎的神气——显然是十八岁左右照的。

"我真爱这张相片，"黛西嚷嚷道，"这个笔直向后梳的发型! 你从来没告诉我你留过笔直向后梳的发型，也没告诉我你有一艘游艇。"

"来看这个，"盖茨比连忙说，"这里有好多剪报——都是关于你的。"

他们俩并肩站着细看那些剪报。我正想要求看看那些红宝石，电话忽然响了，盖茨比就拿起了听筒。

"是的……噢，我现在不便谈……我现在不便谈，老兄……我说的是一个小城……他一定知道什么是小城……得啦，他对我们没什么用处，如果底特律就是他心目中的小城……"

他把电话挂上。

"到这儿来，快！"黛西在窗口喊道。

雨还在下，可是西方的乌云已经拨开，海湾上空翻滚着粉红色和金色的云霞。

"瞧那个，"她低声道，过了一刻又说，"我真想采一朵那种粉红色的云彩，把你放在上面推来推去。"

我这时想要走了，可是他们说什么也不答应；也许有我在场他们更可以心安理得地单独待在一起。

"我知道我们干什么好，"盖茨比说，"我们让克利普斯普林格弹钢琴。"

他走出屋子喊了一声"艾温"，又过了几分钟才回来，带来一个难为情的、面容有点憔悴的年轻人，一副玳瑁边眼镜，稀稀的金黄色头发。他现在衣服整齐一些了，穿着一件敞领的运动衫、一双运动鞋和一条颜色不清不楚的帆布裤。

"我们刚才打扰您做体操了吗?"黛西有礼貌地问。

"我在睡觉，"克利普斯普林格先生窘迫之中脱口而出。"我是说，我本来在睡觉。后来我起床了……"

"克利普斯普林格会弹钢琴，"盖茨比打断了他的话说，"是不是，艾温，老兄?"

"我弹得不好。我不会……根本不弹。我好久没练……"

"我们到楼下去。"盖茨比打断了他的话。他拨了一个开关。整个房子立刻大放光明，灰暗的窗户都不见了。

在音乐厅里，盖茨比只扭开钢琴旁边的一盏灯。他用一根颤抖的火柴点燃了黛西的香烟，然后和她一道坐在屋子那边远远的一张长沙发上，那里除了地板上从过道里反映过来的一点亮光之外没有其他光线。

克利普斯普林格弹完了《爱情的安乐窝》之后，在长凳上转过身来，不高兴地在幽暗中张望着找盖茨比。

"我好久没弹了，你看。我告诉你我不会弹。我好久没弹……"

"别说那么多，老兄，"盖茨比命令道。"弹吧！"

"每天早上，

每天晚上，

　玩得欢畅……"

外面风刮得呼呼的，海湾上传来一阵隐隐的雷声。此刻西卵所有的灯都亮了；电动火车满载归客，在雨中从纽约急驰而来。这是人事发生深刻变化的时辰，空气中洋溢着兴奋的情绪。

"有一件事是千真万确，

富的生财穷的生——孩子。

　在这同时，

　在这期间……"

我走过去告辞的时候，我看到那种惶惑的表情又出现在盖茨比脸上，仿佛他有点怀疑他目前幸福的性质。几乎五年了！那天下午一定有过一些时刻，黛西远不如他的梦想——并不是由于她本人的过错，而是由于他的幻梦有巨大的活力。他的幻梦超越了她，超越了一切。他以一种创造性的热情投入了这个幻梦，不断地添枝加叶，用飘来的每一根绚丽的羽毛加以缀饰。再多的激情或活力都赶不上一个人阴凄凄的心里所能集聚的情思。

我注视着他的时候，看得出来他在悄悄使自己适应眼前的现实。他

79

伸出手去抓住她的手。她低低在他耳边说了点什么，他听了就感情冲动地转身向她。我看最使他入迷的是她那激动昂扬的声音，因为那是无论怎样梦想都不可能企及的——那声音是一曲永恒的歌。

他俩已经把我忘了，但黛西抬起头来瞥了一眼，伸出了手；盖茨比此刻压根儿不认识我了。我又看了他俩一眼，他们也看看我，好像远在天涯，沉浸在强烈的感情之中。我随即走出屋子，走下大理石台阶到雨里面去，留下他们两人在一起。

第六章

大概在这个时候，有一天早上，一个雄心勃勃的年轻记者从纽约来到盖茨比的大门口，问他有没有什么话要说。

"关于什么的话?"盖茨比很客气地问道。

"呃——发表个什么声明。"

在乱了五分钟之后事情才弄清楚。原来这个人在他报馆里曾经听人提到盖茨比的名字，可是为什么会提到他却不肯透露，或者他也没完全弄明白。这天他休息，于是就积极主动地跑出城来"看看"。

这不过是碰碰运气，然而这位记者的直觉却是对的。千百个人在他家做过客因而成为他的经历的权威，由于他们的宣扬，盖茨比的名声这一夏天越来越大，直到他只差一点就要成为新闻人物了。当时的各种传奇，像"通往加拿大的地下管道"之类，都和他挂上了钩，还有一个长期流传的谣言，说他根本不是住在一座房子里，而是住在一条船上，船看上去像座房子，并且沿着长岛海岸秘密地来回移动。究竟为什么北达科他州的杰姆斯·盖兹从这些谣言中得到满足，这倒不容易回答。

杰姆斯·盖兹——这是他的真姓名，至少是他法律上的姓名。他是在十七岁时改名换姓的，也是在他一生事业开端的那个特定时刻——当时他看见丹·科迪先生的游艇在苏必利尔湖①上最险恶的沙洲上抛锚。那天下午身穿一件破旧的绿色运动衫和一条帆布裤在沙滩上游荡的是杰姆斯·盖兹，但是后来借了一条小船，划到托洛美号去警告科迪，半小时之内可能起大风使他的船覆没的，已经是杰伊·盖茨比了。

我猜，就在当时他也早已把这个名字想好了。他的父母是碌碌无为的庄稼人——他的想象力根本从来没有真正承认他们是自己的父母。实际上长岛西卵的杰伊·盖茨比来自他对自己的柏拉图式的理念。他是上帝的儿子，——这个称号，如果有什么意义的话，就是字面的意思——因此他必须为他的天父效命，献身于一种博大、庸俗、华而不实的美。因此他虚构的恰恰是一个十七岁的小青年很可能会虚构的那种杰伊·盖茨比，而他始终不渝地忠于这个理想形象。

一年多来，他沿着苏必利尔湖南岸奔波，或是捕鲑鱼，或是捞蛤蜊，或是干任何其他为他挣来食宿的杂事。在那些风吹日晒的日子里，干着时松时紧的活计，他那晒得黝黑、越来越硬棒的身体过着天然的生活。他早就跟女人发生了关系，并且由于女人过分宠爱他，他倒瞧不起她们。他瞧不起年轻的处女，因为她们愚昧无知，他也瞧不起其他女人，因为她们为了一些事情大吵大闹，而那些事情由于他那惊人的自我陶醉，在他看来都是理所当然的。

但是他的内心却经常处于激荡不安之中。夜晚躺在床上的时候，各种离奇怪诞的幻想纷至沓来。一个绚丽得无法形容的宇宙展现在他脑海里，这时小钟在洗脸架上滴答滴答地响着，月亮用水一般的光浸泡着他

---

① 苏必利尔湖：美国五大湖之一。

乱七八糟扔在地上的衣服。每夜他都给他那些幻想的图案添枝加叶，一直等到昏沉的睡意降落在一个生动的场面之上，使他忘记了一切。有一阵子这些幻梦为他的想象力提供了一个发泄的途径；它们令人满意地暗示现实是不真实的，它们表明世界的磐石是牢牢地建立在仙女的翅膀上的。

几个月以前，一种追求他未来的光荣的本能促使他前往明尼苏达州南部路德教的小圣奥拉夫学院。他在那里只待了两个星期，一方面由于学院对他的命运的鼓声、对命运本身麻木不仁而感到沮丧，一方面鄙视他为了挣钱作为学习费用而干的勤杂工工作。后来他东漂西荡又回到了苏必利尔湖，那天他还在找点什么活儿干的时候，丹·科迪的游艇在湖边的浅滩上抛下锚来。

科迪当时五十岁，他是内华达州的银矿、育空地区[1]、一八七五年以来每一次淘金热的产物。他做蒙大拿州铜的生意发了好几百万的财，结果虽然身体仍然健壮，可是脑子已经接近于糊涂。无数的女人对这个情况有所觉察，于是想方设法使他和他的钱分手。那个名叫埃拉·凯的女记者抓住他的弱点扮演了德曼特农夫人[2]的角色，怂恿他乘上游艇去航海，她所用的那些不太体面的手腕是一九〇二年耸人听闻的报刊争相报道的新闻。他沿着分段勤好客的海岸航行了五年之后，就在这天驶入小姑娘湾，成为杰姆斯·盖兹命运的主宰。

年轻的盖兹，两手靠在船桨上，抬头望着有栏杆围着的甲板，在他眼中，那只船代表了世界上所有的美和魅力。我猜想他对科迪笑了一笑——他大概早已发现他笑的时候很讨人欢喜。不管怎样，科迪问了他几个问题（其中之一引出了这个崭新的名字），发觉他聪明伶俐而且雄心不小。几天之后他把他带到德卢思城[3]，替他买了一件蓝色海员服、六条白帆布裤子和一顶游艇帽。等到托洛美号启程前往西印度群岛和巴

---

① 育空地区：加拿大西部地区，十九世纪末叶发现新金矿。
② 德曼特农夫人：十七世纪法国国王路易十四的情妇，后秘密成婚。
③ 德卢思：苏必利尔湖上的一个港口。

巴里海岸①的时候，盖茨比也走了。

他以一种不太明确的私人雇员身份在科迪手下工作——先后干过听差、大副、船长、秘书，甚至还当过监守，因为丹·科迪清醒的时候知道自己酒一喝醉什么挥金如土的傻事都干得出来，因此他越来越信赖盖茨比，以防止这一类的意外事故。这种安排延续了五年，在这期间那艘船环绕美洲大陆三次。它本来可能无限期地继续下去，要不是有一晚在波士顿，埃拉·凯上了船，一星期后丹·科迪就毫不客气地死掉了。

我记得他那张挂在盖茨比卧室里的相片，一个头发花白、服饰花哨的老头子，一张冷酷无情、内心空虚的脸——典型的沉湎酒色的拓荒者，这帮人在美国生活的某一阶段把边疆妓院酒馆的粗野狂暴带回到了东部滨海地区。盖茨比酒喝得极少，这得间接地归功于科迪。有时在欢闹的宴席上女人会把香槟揉进他的头发；他本人却养成了习惯不去沾酒。

他也正是从科迪那里继承了钱——一笔二万五千美元的遗赠。他并没拿到钱。他始终也没懂得人家用来对付他的法律手段，但是千百万财产剩下多少通通归了埃拉·凯。他只落了他那异常恰当的教育：杰伊·盖茨比的模糊轮廓已经逐渐充实成为一个血肉丰满的人了。

这一切都是他好久以后才告诉我的，但是我在这里写了下来，为的是驳斥早先那些关于他的来历的荒唐谣言，那些都是连一点儿影子也没有的事。再有，他是在一个十分混乱的时刻告诉我的，那时关于他的种种传闻我已经到了将信将疑的地步。所以我现在利用这个短暂的停顿，仿佛趁盖茨比喘口气的机会，把这些误解清除一下。

在我和他的交往之中，这也是一个停顿。有好几个星期我既没和他见面，也没在电话里听到过他的声音——大部分时间我是在纽约跟乔丹

---

① 巴巴里海岸：埃及以西的北非伊斯兰教地区。

四处跑，同时极力讨她那老朽的姑妈的欢心——但是我终于在一个星期日下午到他家去了。我待了还没两分钟就有一个人把汤姆·布坎农带进来喝杯酒。我自然吃了一惊，但是真正令人惊奇的却是以前竟然还没发生过这样的事。

他们一行三人是骑马来的——汤姆和一个姓斯隆的男人，还有一个身穿棕色骑装的漂亮女人，是以前来过的。

"我很高兴见到你们，"盖茨比站在阳台上说，"我很高兴你们光临。"

仿佛他们承情似的！

"请坐，请坐。抽支香烟或者抽支雪茄。"他在屋子里跑来跑去，忙着打铃喊人。"我马上就让人给你们送点什么喝的来。"

汤姆的到来使他受到很大震动。但是他反正会感到局促不安，直到他招待了他们一点什么才行，因为他也隐约知道他们就是为了这个才来的。斯隆先生什么都不要。来杯柠檬水？不要，谢谢。来点香槟吧？什么都不要，谢谢……对不起……

"你们骑马骑得很痛快吧?"

"这一带的路很好。"

"大概来往的汽车……"

"是嘛。"

刚才介绍的时候汤姆只当做彼此是初次见面，此刻盖茨比突然情不自禁地掉脸朝着他。

"我相信我们以前在哪儿见过面，布坎农先生。"

"噢，是的，"汤姆生硬而有礼貌地说，他显然并不记得。"我们是见过的，我记得很清楚。"

"大概两个星期以前。"

"对啦。你是跟尼克在一起的。"

"我认识你太太，"盖茨比接下去说，几乎有一点挑衅的意味。

"是吗?"

汤姆掉脸朝着我。

"你住在这附近吗，尼克?"

"就在隔壁。"

"是吗?"

斯隆先生没有参加谈话，而是大模大样地仰靠在他的椅子上；那个女的也没说什么——直到两杯姜汁威士忌下肚之后，她忽然变得有说有笑了。

"我们都来参加你下次的晚会，盖茨比先生，"她提议说，"你看好不好?"

"当然好了；你们能来，我太高兴了。"

"那很好吧，"斯隆先生毫不承情地说。"呃——我看该回家了。"

"请不要忙着走，"盖茨比劝他们。他现在已经能控制自己，并且他要多看看汤姆。"你们何不——你们何不就在这儿吃晚饭呢? 说不定纽约还有一些别的人会来。"

"你到我家来吃晚饭，"那位太太热烈地说，"你们俩都来。"

这也包括了我。斯隆先生站起身来。

"我是当真的，"她坚持说，"我真希望你们来。都坐得下。"

盖茨比疑惑地看着我。他想去，他也看不出斯隆先生打定了主意不让他去。

"我恐怕去不了，"我说。

"那么你来，"她极力怂恿盖茨比一个人。

斯隆先生凑着她耳边咕哝了一下。

"我们如果马上就走，一点都不会晚的，"她固执地大声说。

"我没有马，"盖茨比说。"我在军队里骑过马的，但是我自己从来没买过马。我只好开车跟你们走。对不起，等一下我就来。"

我们其余几个人走到外面阳台上，斯隆和那位太太站在一边。开始气冲冲地交谈。

85

"我的天，我相信这家伙真的要来，"汤姆说。"难道他不知道她并不要他来吗？"

"她说她要他来的嘛。"

"她举行盛大的宴会，他在那儿一个人都不会认得的。"他皱皱眉头。"我真纳闷他到底在哪儿认识黛西的。天晓得，也许我的思想太古板，但是这年头女人家到处乱跑，我可看不惯。她们遇上各式各样的怪物。"

忽然间斯隆先生和那位太太走下台阶，随即上了马。

"来吧，"斯隆先生对汤姆说，"我们已经晚了。我们一定得走了。"然后对我说，"请你告诉他我们不能等了，行吗？"

汤姆跟我握握手，我们其余几个人彼此冷冷地点了点头，他们就骑着马沿着车道小跑起来，很快消失在八月的树阴里，这时盖茨比，手里拿着帽子和薄大衣，正从大门里走出来。

汤姆对于黛西单独四处乱跑显然放不下心，因为下一个星期六晚上他和她一道来参加盖茨比的晚会。也许是由于他的在场，那次晚会有一种特殊的沉闷气氛——它鲜明地留在我记忆里，与那个夏天盖茨比的其他晚会迥然不同。还是那些同样的人，或者至少是同一类的人、同样的源源不绝的香槟、同样的五颜六色、七嘴八舌的喧闹，可是我觉得无形中有一种不愉快的感觉，弥漫着一种以前从没有过的恶感。要不然，或许是我本来已经逐渐习惯于这一套，逐渐认为西卵是一个独立完整的世界，自有它独特的标准和大人物，首屈一指因为它并不感到相形见绌，而此刻我却通过黛西的眼睛重新去看这一切。要通过新的眼睛去看那些你已经花了很多气力才适应的事物，那总是令人难受的。

他们在黄昏时刻到达，然后当我们几人漫步走到几百名珠光宝气的客人当中时，黛西的声音在她喉咙里玩着呢呢喃喃的花样。

"这些东西真叫我兴奋，"她低声说，"如果你今晚上任何时候想吻我，尼克，你让我知道好了，我一定高兴为你安排。只要提我的名字

86

就行，或者出示一张绿色的请帖。我正在散发绿色的……"

"四面看看，"盖茨比敦促她。

"我正在四面看啊。我真开心极……"

"你一定看到许多你听见过的人物的面孔。"

汤姆傲慢的眼睛向人群一扫。

"我们平时不大外出，"他说，"实际上，我刚才正在想我这里一个人都不认识。"

"也许你认得那位小姐。"盖茨比指出一位如花似玉的美人，端庄地坐在一棵白梅树下。汤姆和黛西目不转睛地看着，认出来这是一位一向只在银幕上见到的大明星，几乎不敢相信是真的。

"她真美啊，"黛西说。

"站在她身边弯着腰的是她的导演。"

盖茨比礼貌周全地领着他们向一群又一群的客人介绍。

"布坎农夫人……布坎农先生，"踌躇片刻之后，他又补充说，"马球健将。"

"不是的，"汤姆连忙否认，"我可不是。"

但是盖茨比显然喜欢这个名称的含义，因为以后整个晚上汤姆就一直是"马球健将"。

"我从来没见过这么多名人，"黛西兴奋地说，"我喜欢那个人……他叫什么名字来着？……就是鼻子有点发青的。"

盖茨比报了那人的姓名，并说他是一个小制片商。

"好嘛，我反正喜欢他。"

"我宁愿不做马球健将，"汤姆愉快地说，"我倒宁愿以……以一个默默无闻的人的身份看看这么多有名的人。"

黛西和盖茨比跳了舞。我记得我当时看到他跳着优雅的老式狐步舞感到很诧异——我以前从未见过他跳舞。后来他俩溜到我家，在我的台阶上坐了半个小时，她让我待在园子里把风。"万一着火或是发大水，"她解释道，"或是什么天灾啦。"

我们正在一起坐下来吃晚饭时，汤姆又从默默无闻中出现了。"我跟那边几个人一起吃饭，行吗？"他说，"有一个家伙正在大讲笑话。"

"去吧，"黛西和颜悦色地回答，"如果你要留几个住址下来，这里是我的小金铅笔。"……过了一会她四面张望了一下，对我说那个女孩"俗气可是漂亮"，于是我明白除了她单独跟盖茨比待在一起的半小时之外，她玩得并不开心。

我们这一桌的人喝得特别醉。这得怪我不好——盖茨比被叫去听电话，又碰巧两星期前我还觉得这些人挺有意思。但是当时我觉得好玩的今晚变得索然无味了。

"你感觉怎么样，贝达克小姐？"

我同她说话的这个姑娘正在想慢慢倒在我的肩上，可是并没成功。听到这个问题，她坐起身来，睁开了眼睛。

"什么？"

一个大块头、懒洋洋的女人，本来一直在怂恿黛西明天到本地俱乐部去和她一起打高尔夫球的，现在来为贝达克小姐辩白了：

"噢，她现在什么事也没有了。她每次五六杯鸡尾酒下肚，总是这样大喊大叫。我跟她说她不应当喝酒。"

"我是不喝酒，"受到指责的那个人随口说道。

"我们听到你嚷嚷，于是我跟这位希维特大夫说："那里有人需要您帮忙，大夫。'"

"她非常感激，我相信，"另一位朋友用并不感激的口气说，"可是你把她的头按到游泳池里去，把她的衣服全搞湿了。"

"我最恨的就是把我的头按到游泳池里，"贝达克小姐咕哝着说，"有一回在新泽西州他们差一点没把我淹死。"

"那你就不应当喝酒嘛，"希维特大夫堵她的嘴说。

"说你自己吧！"贝达克小姐激烈地大喊道，"你的手发抖。我才不会让你给我开刀哩！"

情况就是这样。我记得的差不多是最后的一件事是我和黛西站在一起望着那位电影导演和他的"大明星"。他们仍然在那棵白梅树下，他们的脸快要贴到一起了，中间只隔着一线淡淡的月光。我忽然想到他整个晚上大概一直在非常非常慢地弯下腰来，才终于和她靠得这么近，然后正在我望着的这一刻，我看见他弯下最后一点距离，亲吻了她的面颊。

"我喜欢她，"黛西说，"我觉得她美极了。"

但是其他的一切她都讨厌——而且是不容置辩的，因为这并不是一种姿态，而是一种感情。她十分厌恶西卵，这个由百老汇强加在一个长岛渔村上的没有先例的"胜地"——厌恶它那不安于陈旧的委婉辞令的粗犷活力，厌恶那种驱使它的居民沿着一条捷径从零跑到零的过分突兀的命运。她正是在这种她所不了解的单纯之中看到了什么可怕的东西。

他们在等车子开过来的时候，我和他们一同坐在大门前的台阶上。前面这里很暗；只有敞开的门向幽暗的黎明射出十平方英尺的亮光。有时楼上化妆室的遮帘上有一个人影掠过，然后又出现一个人影，络绎不绝的女客对着一面看不见的镜子涂脂抹粉。

"这个姓盖茨比的究竟是谁？"汤姆突然质问我，"一个大私酒贩子？"

"你在哪儿听来的？"我问他。

"我不是听来的。我猜的。有很多这样的暴发户都是大私酒贩子，你要知道。"

"盖茨比可不是，"我简慢地说。

他沉默了一会。汽车道上的小石子在他脚底下喀嚓作响。

"我说，他一定花了很大的气力才搜罗到这么一大帮牛头马面。"

一阵微风吹动了黛西的毛茸茸的灰皮领子。

"至少他们比我们认得的人有趣，"她有点勉强地说。

"看上去你并不怎么感兴趣嘛。"

"噢，我很感兴趣。"

汤姆哈哈一笑，把脸转向我。

"当那个女孩让她给她来个冷水淋浴的时候，你有没有注意到黛西的脸？"

黛西跟着音乐沙哑而有节奏的低声唱了起来，把每个字都唱出一种以前从未有过、以后也决不会再有的意义。当曲调升高的时候，她的嗓音也跟着改变，悠扬婉转，正是女低音的本色，而且每一点变化都在空气中散发出一点她那温暖的人情味很浓的魔力。

"来的人有好多并不是邀请来的，"她忽然说。"那个女孩子就没有接到邀请。他们干脆闯上门来，而他又太客气，不好意思谢绝。"

"我很想知道他是什么人，又是干什么的，"汤姆固执地说。"并且我一定要去打听清楚。"

"我马上就可以告诉你，"她答道。"他是开药房的，好多家药房。他一手创办起来的。"

那辆姗姗来迟的大型轿车沿着汽车道开了上来。

"晚安，尼克，"黛西说。

她的目光离开了我，朝着灯光照亮的最上一层台阶看去，在那里一支当年流行的哀婉动人的小华尔兹舞曲《凌晨三点钟》正从敞开的大门传出来。话说回来，正是在盖茨比的晚会的随随便便的气氛之中，就有她自己的世界中完全没有的种种浪漫的可能性。那支歌曲里面有什么东西仿佛在呼唤她回到里面去呢？现在在这幽暗的、难以预测的时辰里会发生什么事情呢？也许会光临一位令人难以置信的客人，一位世上少有的令人惊异不置的佳人，一位真正艳丽夺目的少女，只要对盖茨比看上一眼，只要一刹那魔术般的相逢，她就可以把五年来坚贞不移的爱情一笔勾销。

那夜我待得很晚，盖茨比要我待到他可以脱身，于是我就在花园里徘徊，一直待到最后一群游泳的客人，又寒冷又兴奋，从黑黝黝的海滩上跑上来，一直等到楼上各间客房里的灯都灭了。等到他最后走下台阶时，那晒得黝黑的皮肤比往常更紧地绷在他脸上，他的眼睛发亮而有倦意。

"她不喜欢这个晚会，"他马上就说。

"她当然喜欢啦。"

"她不喜欢，"他固执地说。"她玩得不开心。"

他不讲话了，但我猜他有满腔说不出的郁闷。

"我觉得离开她很远，"他说。"很难使她理解。"

"你是说舞会的事吗？"

"舞会？"他一弹指就把他所有开过的舞会都勾销了。"老兄，舞会是无关紧要的。"

他所要求于黛西的不下于要她跑去跟汤姆说："我从来没有爱过你。"等她用那句话把四年一笔勾销之后，他俩就可以研究决定那些需要采取的更加实际的步骤。其中之一就是，等她恢复了自由，他俩就回路易斯维尔去，从她家里出发到教堂去举行婚礼——就仿佛是五年以前一样。

"可是她不理解，"他说。"她过去是能够理解的。我们往往在一起坐上几个钟点……"

他忽然停住不说了，沿着一条布满了果皮、丢弃的小礼物和踩烂的残花的小道走来走去。

"我看对她不宜要求过高，"我冒昧地说，"你不能重温旧梦的。"

"不能重温旧梦？"他大不以为然地喊道，"哪儿的话，我当然能够！"

他发狂地东张西望，仿佛他的旧梦就隐藏在这里，他的房子的阴影里，几乎一伸手就可以抓到的。

"我要把一切都安排得跟过去一模一样，"他说，一面坚决地点点头。"她会看到的。"

他滔滔不绝地大谈往事，因此我揣测他想要重新获得一点什么东西，也许是那进入他对黛西的热恋之中的关于他自己的某种理念。从那时以来，他的生活一直是凌乱不堪的，但是假如他一旦能回到某个出发点，慢慢地重新再走一遍，他可以发现那东西是什么……

……一个秋天的夜晚，五年以前，落叶纷纷的时候，他俩走在街上，走到一处没有树的地方，人行道被月光照得发白。他们停了下来，面对面站着。那是一个凉爽的夜晚，那是一年两度季节变换的时刻，空气中洋溢着那种神秘的兴奋。家家户户宁静的灯火仿佛在向外面的黑暗吟唱，天上的星星中间仿佛也有繁忙的活动。盖茨比从他的眼角里看到，一段段的人行道其实构成一架梯子，通向树顶上空一个秘密的地方——他可以攀登上去，如果他独自攀登的话，一登上去他就可以吮吸生命的浆液，大口吞咽那无与伦比的神奇的奶汁。

当黛西洁白的脸贴近他自己的脸时，他的心越跳越快。他知道他一跟这个姑娘亲吻，并把他那些无法形容的憧憬和她短暂的呼吸永远结合在一起，他的心灵就再也不会像上帝的心灵一样自由驰骋了。因此他等着，再倾听一会那已经在一颗星上敲响的音叉。然后他吻了她。经他的嘴唇一碰，她就像一朵鲜花一样为他开放，于是这个理想的化身就完成了。

他的这番话，甚至他难堪的感伤，使我回想起一点什么……我很久以前在什么地方听过的一个迷离恍惚的节奏，几句零落的歌词。一会儿的工夫，有一句话快到了嘴边，我的两片嘴唇像哑巴一样张开，仿佛除了一丝受惊的空气之外还有别的什么在上面挣扎着要出来。但是嘴唇发不出声音，因此我几乎想起的东西就永远无法表达了。

第七章

正在人们对盖茨比的好奇心达到顶点的时候，有一个星期六晚上他别墅里的灯都没有亮，——于是，他作为特里马尔乔①的生涯，当初莫名其妙地开始的，现在又莫名其妙地结束了。我逐渐才发觉那些乘兴而来的一辆辆汽车，稍停片刻之后又扫兴地开走了。我疑心他是否病了，于是走过去看看——一个面目狰狞的陌生仆人从门口满腹狐疑地斜着眼看我。

"盖茨比先生病了吗?"

"没有。"停了一会他才慢吞吞地、勉勉强强地加了一声"先生"。

"我好久没看见他了，很不放心。告诉他卡罗威先生来过。"

"谁?"他粗鲁地问。

"卡罗威。"

"卡罗威。好啦，我告诉他。"

他粗鲁地砰的一声关上了大门。

我的芬兰女用人告诉我，盖茨比早在一个星期前就辞退了家里的每一个仆人，另外雇用了五六个人，这些人从来不到西卵镇上去受那些开

---

① 特里马尔乔：古罗马作家皮特罗尼斯作品《讽刺篇》中一个大宴宾客的暴发户。

店的贿赂，而是打电话订购数量不多的生活用品。据食品店送货的伙计报道，厨房看上去像个猪圈，而镇上一般的看法是，这些新人压根儿不是什么仆人。

第二天盖茨比打电话给我。

"准备出门吗?"我问。

"没有，老兄。"

"我听说你把所有的仆人都辞了。"

"我需要的是不爱讲闲话的人。黛西经常来——总是在下午。"

原来如此，由于她看了不赞成，这座大酒店就像纸牌搭的房子一样整个坍掉了。

"他们是沃尔夫山姆要给帮点儿忙的人。他们都是兄弟姐妹。他们开过一家小旅馆。"

"我明白了。"

他是应黛西的请求打电话来的——我明天是否可以到她家吃午饭?贝克小姐会去的。半小时之后，黛西亲自打电话来，似乎因为知道我答应去而感到宽慰。一定出了什么事。然而我却不能相信他们竟然会选这样一个场合来大闹一场——尤其是盖茨比早先在花园里所提出的那种令人难堪的场面。

第二天天气酷热，几乎是那个夏天最后一天，肯定是最热的一天。当我乘的火车从地道里钻出来驶进阳光里时，只有全国饼干公司热辣辣的汽笛打破了中午闷热的静寂。客车里的草椅垫热得简直要着火了；坐在我旁边的一个妇女起先很斯文地让汗水渗透衬衣，后来，她的报纸在她手指下面也变潮了时，她长叹一声，在酷热中颓然地往后一倒。她的钱包啪的一声掉到了地下。

"喔唷!"她吃惊地喊道。

我懒洋洋地弯下腰把它捡了起来，递还给了她，手伸得远远的，捏着钱包的一个角，表示我并无染指的意图——可是附近的每一个人，包括那女人，照样怀疑我。

"热!"查票员对面熟的乘客说，"够呛的天气！……热！……热！……热！……你觉得够热的吗？热吗？你觉得……?"

我的月季票递还给我时上面留下了他手的黑汗渍。在这种酷热的天气还有谁去管他亲吻的是谁的朱唇，管他是谁的脑袋偎湿了他心前的睡衣口袋！

……盖茨比和我在门口等开门的时候，一阵微风吹过布坎农的住宅的门廊，带来电话铃的声音。

"主人的尸体？"男管家大声向话筒里嚷道，"对不起，太太，可是我们不能提供——今天中午太热了，没法碰！"

实际上他讲的是："是……是……我去瞧瞧。"

他放下了话筒，朝我们走过来，头上冒着汗珠，接过我们的硬壳草帽。

"夫人在客厅里等您哩！"他喊道，一面不必要地指着方向。在这酷热的天气，每一个多余的手势都是滥用生活的公有财富。

这间屋子外面有遮篷挡着，又阴暗又凉快。黛西和乔丹躺在一张巨大的长沙发上，好像两座银像压住自己的白色衣裙，不让电扇的呼呼响的风吹动。

"我们动不了了，"她们俩同声说。

乔丹的手指，黝黑色上面搽了一层白粉，在我手指里搁了一会。

"体育家托马斯·布坎农①先生呢？"我问。

就在同时我听见了他的声音，粗犷、低沉、沙哑，在门廊的电话上说话。

盖茨比站在绯红的地毯中央，用着了迷的目光向四周张望。黛西看着他，发出了她那甜蜜、动人的笑声；微微的一阵粉从她胸口升入空中。

"有谣言说，"乔丹悄悄地说，"那边是汤姆的情人在打电话。"

_____

① 托马斯·布坎农即上文的汤姆·布坎农。汤姆系托马斯的昵称。

我们都不说话。门廊里的声音气恼地提高了："那好吧，我根本不把车子卖给你了……我根本不欠你什么情……至于你在午饭时候来打扰我，我根本不答应！"

"挂上话筒在讲，"黛西冷嘲热讽地说。

"不，他不是，"我向她解释道，"这是一笔确有其事的交易。我碰巧知道这件事。"

汤姆猛然推开了门，他粗壮的身躯片刻间堵住了门口，然后急匆匆走进了屋子。

"盖茨比先生！"他伸出了他那宽大、扁平的手，很成功地掩饰住对他的厌恶。"我很高兴见到您，先生。……尼克……"

"给我们搞一杯冷饮吧！"黛西大声说。

他又离开屋子以后，她站起身来，走到盖茨比面前，把他的脸拉下来，吻他的嘴。

"你知道我爱你，"她喃喃地说。

"你忘了还有一位女客在座，"乔丹说。

黛西故意装傻回过头看看。

"你也跟尼克接吻吧。"

"多低级、多下流的女孩子！"

"我不在乎！"黛西大声说，同时在砖砌的壁炉前面跳起舞来。后来她想起了酷热的天气，又不好意思地在沙发上坐了下来，正在这时一个穿着新洗的衣服的保姆搀着一个小女孩走进屋子来。

"心——肝，宝——贝，"她嗲声嗲气地说，一面伸出她的胳臂。"到疼你的亲娘这里来。"

保姆一撒手，小孩就从屋子那边跑过来，羞答答地一头埋进她母亲的衣裙里。

"心——肝，宝——贝啊！妈妈把粉弄到你黄黄的头发上了吗？站起身来，说声——您好。"

盖茨比和我先后弯下腰来，握一握不情愿的小手。然后他惊奇地盯着孩子看。我想他以前从来没有真正相信过有这个孩子存在。

"我在午饭前就打扮好了,"孩子说,急切地把脸转向黛西。

"那是因为你妈要显摆你。"她低下头来把脸伏在雪白的小脖子上唯一的皱纹里。"你啊,你这个宝贝。你这个独一无二的小宝贝。"

"是啊,"小孩平静地答应。"乔丹阿姨也穿了一件白衣裳。"

"你喜欢妈妈的朋友吗?"黛西把她转过来,让她面对着盖茨比。"你觉得他们漂亮吗?"

"爸爸在哪儿?"

"她长得不像她父亲,"黛西解释说,"她长得像我。她的头发和脸型都像我。"

黛西朝后靠在沙发上。保姆走上前一步,伸出了手。

"来吧,帕咪。"

"再见,乖乖!"

很懂规矩的小孩依依不舍地回头看了一眼,抓着保姆的手,就被拉到门外去,正好汤姆回来,后面跟着四杯杜松子利克酒,里面装满了冰块喀嚓作响。

盖茨比端过一杯酒来。

"它们瞧上去真凉快,"他说,看得出来他是有点紧张。

我们迫不及待地大口大口地把酒喝下去。

"我在什么地方看到过,说太阳一年年越来越热,"汤姆很和气地说,"好像地球不久就会掉进太阳里去——等一等——恰恰相反——太阳一年年越来越冷。"

"到外面来吧,"他向盖茨比提议说,"我想请你看看我这个地方。"

我跟他们一起到外面游廊上去。在绿色的海湾上,海水在酷热中停滞不动,一条小帆船慢慢向比较新鲜的海水移动。盖茨比的眼光片刻间追随着这条船;他举起了手,指着海湾的对面。

"我就在你正对面。"

"可不是嘛。"

我们的眼睛掠过玫瑰花圃，掠过炎热的草坪，掠过海岸边那些大热天的乱草堆。那只小船的白翼在蔚蓝清凉的天际的背景上慢慢地移动。再往前是水波荡漾的海洋和星罗棋布的宝岛。

"那是多么好的运动，"汤姆点着头说，"我真想出去和他在那边玩上个把钟头。"

我们在餐厅里吃的午饭，里面也遮得很阴凉，大家把紧张的欢笑和凉啤酒一起喝下肚去。

"我们今天下午做什么好呢？"黛西大声说，"还有明天，还有今后三十年？"

"不要这样病态，"乔丹说。"秋天一到，天高气爽，生活就又重新开始了。"

"可是天真热得要命，"黛西固执地说，差点要哭出来了。"一切又都混乱不堪。咱们都进城去吧！"

她的声音继续在热浪中挣扎，向它冲击着，把无知觉的热气塑成一些形状。

"我听说过把马房改做汽车间，"汤姆在对盖茨比说，"但是我是第一个把汽车间变成马房的人。"

"谁愿意进城去？"黛西执拗地问道。盖茨比的眼睛慢慢朝她看过去。"啊，"她喊道，"你看上去真凉快。"

他们的眼光相遇了，他们彼此目不转睛地看着对方，超然物外。她好不容易才把视线转回到餐桌上。

"你看上去总是那么凉快，"她重复说。

她已经告诉他她爱他，汤姆·布坎农也看出来了。他大为震惊。他的嘴微微张开，他看看盖茨比，又看看黛西，仿佛他刚刚认出她是他很久以前就认识的一个人。

"你很像广告里那个人，"她恬然地继续说，"你知道广告里那个人……"

"好吧，"汤姆赶紧打断了她的话。"我非常乐意进城去。走吧——我们大家都进城去。"

他站了起来，他的眼睛还是在盖茨比和他妻子之间闪来闪去。谁都没动。

"走啊!"他有点冒火了。"到底怎么回事? 咱们要进城，那就走吧。"

他把杯中剩下的啤酒举到了唇边，他的手由于他尽力控制自己而在发抖。黛西的声音促使我们站了起来，走到外面炽热的石子汽车道上。

"我们马上就走吗?"她不以为然地说，"就像这样? 难道我们不让人家先抽支烟吗?"

"吃饭的时候大家从头到尾都在抽烟。"

"哦，咱们高高兴兴地玩吧，"她央求他。"天太热了，别闹吧。"

他没有回答。

"随你的便吧，"她说，"来吧，乔丹。"

她们上楼去作好准备，我们三个男的就站在那儿用我们的脚把滚烫的小石子踢来踢去。一弯银月已经悬在西天。盖茨比已经开口说话又改变了主意，但汤姆也转过身来面对着他等他说。

"你的马房是在这里吗?"盖茨比勉强地问道。

"沿这条路下去大约四分之一英里。"

"哦。"

停了一会。

"我真不明白进城去干什么，"汤姆怒气冲冲地说，"女人总是心血来潮……"

"我们带点儿什么东西喝吗?"黛西从楼上窗口喊道。

"我去拿点威士忌，"汤姆答道。他走进屋子里去。

盖茨比硬邦邦地转向我说:

"我在他家里不能说什么，老兄。"

"她的声音很不谨慎，"我说，"它充满了……"我犹疑了一下。

"她的声音充满了金钱，"他忽然说。

正是这样。我以前从来没有领悟过。它是充满了金钱——这正是她声音里抑扬起伏的无穷无尽的魅力的源泉，金钱丁当的声音，铙钹齐鸣的歌声……高高的在一座白色的宫殿里，国王的女儿，黄金女郎……

汤姆从屋子里出来，一面把一瓶一夸脱酒用毛巾包起来，后面跟着黛西和乔丹，两人都戴着亮晶晶的硬布做的又小又紧的帽子，手臂上搭着薄纱披肩。

"大家都坐我的车去好吗？"盖茨比提议。他摸了摸滚烫的绿皮坐垫。"我应当把它停在树阴里的。"

"这车是用普通排挡吗？"汤姆问。

"是的。"

"好吧，你开我的小轿车，让我开你的车进城。"

这个建议不合盖茨比的口胃。

"恐怕汽油不多了，"他表示不同意。

"汽油多得很，"汤姆闹嚷嚷地说。他看了看油表。"如果用光了，我可以找一个药房停下来。这年头药房里你什么东西都买得到。"

这句似乎没有什么意义的话说完之后，大家沉默了一会。黛西皱着眉头瞧瞧汤姆，同时盖茨比脸上掠过一种难以形容的表情，既十分陌生又似曾相识，仿佛我以前只是听人用言语描述过似的。

"走吧，黛西，"汤姆说，一面用手把她朝盖茨比的车子推过去。"我带你坐这辆马戏团的花车。"

他打开车门，但她从他手臂的圈子里走了出去。

"你带尼克和乔丹去。我们开小轿车跟在你后面。"

她紧挨着盖茨比走，用手摸着他的上衣。乔丹、汤姆和我坐进盖茨比车子的前座，汤姆试着扳动不熟悉的排挡，接着我们就冲进了闷热，把他们甩在后面看不见的地方。

"你们看到那个没有？"汤姆问。

"看到什么?"

他敏锐地看着我,明白了我和乔丹一定一直就知道。

"你们以为我很傻,是不是?"他说,"也许我是傻,但是有时候我有一种——几乎是一种第二视觉,它告诉我该怎么办。也许你们不相信这个,但是科学……"

他停了一下。当务之急追上了他,把他从理论深渊的边缘拉了回来。

"我已经对这个家伙做了一番小小的调查,"他继续说,"我大可以调查得更深入一些,要是我知道……"

"你是说你找过一个巫婆吗?"乔丹幽默地问。

"什么?"他摸不着头脑,瞪眼看着我们在哈哈笑。"巫婆?"

"去问盖茨比的事。"

"问盖茨比的事!不,我没有。我刚才说我已经对他的来历做过一番小小的调查。"

"结果你发现他是牛津大学毕业生,"乔丹帮忙地说。

"牛津大学毕业生!"他完全不相信。"他要是才他妈的怪哩!他穿一套粉红色衣服。"

"不过他还是牛津毕业生。"

"新墨西哥州的牛津镇,"汤姆嗤之以鼻地说,"或者类似的地方。"

"我说,汤姆,你既然这样瞧不起人,那么为什么请他吃午饭呢?"乔丹气恼地质问道。

"黛西请他的;她是在我们结婚以前认识他的——天晓得在什么地方!"

啤酒的酒性已过,我们现在都感到烦躁,又因为意识到这一点,我们就一声不响地开了一会车子。然后当 T·J·埃克尔堡大夫褪色的眼睛在大路的前方出现时,我想起了盖茨比提出的关于汽油不够的警告。

"我们有足够的汽油开到城里,"汤姆说。

"可是这里就有一家车行，"乔丹提出了反对。"我可不要在这种大热天抛锚。"

汤姆不耐烦地把两个刹车都踩了，车子扬起一阵尘土突然在威尔逊的招牌下面停了下来。过了一会老板从车行的里面走了出来，两眼呆呆地盯着看我们的车子。

"给我们加点汽油！"汤姆粗声大气地叫道，"你以为我们停下来干什么——欣赏风景吗？"

"我病了，"威尔逊站着不动说道，"病了一整天啦。"

"怎么啦？"

"我身体都垮了。"

"那么我要自己动手吗？"汤姆问，"你刚才在电话里听上去还挺好的嘛。"

威尔逊很吃力地从门口阴凉的地方走出来，喘着大气把汽油箱的盖子拧了下来。在太阳里他的脸色发青。

"我并不是有意在午饭时打扰你，"他说，"可是我急需用钱，因此我想知道你那辆旧车打算怎么办。"

"你喜欢这一辆吗？"汤姆问。"我上星期才买的。"

"好漂亮的黄车，"威尔逊说，一面费劲地打着油。

"想买吗？"

"没门儿，"威尔逊淡淡地一笑。"不想这个，可是我可以在那部车上赚点钱。"

"你要钱干什么，有什么突然的需要?"

"我在这儿待得太久了。我想离开这里。我老婆和我想搬到西部去。"

"你老婆想去?"汤姆吃惊地叫道。

"她说要去，说了有十年了。"他靠在加油机上休息了一会，用手搭在眼睛上遮住阳光。"现在她真的要去了，不管她想不想去。我要让她离开这里。"

小轿车从我们身边急驰而过，扬起了一阵尘土，车上有人挥了挥手。

"我该付你多少钱？"汤姆粗鲁地问道。

"就在这两天我才发现了一点蹊跷的事情，"威尔逊说，"这就是我为什么要离开这里的原因。这就是我为什么为那辆车子打扰你的原因。"

"我该付你多少钱？"

"一块两角。"

酷烈的热浪已经开始搞得我头昏眼花，因此我有一会儿感到很不舒服，然后才意识到，到那时为止他的疑心还没落到汤姆身上。他发现了茉特尔背着他在另外一个世界里有她自己的生活，而这个震动使他的身体患病了。我盯着他看看，又盯着汤姆看看，他在不到半小时以前也有了同样的发现——因此我想到人们在智力或种族方面的任何差异都远不如病人和健康的人二者之间的差异那么深刻。威尔逊病得那么厉害，因此看上去好像犯了罪，犯了不可饶恕的罪——仿佛他刚刚把一个可怜的姑娘的肚子搞大了。

"我把那辆车子卖给你吧，"汤姆说，"我明天下午给你送来。"

那一带地方一向隐隐约约使人感到心神不安，甚至在下午耀眼的阳光里也一样，因此现在我掉过头去，仿佛有人要我提防背后有什么东西。在灰堆上方，T·J·埃克尔堡大夫的巨眼在守望着，但是过了一会我觉察另外一双眼睛正在从不到二十英尺以外聚精会神地注视着我们。

在车行上面一扇窗户面前，窗帘向旁边拉开了一点，茉特尔·威尔逊正在向下窥视着这辆车子。她那样全神贯注，因此她毫不觉察有人在注意她，一种接一种的感情在她脸上流露出来，好像物体出现在一张慢慢显影的照片上。她的表情熟悉得有点蹊跷——这是我时常在女人脸上看到的表情，可是在茉特尔·威尔逊的脸上，这种表情似乎毫无意义而且难以理解，直到我明白她那两只充满妒火、睁得大大的眼睛并不是盯在汤姆身上，而是盯在乔丹·贝克身上，原来她以为乔丹是**他的妻子**。

一个简单的头脑陷入慌乱时是非同小可的，等到我们车子开走的时候，汤姆感到惊慌失措，心里像油煎一样。他的妻子和情妇，直到一小时前还是安安稳稳、不可侵犯的，现在却猛不防正从他的控制下溜走。本能促使他猛踩油门，以达到赶上黛西和把威尔逊抛在脑后的双重目的，于是我们以每小时五十英里的速度向阿斯托里亚飞驰而去。直到在高架铁路蜘蛛网似的钢架中间，我们才看见那辆逍遥自在的蓝色小轿车。

"五十号街附近那些大电影院很凉快，"乔丹提议说，"我爱夏天下午的纽约，人都跑光了。有一种非常肉感的滋味——熟透了，仿佛各种奇异的果实都会落到你手里。"

"肉感"这两个字使汤姆感到更加惶惶不安，但他还没来得及找话来表示反对，小轿车已经停了下来，黛西打着手势叫我们开上去并排停下。

"我们上哪儿去？"她喊道。

"去看电影怎样？"

"太热了，"她抱怨道，"你们去吧。我们去兜兜风，过会儿再和你们碰头。"她又勉强讲了两句俏皮话。"我们约好在另一个路口和你们碰头。我就是那个抽着两支香烟的男人。"

"我们不能待在这里争论，"汤姆不耐烦地说，这时我们后面有一辆卡车在拼命按喇叭。"你们跟我开到中央公园南边广场饭店前面。"

有好几次他掉过头去向后看，找他们的车子，如果路上的交通把他们耽误了，他就放慢速度，直到他们重新出现。我想他生怕他们会钻进一条小街，从此永远从他生活里消失。

可是他们并没有。而我们大家都采取了这个更难理解的步骤——在广场饭店租用了一间套房的客厅。

那场长时间的、吵吵嚷嚷的争论，以把我们都赶进那间屋子而告终的，我现在也弄不清是怎么回事了，虽然我清清楚楚记得，在这个过程中，我的内衣像一条湿漉漉的蛇一样顺着我的腿往上爬，同时一阵阵冷

104

汗珠横流浃背。这个主意起源于黛西的建议,她要我们租五间浴室去洗冷水澡,后来才采取了"喝杯凉薄荷酒的地方"这个更明确的形式。我们每一个人都翻来覆去地说这是个"馊主意"——我们大家同时开口跟一个为难的旅馆办事员讲话,自认为或者假装认为,我们这样很滑稽……

那间房子很大但是很闷,虽然已经是四点了,但打开窗户只不过从公园里的灌木丛刮来一股热风。黛西走到镜子前面,背朝我们站着,理她的头发。

"这个套间真高级,"乔丹肃然起敬地低声说,引得大家都笑了起来。

"再打开一扇窗户,"黛西命令道,连头也不回。

"没有窗户可开了。"

"那么我们顶好打电话要把斧头……"

"正确的办法是忘掉热,"汤姆不耐烦地说,"像你这样唠唠叨叨只会热得十倍的难受。"

他打开毛巾拿出那瓶威士忌来放在桌上。

"何必找她的碴呢,老兄?"盖茨比说,"是你自己要进城来的。"

沉默了一会。电话簿从钉子上滑开,啪的一声掉到地上,于是乔丹低声说:"对不起。"但是这一次没人笑了。

"我去捡起来,"我抢着说。

"我捡到了。"盖茨比仔细看看断开的绳子,表示感兴趣地"哼"了一声,然后把电话簿往椅子上一扔。

"那是你得意的口头禅,是不是?"汤姆尖锐地说。

"什么是?"

"张口闭口都是'老兄'。你是从哪里学来的?"

"你听着,汤姆,"黛西说,一面从镜子前面掉转身来。"如果你打算进行人身攻击,我就一分钟都不待。打个电话叫点冰来作薄荷酒。"

汤姆一拿起话筒，那憋得紧紧的热气突然爆发出声音，这时我们听到门德尔松的《婚礼进行曲》惊心动魄的和弦从底下舞厅里传上来。

"这么热竟然还有人结婚！"乔丹很难受地喊道。

"尽管如此——我就是在六月中旬结婚的，"黛西回忆道，"六月的路易斯维尔！有一个人昏倒了。昏倒的是谁，汤姆？"

"毕洛克西，"他简慢地答道。

"一个姓'毕洛克西'的人。'木头人'毕洛克西，他是做盒子的——这是事实——他又是田纳西州毕洛克西①市的人。"

"他们把他抬进我家里，"乔丹补充说，"因为我们住的地方离教堂只有两家。他一住就住了三个星期，直到爸爸叫他走路。他走后第二天爸爸就死了。"过了一会她又加了一句话说，"两件事并没有什么联系。"

"我从前也认识一个孟菲斯②人叫比尔·毕洛克西，"我说。

"那是他堂兄弟。他走以前我对他的整个家史都一清二楚了。他送了我一根打高尔夫球的轻击棒，我到今天还在用。"

婚礼一开始音乐就停了，此刻从窗口又飘进来一阵很长的欢呼声，接着又是一阵阵"好啊——好——啊"的叫喊，最后响起爵士乐的声音，跳舞开始了。

"我们都衰老了，"黛西说，"如果我们还年轻的话，我们就会站起来跳舞的。"

"别忘了毕洛克西，"乔丹警告她。"你是在哪儿认识他的，汤姆？"

"毕洛克西？"他聚精会神想了一会。"我不认识他。他是黛西的朋友。"

---

① 木头人、盒子在原文里都和毕洛克西谐音。
② 孟菲斯：田纳西州的城市。

"他才不是哩，"她否认道，"我在那以前从来没见过他。他是坐你的专车来的。"

"对啦，他说他认识你。他说他是在路易斯维尔长大的。阿莎·伯德在最后一分钟把他带来，问我们是否有地方让他坐。"

乔丹笑了一笑。

"他多半是不花钱搭车回家。他告诉我他在耶鲁是你们的班长。"

汤姆和我彼此茫然地对看。

"毕洛克西？"

"首先，我们压根儿没有班长……"

盖茨比的脚不耐烦地连敲了几声，引起汤姆突然瞧了他一眼。

"说起来，盖茨比先生，我听说你是牛津校友。"

"不完全是那样。"

"哦，是的，我听说你上过牛津。"

"是的，我上过那儿。"

停顿了一会。然后是汤姆的声音，带有怀疑和侮辱的口吻：

"你一定是在毕洛克西上纽黑文的时候去牛津的吧。"

又停顿了一会。一个茶房敲门，端着敲碎了的薄荷叶和冰走进来，但是他的一声"谢谢您"和轻轻的关门声也没打破沉默。这个关系重大的细节终于要澄清了。

"我跟你说过了我上过那儿，"盖茨比说。

"我听见了，可是我想知道在什么时候。"

"是一九一九年，我只待了五个月。这就是为什么我不能自称是牛津校友的原因。"

汤姆瞥了大家一眼，看看我们脸上是否也反映出他的怀疑。但是我们都在看着盖茨比。

"那是停战以后他们为一些军官提供的机会，"他继续说下去，"我们可以上任何英国或者法国的大学。"

我真想站起来拍拍他的肩膀。我又一次感到对他完全信任，这是我以前体验过的。

黛西站了起来，微微一笑，走到桌子前面。

"打开威士忌，汤姆，"她命令道，"我给你做一杯薄荷酒。然后你就不会觉得自己那么蠢了……你看这些薄荷叶子！"

"等一会，"汤姆厉声道，"我还要问盖茨比先生一个问题。"

"请问吧，"盖茨比很有礼貌地说。

"你到底想在我家里制造什么样的纠纷？"

他们终于公开化了，盖茨比倒也满意。

"他没制造纠纷，"黛西惊惶地看看这一个又看看那一个。"你在制造纠纷。请你自制一点儿。"

"自制！"汤姆不能置信地重复道，"我猜想最时髦的事情大概是装聋作哑，让不知从哪儿冒出来的阿猫阿狗跟你老婆调情。哼，如果那样才算时髦，你可以把我除外……这年头人们开始对家庭生活和家庭制度嗤之以鼻，再下一步他们就该抛弃一切，搞黑人和白人通婚了。"

他满口胡言乱语，脸涨得通红，俨然自以为单独一个人站在文明最后的壁垒上。

"我们这里大家都是白人嘛，"乔丹咕哝着说。

"我知道我不得人心。我不举行大型宴会。大概你非得把自己的家搞成猪圈才能交朋友——在这个现代世界上。"

尽管我和大家一样感到很气愤，每次他一张口我就忍不住想笑。一个酒徒色鬼竟然摇身一变就成了道学先生。

"我也有话要对你说，老兄……"盖茨比开始说。但是黛西猜到了他的意图。

"请你不要说！"她无可奈何地打断了他的话。"咱们都回家吧。咱们都回家不好吗？"

"这是个好主意。"我站了起来。"走吧，汤姆。没有人要喝酒。"

"我想知道盖茨比先生有什么话要告诉我。"

"你妻子不爱你，"盖茨比说，"她从来没有爱过你。她爱我。"

"你一定是疯了!"汤姆脱口而出喊道。

盖茨比猛地跳了起来，激动异常。

"她从来没有爱过你，你听见吗?"他喊道。"她跟你结了婚，只不过是因为我穷，她等我等得不耐烦了。那是一个大错，但是她心里除了我从来没有爱过任何人!"

这时乔丹和我都想走，但是汤姆和盖茨比争先恐后地阻拦，硬要我们留下，仿佛两人都没有什么不可告人的事，仿佛以共鸣的方式分享他们的感情也是一种特殊的荣幸。

"坐下，黛西，"汤姆竭力装出父辈的口吻，可是并不成功。"这是怎么一回事? 我要听听整个经过。"

"我已经告诉过你是怎么一回事了，"盖茨比说，"已经五年了——而你却不知道。"

汤姆霍地转向黛西。

"你五年来一直和这家伙见面?"

"没有见面，"盖茨比说，"不，我们见不了面。可是我们俩在那整个期间彼此相爱，老兄，而你却不知道。我以前有时发笑，"但是他眼中并无笑意。"想到你并不知道。"

"哦——原来不过如此。"汤姆像牧师一样把他的粗指头合拢在一起轻轻地敲敲，然后往椅子上一靠。

"你发疯了!"他破口大骂。"五年前发生的事我没法说，因为当时我还不认识黛西——可是我真他妈的想不通你怎么能沾到她的边，除非你是把食品杂货送到她家后门口的。至于你其余的话都是他妈的胡扯。黛西跟我结婚时她是爱我的，现在她还是爱我。"

"不对，"盖茨比摇摇头说。

"可是她确实爱我。问题是她有时胡思乱想，干一些她自己也莫名其妙的事。"他明智地点点头。"不但如此，我也爱黛西。偶尔我也荒唐一阵，干点蠢事，不过我总是回头，而且我心里始终是爱她的。"

"你真叫人恶心，"黛西说。她转身向着我，她的声音降低了一个音阶，使整个屋子充满了难堪的轻蔑。"你知道我们为什么离开芝加哥吗？我真奇怪人家没给你讲过那次小胡闹的故事。"

盖茨比走来站在她身边。

"黛西，那一切都过去了，"他认真地说，"现在没什么关系了。就跟他说真话——你从来没爱过他———切也就永远勾销了。"

她茫然地看着他。"是啊——我怎么会爱他——怎么可能呢？"

"你从来没有爱过他。"

她犹疑不定。她的眼光哀诉似地落在乔丹和我的身上，仿佛她终于认识到她正在干什么——仿佛她一直并没打算干任何事。但是现在事情已经干了，为时太晚了。

"我从来没爱过他，"她说，但看得出很勉强。

"在凯皮奥兰尼时也没爱过吗？"汤姆突然质问道。

"没有。"

从下面的舞厅里，低沉而闷人的乐声随着一阵阵热气飘了上来。

"那天我把你从'甜酒钵'①上抱下来，不让你鞋子沾湿，你也不爱我吗？"他沙哑的声音流露着柔情。"黛西？"

"请别说了。"她的声音是冷淡的，但是怨尤已从中消失。她看看盖茨比。"你瞧，杰。"她说，可是她要点支烟时手却在发抖。突然她把香烟和点着的火柴都扔到地毯上。

"啊，你要求的太过分了！"她对盖茨比喊道，"我现在爱你——难道这还不够吗？过去的事我没法挽回。"她无可奈何地抽抽噎噎哭了起来。"我一度爱过他——但是我也爱过你。"

盖茨比的眼睛张开来又闭上。

"你也爱过我？"他重复道。

"连这个都是瞎话，"汤姆恶狠狠地说。"她根本不知道你还活

_____

① 甜酒钵：游艇的名字。

110

着。要知道，黛西和我之间有许多事你永远也不会知道，我俩永远也不会忘记。"

他的话刺痛了盖茨比的心。

"我要跟黛西单独谈谈，"他执意说，"她现在太激动了……"

"单独谈我也不能说我从来没爱过汤姆，"她用伤心的声调吐露道，"那么说不会是真话。"

"当然不会是真话，"汤姆附和道。

她转身对着她丈夫。

"就好像你还在乎似的，"她说。

"当然在乎。从今以后我要更好地照顾你。"

"你还不明白，"盖茨比说，有点慌张了。"你没有机会再照顾她了。"

"我没有机会了?"汤姆睁大了眼睛，放声大笑。他现在大可以控制自己了。"什么道理呢?"

"黛西要离开你了。"

"胡说八道。"

"不过我确实要离开你，"她显然很费劲地说。

"她不会离开我的!"汤姆突然对盖茨比破口大骂。"反正决不会为了一个骗子离开我，一个给她套在手指上的戒指也得去偷来的骗子。"

"这么说我可不答应!"黛西喊道，"啊呀，咱们走吧。"

"你到底是什么人?"汤姆嚷了起来。"你是迈耶·沃尔夫山姆的那帮狐群狗党里的货色，这一点我碰巧知道。我对你的事儿做了一番小小的调查——明天我还要进一步调查。"

"那你尽可以自便，老兄，"盖茨比镇定地说。

"我打听了出来你那些'药房'是什么名堂。"他转过身来对着我们很快地说，"他和这个姓沃尔夫山姆的家伙在本地和芝加哥买下了许多小街上的药房，私自把酒精卖给人家喝。那就是他变的许多小戏法中的一个。我头一趟看见他就猜出他是个私酒贩子，我猜的还差不离哩。"

"那又该怎么样呢?"盖茨比很有礼貌地说，"你的朋友瓦尔特·蔡斯和我们合伙并不觉得丢人嘛。"

"你们还把他坑了，是不是?你们让他在新泽西州坐了一个月监牢。天啊!你应当听听瓦尔特议论你的那些话。"

"他找上我们的时候是个穷光蛋。他很高兴赚几个钱，老兄。"

"你别叫我'老兄'!"汤姆喊道。盖茨比没搭腔。"瓦尔特本来还可以告你们违犯赌博法的，但是沃尔夫山姆吓得他闭上了嘴。"

那种不熟悉可是认得出的表情又在盖茨比的脸上出现了。

"那个药房的事儿不过是小意思，"汤姆慢慢地接着说，"但是你们现在又在搞什么花样，瓦尔特不敢告诉我。"

我看了黛西一眼，她吓得目瞪口呆地看着盖茨比，又看看她丈夫，再看看乔丹——她已经开始在下巴上面让一件看不见可是引人入胜的东西保持平衡。然后我又回过头去看盖茨比，——看到他的表情我大吃一惊。他看上去活像刚"杀了个人"似的——我说这话可与他花园里的那些流言蜚语毫不相干。可是一刹那间他脸上的表情恰恰可以用那种荒唐的方式来形容。

这种表情过去以后，他激动地对黛西说开了，矢口否认一切，又为了没有人提出的罪名替自己辩护。但是他说得越多，她就越显得疏远，结果他只好不说了，唯有那死去的梦随着下午的消逝在继续奋斗，拼命想接触那不再摸得着的东西，朝着屋子那边那个失去的声音痛苦地但并不绝望地挣扎着。

那个声音又央求要走。

"求求你，汤姆!我再也受不了啦。"

她惊惶的眼睛显示出来，不管她曾经有过什么意图，有过什么勇气，现在肯定都烟消云散了。

"你们两人动身回家，黛西，"汤姆说，"坐盖茨比先生的

Housing **Projects**

Women in Prison provide a dedicated Housing Support Project for women in or returning to London:

- About to be released from custody
- Returning to London
- Or on a community sentence in London

Providing one-to-one support, advocacy, advice and workshops. We:

- Provide advocacy for women at Homeless Person Unit appointments, making homelessness applications
- Refer to hostels and supported housing
- Meet women at the gates on release from prison.

- Run workshops giving practical advice on sustaining a tenancy
- Help with planning a budget and living on benefits
- Help to access furniture grants and food banks
- Support women in addressing rent arrears, keeping and giving up tenancies

Women in Prison Supporting and campaigning for women affected by the criminal justice system

LHF London Housing Foundation

LONDON COUNCILS

For further information please contact the Housing Co-ordinator:
Call: 020 7359 6674

Freephone for women accessing services: 0800 953 0125
Fax: 020 3227 0440
Email: referrals@womeninprison.org.uk

Women in Prison, Unit 10, The Ivories, 6 Northampton Street, London, N1 2HY
FREEPOST: RSLB-UABE-TYRT

Housing **Projects**

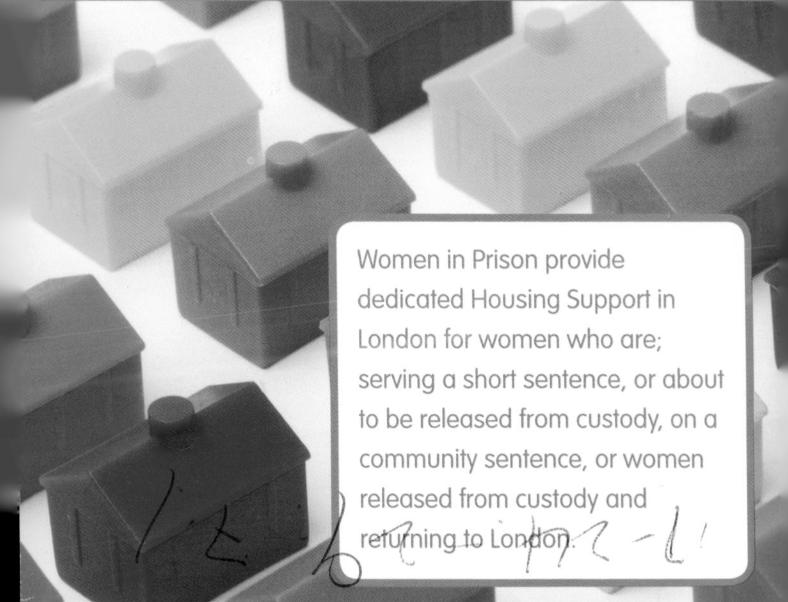

Women in Prison provide dedicated Housing Support in London for women who are; serving a short sentence, or about to be released from custody, on a community sentence, or women released from custody and returning to London.

Women in **Prison**
Supporting and campaigning for women affected by the criminal justice system

LHF
London Housing Foundation

LONDON COUNCILS

For further information please contact the Housing Co-ordinator:
Call: 020 7359 6674

车子。"

她看着汤姆，大为惊恐，但他故作宽大以示侮蔑，定要她去。

"走吧。他不会麻烦你的。我想他明白他那狂妄的小小的调情已经完了。"

他们俩走掉了，一句话也没说，一转眼就消失了，变得无足轻重，孤零零的，像一对鬼影，甚至和我们的怜悯都隔绝了。

过了一会汤姆站了起来，开始用毛巾把那瓶没打开的威士忌包起来。

"来点儿这玩意吗？乔丹？……尼克？"

我没搭腔。

"尼克？"他又问了一声。

"什么？"

"来点儿吗？"

"不要……我刚才记起来今天是我的生日。"

我三十岁了。在我面前展现出一条新的十年的凶多吉少、咄咄逼人的道路。

等到我们跟他坐上小轿车动身回长岛时，已经是七点钟了。汤姆一路上话说个不停，得意洋洋，哈哈大笑，但他的声音对乔丹和我就好像人行道上嘈杂的人声和头顶上高架铁路轰隆隆的车声一样遥远。人类的同情心是有限度的，因此我们也乐于让他们那些可悲的争论和身后的城市灯火一道逐渐消失。三十岁——展望十年的孤寂，可交往的单身汉逐渐稀少，热烈的感情逐渐稀薄，头发逐渐稀疏。但我身边有乔丹，和黛西大不一样，她少年老成，不会把早已忘怀的梦一年又一年还藏在心里。我们驶过黝黑的铁桥时她苍白的脸懒懒地靠在我上衣的肩上，她紧紧握住我的手，驱散了三十岁生日的巨大冲击。

于是我们在稍微凉快一点的暮色中向死亡驶去。

那个年轻的希腊人米切里斯，在灰堆旁边开小咖啡馆的，是验尸时主要的见证。那个大热天他一觉睡到五点以后才起来，溜到车行去，发觉乔治·威尔逊在他的办公室里病了——真的病了，面色和他本人苍白的头发一样苍白，浑身都在发抖。米切里斯劝他上床去睡觉，但威尔逊不肯，说那样就要错过不少生意。这位邻居正在劝说他的时候，楼上忽然大吵大闹起来。

"我把我老婆锁在上面，"威尔逊平静地解释说。"她要在那儿一直待到后天，然后我们就搬走。"

米切里斯大吃一惊；他们做了四年邻居，威尔逊从来不像是一个能说出这种话来的人。通常他总是一个筋疲力尽的人：不干活的时候，他就坐在门口一把椅子上，呆呆地望着路上过往的人和车辆。不管谁跟他说话，他总是和和气气、无精打采地笑笑。他听他老婆支使，自己没有一点主张。

因此，米切里斯很自然地想了解发生了什么事，但威尔逊一个字也不肯说——相反地，他却用古怪的、怀疑的目光端详起这位客人来，并且盘问他某些日子某些时间他在干什么。正在米切里斯逐渐感到不自在的时候，有几个工人从门口经过，朝他的餐馆走去，他就乘机脱身，打算过一会再回来。但是他并没有再来。他想他大概忘了，并没别的原因。七点过一点他再到外面来，才想起了这番谈话，因为他听见威尔逊太太的声音破口大骂，就在楼下车行里。

"你打我！"他听见她嚷嚷。"让你推，让你打吧，你这个肮脏没种的鸟东西！"

过了一会她就冲出门来在黄昏中奔去，一面挥手一面叫喊——他还没来得及离开自己的门口，事情就已经发生了。

那辆"凶车"——这是报纸上的提法——停都没停；车子从苍茫暮色中出现，出事后悲惨地犹疑了片刻，然后在前面一转弯就不见了。马弗罗·米切里斯连车子的颜色都说不准——他告诉第一个警察说是浅绿色。另一辆车，开往纽约的那一辆，开到一百码以外停了下来，开车的赶快跑回出事地点，茉特尔·威尔逊在那里跪在公路当中，死于非命，

114

她那发黑的浓血和尘土混合在一起。

米切里斯和这个人最先赶到她身旁，但等他们把她汗湿的衬衣撕开时，他们看见她左边的乳房已经松松地耷拉着，因此也不用再去听那下面的心脏了。她的嘴大张着，嘴角撕破了一点，仿佛她在放出储存了一辈子的无比旺盛的精力的时候噎了一下。

我们离那儿还有一段距离就看见三四辆汽车和一大群人。

"撞车！"汤姆道，"那很好。威尔逊终于有一点生意了。"

他把车子放慢下来，但并没打算停，直到我们开得近一点，车行门口那群人屏息敛容的面孔才使他不由自主地把车刹住。

"我们去看一眼，"他犹疑不定地说，"看一眼就走。"

我这时听见一阵阵空洞哀号的声音从车行里传出来，我们下了小轿车走向车行门口时，才听出其中翻来覆去、上气不接下气地喊着"我的上帝啊！"几个字。

"这儿出了什么大乱子了，"汤姆激动地说。

他踮着脚从一圈人头上向车行里望去，车行天花板上点着一盏挂在铁丝罩里的发黄光的电灯。他喉咙里哼了一声，接着用两只有力气的手臂猛然向前一推就挤进了人群。

那一圈人又合拢来，同时传出一阵咕咕哝哝的劝告声；有一两分钟我什么也看不见。后来新到的人又打乱了圈子，忽然间乔丹和我被挤到里面去了。

茉特尔·威尔逊的尸体裹在一条毯子里，外面又包了一条毯子，仿佛在这炎热的夜晚她还怕冷似的。尸体放在墙边一张工作台上，汤姆背对着我们正低头在看，一动也不动。在他旁边站着一名摩托车警察，他正在把人名字往小本子上抄，一面流汗一面写了又涂改。起初我找不到那些在空空的车行里回荡的高昂的呻吟声的来源——然后我才看见威尔逊站在他办公室高高的门槛上，身体前后摆动着，双手抓着门框。有一个人在低声跟他说话，不时想把一只手放在他肩上，但威尔逊既听不到也看不见。他的目光从那盏摇晃的电灯慢慢地下移到墙边那张停着尸体的桌子上，然后又突然转回到那盏灯上，同时他不停地发出他那高亢的、可怕的呼号：

"哎哟，我的上……帝啊！哎哟，我的上……帝啊！哎哟，上……帝啊！哎哟，我的上……帝啊！"

过了一会汤姆猛地一甩，抬起头来，用呆滞的目光扫视了车行，然后对警察含糊不清地说了一句话。

"M—a—v—"警察在说，"—o—"

"不对，r—"那人更正说，"M—a—v—r—o—"

"你听我说！"汤姆凶狠地低声说。

"r—"警察说，"o—"

"g—"

"g—"汤姆的大手猛一下落在他肩膀上时，他抬起头来。"你要啥，伙计？"

"是怎么回事？——我要知道的就是这个。"

"汽车撞了她，当场撞死。"

"当场撞死，"汤姆重复道，两眼发直。

"她跑到了路中间。狗娘养的连车子都没停。"

"当时有两辆车子，"米切里斯说，"一来，一去，明白吗？"

"去哪儿？"警察机警地问。

"一辆车去一个方向。喏，她，"他的手朝着毯子举起来，但半路上就打住，又放回到身边。"她跑到外面路上，纽约来的那辆车迎面撞上了她，车子时速有三四十英里。"

"这地方叫什么名字？"警察问道。

"没有名字。"

一个面色灰白、穿得很体面的黑人走上前来。

"那是一辆黄色的车子，"他说，"大型的黄色汽车，新的。"

"看到事故发生的吗?"警察问。

"没有,但是那辆车子在路上从我旁边开过,速度不止四十英里,有五六十英里。"

"过来,让我们把你名字记下来。让开点。我要记下他的名字。"

这段对话一定有几个字传到了在办公室门口摇晃的威尔逊耳朵里,因为忽然间一个新的题目出现在他的哀号中:

"你不用告诉我那是一辆什么样的车!我知道那是辆什么样的车!"

我注视着汤姆,看见他肩膀后面那团肌肉在上衣下面紧张起来。他急忙朝威尔逊走过去,然后站在他面前,一把抓住他的上臂。

"你一定得镇定下来,"他说,粗犷的声音中带着安慰。

威尔逊的眼光落到了汤姆身上;他先是一惊,踮起了脚尖,然后差点跪倒在地上,要不是汤姆扶住他的话。

"你听我说,"汤姆说,一面轻轻地摇摇他。"我刚才到这里,从纽约来的。我是把我们谈过的那辆小轿车给你送来的。今天下午我开的那辆车子不是我的——你听见了吗?后来我整个下午都没看到它。"

只有那个黑人和我靠得近,可以听到他讲的话;但那个警察也听出他声调里有问题,于是用严厉的目光向这边看。

"你说些什么?"他质问。

"我是他的朋友。"汤姆回过头来,但两手还紧紧抓住威尔逊的身体。"他说他认识肇事的车子……是一辆黄色的车子。"

一点模糊的冲动促使警察疑心地看汤姆。

"那么你的车是什么颜色呢?"

"是一辆蓝色的车子,一辆小轿车。"

"我们刚从纽约来的,"我说。

有一个一直在我们后面不远开车的人证实了这一点,于是警察就掉过头去了。

"好吧,请你让我再把那名字正确地……"

117

汤姆把威尔逊像玩偶一样提起来，提到办公室里去，放在一把椅子上，然后自己又回来。

"来个人到这儿陪他坐着。"他用发号施令的口吻说。他张望着，这时站得最近的两个人彼此望望，勉勉强强地走进那间屋子。然后汤姆在他们身后关上了门，跨下那一级台阶，他的眼睛躲开那张桌子。他经过我身边时低声道："咱们走吧。"

他不自在地用那双权威性的胳臂开路，我们从仍然在聚集的人群中推出去，遇到一位匆匆而来的医生，手里拎着皮包，还是半个钟头以前抱着一线希望去请的。

汤姆开得很慢，直到拐过那个弯之后他的脚才使劲踩下去，于是小轿车就在黑夜里飞驰而去。过了一会我听见低低的一声呜咽，接着看到他泪流满面。

"没种的狗东西！"他呜咽地说，"他连车子都没停。"

布坎农家的房子忽然在黑黝黝、瑟瑟作响的树木中间浮现在我们面前。汤姆在门廊旁边停下，抬头望望二楼，那里有两扇窗户在蔓藤中间给灯光照得亮堂堂的。

"黛西到家了，"他说。我们下车时，他看了我一眼，又微微皱皱眉头。

"我应当在西卵让你下车的，尼克。今晚我们没有什么事可做了。"

他身上起了变化，他说话很严肃，而且很果断。当我们穿过满地月光的石子道走向门廊时，他三言两语很利索地处理了眼前的情况。

"我去打个电话叫一辆出租汽车送你回家。你等车的时候，你和乔丹最好到厨房去，让他们给你们做点晚饭——要是你们想吃的话。"他推开了大门。"进来吧。"

"不啦，谢谢。可是要麻烦你替我叫出租汽车。我在外面等。"

乔丹把她的手放在我胳臂上。

"你进来不好吗，尼克？"

"不啦，谢谢。"

我心里觉得有点不好受，我想一个人单独待着。但乔丹还流连了一下。

"现在才九点半，"她说。

说什么我也不肯进去了；他们几个人我这一天全看够了，忽然间那也包括乔丹在内。她一定在我的表情中多少看出了一点苗头，因为她猛地掉转身，跑上门廊的台阶走进屋子里去了。我两手抱着头坐了几分钟，直到我听见屋子里有人打电话，又听见男管家的声音在叫出租汽车。随后我就沿着汽车道慢慢从房子面前走开，准备到大门口去等。

我还没走上二十码就听见有人叫我的名字，跟着盖茨比从两个灌木丛中间出来走到小路上。我当时一定已经神志恍惚了，因为我脑子里什么都想不到，除了他那套粉红色衣服在月光下闪闪发光。

"你在干什么？"我问道。

"就在这儿站着，老兄。"

不知为什么，这好像是一种可耻的行径。说不定他准备马上就去抢劫这个人家哩；我也不会感到奇怪的，如果我看到许多邪恶的面孔，"沃尔夫山姆的人"的面孔，躲在他后面黑黝黝的灌木丛中。

"你在路上看见出什么事了吗？"他过了一会问道。

"看见的。"

他迟疑了一下。

"她撞死了吗？"

"死了。"

"我当时就料到了；我告诉了黛西我想是撞死了。一下子大惊一场，倒还好些。她表现得挺坚强。"

他这样说，仿佛黛西的反应是唯一要紧的事情。

"我从一条小路开回西卵去，"他接着说，"把车子停在我的车房里，我想没有人看到过我们，但我当然不能肯定。"

到这时我已经十分厌恶他，因此我觉得没有必要告诉他他想错了。

"那个女人是谁?"他问道。

"她姓威尔逊。她丈夫是那个车行的老板。这事到底怎么会发生的?"

"呃，我想把驾驶盘扳过来的……"他突然打住，我也忽然猜到了真相。

"是黛西在开车吗?"

"是的，"他过了一会才说，"但是当然我要说是我在开。是这样的，我们离开纽约的时候，她神经非常紧张，她以为开开车子可以使她镇定下来——后来这个女人向我们冲了出来；正好我们迎面来了一辆车子和我们相错。前后不到一分钟的事，但我觉得她想跟我们说话，以为我们是她认识的人。呃，黛西先是把车子从那个女人那边转向那辆车子，接着她惊慌失措又转了回去。我的手一碰到驾驶盘我就感到了震动——她一定是当场撞死的。"

"把她撞开了花……"

"别跟我说，老兄。"他闪缩了一下。"总而言之，黛西拼命踩油门。我要她停下来，但她停不了，我只得拉上了紧急刹车。这时她晕倒在我膝盖上，我就接过来向前开。"

"明天她就会好的，"他过了一会又说。"我只是在这儿等等，看他会不会因为今天下午那场争执找她麻烦。她把自己锁在自己屋子里了，假如他有什么野蛮的举动，她就会把灯关掉然后再打开。"

"他不会碰她的，"我说，"他现在想的不是她。"

"我不信任他，老兄。"

"你准备等多久?"

"整整一夜，如果有必要的话。至少，等到他们都去睡觉。"

我忽然有了一个新的看法。假定汤姆知道了开车的是黛西，他或许会认为事出有因——他或许什么都会疑心。我看看那座房子；楼下有两三扇亮堂堂的窗户，还有二楼黛西屋子里映出的粉红色亮光。

"你在这儿等着，"我说，"我去看看有没有吵闹的迹象。"

我沿着草坪的边缘走了回去，轻轻跨过石子车道，然后踮起脚尖走上游廊的台阶。客厅的窗帘是拉开的，因此我看到屋子里是空的。我穿过我们三个月以前那个六月的晚上吃过晚餐的阳台，来到一片长方形的灯光前面，我猜那是食品间的窗户。遮帘拉了下来，但我在窗台上找到了一个缝隙。

黛西和汤姆面对面坐在厨房的桌子两边，两人中间放着一盘冷的炸鸡，还有两瓶啤酒。他正隔着桌子聚精会神地跟她说话，说得那么热切，他用手盖住了她的手。她不时抬起头来看看他，并且点头表示同意。

他们并不是快乐的，两人都没动鸡和啤酒——然而他们也不是不快乐的。这幅图画清清楚楚有一种很自然的亲密气氛，任何人也都会说他们俩在一同阴谋策划。

当我踮着脚尖走下阳台时，我听见我的出租汽车慢慢地沿着黑暗的道路向房子开过来。盖茨比还在车道上我刚才和他分手的地方等着。

"那上面一切都安静吗?"他焦急地问。

"是的，一切都安静。"我犹疑了一下。"你最好也回家去睡觉吧。"

他摇了摇头。

"我要在这儿一直等到黛西上床睡觉。晚安，老兄。"

他把两手插在上衣口袋里，热切地掉转身去端详那座房子，仿佛我的在场有损于他神圣的守望。于是我走开了，留下他站在月光里——空守着。

第八章

　　我整夜不能入睡；一个雾笛在海湾上不停地呜呜响，我好像生病一样在狰狞的现实与可怕的噩梦之间辗转反侧。天快亮的时候我听见一辆出租汽车开上盖茨比的汽车道，我马上跳下床开始穿衣服——我觉得我有话要跟他说，有事要警告他，而早晨会太迟了。

　　我穿过他的草坪，看见他的大门还开着，他在门厅里靠着一张桌子站着，由于沮丧或者瞌睡而显得很颓唐。

　　"什么事也没发生，"他惨淡地说，"我等了，四点钟左右她走到窗口，站了一会儿，然后把灯关掉。"

　　那天夜里我们俩穿过那些大房间找香烟的时候，他的别墅在我的眼里显得特别巨大。我们推开帐篷布似的厚门帘，又沿着无尽头的黑暗墙壁瞎摸寻找电灯开关——有一次我轰隆一声摔在一架幽灵似的钢琴的键盘上。到处都是多得莫名其妙的灰尘，所有的屋子都是霉烘烘的，好像有很多日子没通过气似的。我在一张不熟悉的桌子上找到了烟盒子，里面还有两根走了味的、干瘪的纸烟。我们把客厅的落地窗打开，坐下来对着外面的黑夜抽烟。

　　"你应当走开，"我说，"他们会追查你的车子，这是肯定的。"

　　"现在走开，老兄?"

"到大西洋城①去待一个星期，或是往北到蒙特利尔②去。"

他不肯考虑。他绝不可能离开黛西，除非他知道她准备怎么办。他在抓着最后一线希望不放，我也不忍叫他撒手。

就是这天夜里，他把他跟丹·科迪度过的年轻时代的离奇故事告诉了我，因为"杰伊·盖茨比"已经像玻璃一样在汤姆的铁硬的恶意上碰得粉碎，那出漫长的秘密狂想剧也演完了。我想他这时什么都可以毫无保留地承认，但他只想谈黛西的事。

她是他所认识的第一个"大家闺秀"。他以前以各种未透露的身份也曾和这一类人接触过，但每次总有一层无形的铁丝网隔在中间。他为她神魂颠倒。他到她家里去，起先和泰勒营的其他军官一起去，后来单独前往。她的家使他惊异——他从来没进过这样美丽的住宅。但是其所以有一种扣人心弦的强烈的情调却是因为她住在那里——这房子对于她就像他在军营里的帐篷对于他一样的平淡无奇。这房子充满了引人入胜的神秘气氛，仿佛暗示楼上有许多比其他卧室都美丽而凉爽的卧室，走廊里到处都是赏心乐事，还有许多风流艳史——不是霉烘烘、用熏香草保存起来的，而是活生生的，使人联想到今年的雪亮的汽车，联想到鲜花还没凋谢的舞会。很多男人曾经爱过黛西，这也使他激动——这在他眼中增高了她的身价。他感到她家里到处都有他们的存在；空气中弥漫着仍然颤动的感情的阴影和回声。

但是，他明白他之所以能出入黛西家里纯粹是出于偶然。不管他作为杰伊·盖茨比会有何等的锦绣前程，目前他只是一个默默无闻、一文不名的青年人，而且他的军服——这件看不见的外衣随时都可能从他肩上滑落下来。因此他尽量利用他的时间。他占有了他所能得到的东西，狼吞虎咽，肆无忌惮——终于在一个静寂的十月的夜晚他占有了黛西，占有了她，正因为他并没有真正的权利去摸她的手。

① 大西洋城：南部乔治亚州首府。
② 蒙特利尔：加拿大首都。

123

他也许应该鄙视自己的，因为他确实用欺骗的手段占有了她。我不是说他利用了他那虚幻的百万家财，但是他有意给黛西造成一种安全感；让她相信他的出身跟她不相上下——相信他完全能够照料她。实际上，他并没有这种能力——他背后没有生活优裕的家庭撑腰，而且只要全无人情味的政府一声令下，他随时都可以被调到世界上任何地方去。

但是他并没有鄙视自己，事情的结果也出乎他的意料。他起初很可能打算及时行乐，然后一走了之——但是现在他发现他已经把自己献身于追求一种理想。他知道黛西不同寻常，但是他并没认识到一位"大家闺秀"究竟有多少不同寻常。她回到她那豪华的住宅里，回到她那丰富美满的生活，突然不见了，给盖茨比什么也没留下。他觉得他已经和她结了婚了，如此而已。

两天之后，他们俩再见面时，显得心慌意乱，似乎上当受骗的倒是盖茨比。她家凉台沐浴在灿烂的星光里；她转身让他吻她那张奇妙、可爱的嘴时，时髦的长靠椅的柳条吱吱作响。她着了凉，她的声音比平时更沙哑，更动人；盖茨比深切地体会到财富怎样禁锢和保存青春与神秘，体会到一套套衣装怎样使人保持清新，体会到黛西像白银一样皎皎发光，安然高踞于穷苦人激烈的生存斗争之上。

"我真没法向你形容我发现自己爱上了她以后感到多么惊讶，老兄。有一阵我甚至希望她把我甩掉，但她没有，因为她也爱我。她认为我懂很多事，因为我懂的和她懂的不一样……唉，我就是那样，把雄心壮志撇在一边，每一分钟都在情网里越陷越深，而且忽然之间我也什么都不在乎了。如果我能够告诉她我打算去做些什么而从中得到更大的快乐，那么又何必去做大事呢？"

在他动身到海外之前的最后一个下午，他搂着黛西默默地坐了很长的时间。那是一个寒冷的秋日，屋子里生了火，她的两颊烘得通红。她不时移动一下，他也微微挪动一下胳臂，有一次他还吻吻她那乌黑光亮的头发。下午已经使他们平静了一会，仿佛为了在他们记忆中留下一个深刻的印象，为第二天即将开始的长远的分离做好准备。她用无言的嘴唇拂过他上衣的肩头，或者他温柔地碰一碰她的指尖，仿佛她是在睡梦之中，他俩在这一月的相爱中从来没有像这样亲密过，也从来没有像这样深刻地互通衷曲。

　　他在战争中一帆风顺。还没上前线他就当到上尉，阿贡战役之后他就晋升少校，当上了师机枪连的连长。停战以后他急得发疯地要求回国，但是由于混乱或者误会，他却被送到了牛津。他现在烦恼了——因为黛西的信里流露出紧张的绝望情绪。她不明白他为什么不能回来。她开始感觉到外界的压力，因此她需要见他，需要感到有他在她身边，需要他安慰她，说她所做的事完全正确。

　　毕竟黛西还年轻，并且她那人为的世界充满了兰花、愉快的势利风尚和乐队——是那些乐队定当年的节奏，用新的曲调总结人生的哀愁和温情。萨克斯管通宵呜咽着《比尔街爵士乐》绝望的哀吟，同时一百双金银舞鞋扬起闪亮的灰尘。每天晚茶时分，总有一些房间由于这种低而甜的狂热而不停地震颤，同时鲜亮的面庞飘来飘去，好像是被哀怨的喇叭吹落在舞池里的玫瑰花瓣。

　　在这个朦胧的宇宙里，黛西随着社交忙季又开始活跃了，忽然间她又重新每天和五六个男人订五六次约会，到破晓才困顿不堪地入睡，夜礼服的珠子和薄绸同凋零的兰花缠在一起，丢在她床边的地板上。在这整个期间她内心深处渴望作出一个决定。她现在就要解决自己的终身大事，刻不容缓——而且这个决定必须由一股近在眼前的力量来作出——爱情啦、金钱啦、实实在在的东西。

　　那股力量在春天过了一半的时候，随着汤姆·布坎农的到来而出现了。他的身材和身价都很有分量，因此黛西也觉得很光彩。毫无疑问，有过一番思想斗争，后来也如释重负。盖茨比收到信时还在牛津。

　　这时长岛上已是黎明，我们走过去把楼下其余的窗子也都打开，让屋子里充满渐渐灰白、渐渐金黄的光线。一棵树的影子突然横投在露水上，同时幽灵般的鸟儿在蓝色的树叶中开始歌唱。空气中有一种慢慢的愉快的动静，还说不上是风，预示着凉爽宜人的天气。

"我相信她从来没爱过他，"盖茨比从一扇窗前转过身来，用挑战的神气看着我。"你一定得记住，老兄，她今天下午非常紧张。他跟她讲那些话的方式把她吓唬住了——他把我说成是一个一文不值的骗子。结果她几乎不知道自己在说些什么。"

他闷闷不乐地坐了下来。

"当然她可能爱过他一会儿，在他们刚结婚的时候——就在那时也更加爱我，你明白吗?"

忽然间他说出了一句很奇怪的话。

"无论如何，"他说，"这只是个人的事。"

你怎么理解这句话呢，除非猜测在他对这件事的看法中有一种无法估量的强烈感情?

他从法国回来后，汤姆和黛西还在作结婚旅行，他痛苦不堪而又身不由主地用他军饷所余的最后的钱到路易斯维尔去了一趟。他在那里待了一个星期，走遍当年他俩在十一月的夜晚并肩散步的街道，又重访他俩当年开着她那辆白色汽车去过的那些偏僻地方。正如黛西家的房子在他看来一向比别的房子更加神秘和欢乐，现在路易斯维尔这个城市本身，虽然她已一去不回，在他看来还是弥漫着一种忧郁的美。

他离开的时候觉得，假使他更努力地去找的话，他也许可以找到她的——而现在他却留下她走了。三等车里很热——他现在一文不剩了。他走到敞篷的通廊，在一张折叠椅上坐下，接着车站溜了过去，一幢幢陌生的建筑物的背面移动过去。然后驶过春天的田野，一辆黄色电车在那里并排飞驰了一会工夫，电车上可能有人一度无意间在街头看见过她那张迷人的脸庞。

铁轨拐了一个弯，现在是背着太阳走，西沉的太阳光芒四射，似乎为这个慢慢消逝的、她曾生活过的城市祝福。他绝望地伸出手去，仿佛

126

只想抓住一缕轻烟，从那个因为她而使他认为是最可爱的地方留下一个碎片。但是在他模糊的泪眼前面一切都跑得太快了，他知道他已经失去了其中的那一部分，最新鲜最美好的部分永远失去了。

我们吃完早饭走到外面阳台上去时已经九点钟了。一夜之间天气骤然变了，空气中已经有秋意。园丁，盖茨比的老用人中的最后一名，来到台阶前面。

"我今天准备把游泳池的水放掉，盖茨比先生。树叶很快就要开始落了，那样水管子就一定会堵塞。"

"今天不要搞，"盖茨比回答。他含有歉意地转身对着我。"你知道吗，老兄，我整个夏天从来没用过那个游泳池！"

我看了看我的表，站起身来。

"离我那班车还有十二分钟。"

我并不愿意进城去。我也没有精神干一点像样的工作，可是不仅如此——我不愿意离开盖茨比。我误了那班车，又误了下一班，然后才勉强离开。

"我给你打电话吧，"我最后说。

"一定，老兄。"

"我中午前后给你打电话。"

我们慢慢地走下了台阶。

"我想黛西也会打电话来的。"他神色不安地看着我，仿佛他希望我证实他的话。

"我猜想她会的。"

"那么，再见吧。"

我们握握手，然后我就走开。在我快走到树篱之前，我想起了一件事，于是又掉转身来。

"他们是一帮混蛋，"我隔着草坪喊道，"他们那一大帮子都放在一堆还比不上你。"

我后来一直很高兴我说了那句话。那是我对他说过的唯一的好话，因为我是彻头彻尾不赞成他的。他起先有礼貌地点点头，随后他脸上露出了那种喜洋洋的、会心的微笑，仿佛我们俩在这件事上早已进行了欢狂的勾结。他那套华丽的粉红色衣服衬托在白色的台阶上构成一片鲜艳的色彩，于是我联想起三个月前我初次来他的古色古香的别墅的那个晚上。当时他的草坪和汽车道上挤满了那些猜测他的罪愆的人们的面孔——而他站在台阶上，藏起他那永不腐蚀的梦，向他们挥手告别。

我感谢了他的殷勤招待。我们总是为这向他道谢——我和其他的人。

"再见，"我喊道。"谢谢你的早饭，盖茨比。"

到了城里，我勉强抄了一会那些不计其数的股票行情，后来就在我的转椅里睡着了。中午前不久电话把我吵醒，我吃了一惊，脑门上汗珠直冒。是乔丹·贝克；她时常在这个钟点打电话给我，因为她出入大饭店、俱乐部和私人住宅，行踪不定，我很难用任何其他办法找到她。通常她的声音从电话上传来总是清凉悦耳，仿佛一块草根土①从一片碧绿的高尔夫球场上飘进了办公室的窗口，但是今天上午她的声音却显得生硬枯燥。

"我离开了黛西的家，"她说，"我此刻在海普斯特德，今天下午就要到索斯安普敦去。"

她离开黛西的家可能是很得体的，但是她的做法却使我不高兴，接着她下面一句话更叫我生气。

"昨晚你对我不怎么好。"

"在那种情况下有什么关系呢?"

片刻的沉默。然后：

"不管怎样吧……我想见你。"

"我也想见你。"

---

① 打高尔夫球时，球棒从场地上削起的一小块土。

"那么我就不去索斯安普敦，下午进城来，好不好？"

"不好……我想今天下午不行。"

"随你的便吧。"

"今天下午实在不可能。许多……"

我们就这样说了一会，后来突然间我们俩都不再讲话了。我不知道我们俩是谁把电话啪的一下挂掉，但我知道我毫不在乎了。我那天不可能跟她在茶桌上面对面聊天，即使她从此永远不跟我讲话也不行。

几分钟以后我打电话到盖茨比家去，但线给占了。我一连打了四次，最后，一个不耐烦的接线员告诉我这条线路在专等底特律的长途电话。我拿出火车时刻表来，在三点五十分那班车上画了个小圆圈。然后我靠在椅子上，想思考一下。这时才是中午。

那天早上乘火车路过灰堆时，我特意走到车厢的另外一边去。我料想那儿整天都会有一群好奇的人围观，小男孩们在尘土中寻找黑色的血斑，还有一个爱唠叨的人翻来覆去讲出事的经过，一直说到连他自己也觉得越来越不真实，他也讲不下去了，茉特尔·威尔逊的悲惨的结局也被人遗忘。现在我要倒回去讲一下前一晚我们离开车行之后那里发生的情况。

他们好不容易才找到了她的妹妹凯瑟琳。她那天晚上一定是破了她自己不喝酒的规矩，因为她到达的时候已经喝得昏头昏脑的，无法理解救护车已经开到弗勒兴区去了。等他们使她明白了这一点，她马上就晕了过去，仿佛这是整个事件中最难以忍受的部分。有个人，或是好心或是好奇，让她上了他的车子，跟在她姐姐的遗体后面一路开过去。

直到午夜过去很久以后，还有川流不息的人拥在车行前面，同时乔治·威尔逊在里面长沙发上不停地摇来晃去。起先办公室的门是开着的，凡是到车行里面来的人都忍不住往里面张望。后来有人说这太不像话了，才把门关上。米切里斯和另外几个男人轮流陪着他；起先有四五个人，后来剩下两三个人。再到后来，米切里斯不得不要求最后一个陌生人再等十五分钟，让他回自己铺子里去煮了一壶咖啡。在那以后，他单独一个人待在那儿陪着威尔逊一直到天亮。

三点钟左右，威尔逊哼哼唧唧的胡言乱语起了质变——他渐渐安静了下来，开始谈到那辆黄色的车子。他宣布他有办法去查出来这辆黄车子是谁的，然后他又脱口说出两个月以前他老婆有一次从城里回来时鼻青脸肿。

但等他听到自己说出这事，他畏缩了一下，又开始哭哭啼啼地叫喊"我的上帝啊！"米切里斯笨口拙舌地想法子分散他的注意力。

"你结婚多久了，乔治？得啦，安安静静坐一会儿，回答我的问题。你结婚多久了？"

"十二年。"

"生过孩子没有？得啦，乔治，坐着别动——我问了你一个问题。你生过孩子没有？"

硬壳的棕色甲虫不停地往暗淡的电灯上乱撞。每次米切里斯听见一辆汽车在外面公路上急驰而过，他总觉得听上去就像是几个小时以前那辆没停的车。他不愿意走进汽车间去，因为那张停放过尸体的工作台上有血迹；他只好很不舒服地在办公室里走来走去，——还没到天亮他已经熟悉里面的每样东西了——不时地又坐在威尔逊身边想法让他安静一点。

"有没有一个你有时去上的教堂，乔治？也许你已经好久没去过的？也许我可以打电话给教堂，请一位牧师来，他可以跟你谈谈，不好吗？"

"不属于任何教堂。"

"你应当有一个教堂，乔治，碰到这种时候就有用了。你从前一定做过礼拜的。难道你不是在教堂里结婚的吗？听着，乔治，你听我说。难道你不是在教堂里结婚的吗？"

"那是很久以前了。"

回答问题的努力打断了他来回摇摆的节奏——他安静了一会。然后

130

和原先一样的那种半清醒半迷糊的表情又回到了他无神的眼睛里。

"打开那个抽屉看看，"他指着书桌说。

"哪一个抽屉?"

"那个抽屉——那一个。"

米切里斯打开了离他手边最近的那个抽屉。里面什么都没有，除了一根小小的贵重的狗皮带，是用牛皮和银缠制作的。看上去还是新的。

"这个?"他举起狗皮带问道。

威尔逊瞪着眼点点头。

"我昨天下午发现的。她想法子向我说明它的来由，但是我知道这件事蹊跷。"

"你是说你太太买的吗?"

"她用薄纸包着放在她的梳妆台上。"

米切里斯看不出这有什么古怪，于是他对威尔逊说出十来个理由为什么他老婆可能会买这条狗皮带。但是不难想象，这些同样的理由有一些威尔逊已经从莱特尔那里听过，因为他又轻轻地哼起"我的上帝啊!"——他的安慰者还有几个理由没说出口又缩回去了。

"那么他杀害了她，"威尔逊说，他的嘴巴突然张得大大的。

"谁杀害了她?"

"我有办法打听出来。"

"你胡思乱想，乔治，"他的朋友说，"你受了很大的刺激，连自己说什么都不知道了。你还是尽量安安静静地坐到天亮吧。"

"他谋杀了她。"

"那是交通事故，乔治。"

威尔逊摇了摇头。他眼睛眯成一条缝，嘴巴微微咧开，不以为然地轻轻"哼"了一声。

"我知道，"他肯定地说，"我是个信任别人的人，从来也不怀疑任何人有鬼，但是我一旦弄明白一件事，我心里就有数了。是那辆车子里的那个男人。她跑过去想跟他说话，但是他不肯停下来。"

米切里斯当时也看到这个情况了。但他并没想到其中有什么特殊的意义。他以为威尔逊太太是从她丈夫那里跑开，而并不是想拦住某一辆汽车。

"她怎么可能弄成那样呢?"

"她这人很深沉，"威尔逊说，仿佛这就回答了问题。"啊——哟——哟——"

他又摇晃起来，米切里斯站在旁边搓着手里的狗皮带。

"也许你有什么朋友我可以打电话请来帮帮忙吧，乔治?"

这是一个渺茫的希望——他几乎可以肯定威尔逊一个朋友也没有;他连个老婆都照顾不了。又过了一会他很高兴看到屋子里起了变化，窗外渐渐发蓝，他知道天快亮了。五点左右，外面天色更蓝，屋子里灯可以关掉了。

威尔逊呆滞的眼睛转向外面的灰堆，那上面小朵的灰云呈现出离奇古怪的形状，在黎明的微风中飞来飞去。

"我跟她谈了，"他沉默了半天以后喃喃地说，"我告诉她，她也许可以骗我，但她决骗不了上帝。我把她领到窗口，"他费劲地站了起来，走到后窗户面前，把脸紧贴在上面。"然后我说:'上帝知道你所做的事，你所做的一切事。你可以骗我，但你骗不了上帝!'"

米切里斯站在他背后，吃惊地看到他正盯着 T·J·埃克尔堡大夫的眼睛，黯淡无光，巨大无比，刚刚从消散的夜色中显现出来。

"上帝看见一切，"威尔逊又说了一遍。

"那是一幅广告，"米切里斯告诉他。不知是什么使他从窗口转开，回头向室内看。但是威尔逊在那里站了很久，脸紧靠着玻璃窗，向着曙光不住地点头。

等到六点钟，米切里斯已经筋疲力尽，因此听到有一辆车子在外面停下的声音时满心感激。来的也是昨天帮着守夜的一位，答应了要回来的，于是他做了三个人的早饭，他和那个人一同吃了。威尔逊现在比较安静，米切里斯就回家睡觉；四小时之后他醒过来，急忙又跑回车行，威尔逊已经不见了。

他的行踪——他一直是步行的——事后查明是先到罗斯福港，从那里又到盖德山，他在那里买了一块三明治，可是并没吃，还买了一杯咖啡。他一定很累，走得很慢，因为他中午才走到盖德山。一直到这里为他的时间作出交代并不难——有几个男孩子看到过一个"疯疯癫癫"的男人，还有几个路上开汽车的人记得他从路边上古里古怪地盯着他们。以后三小时他就无影无踪了。警察根据他对米切里斯说的话，说他"有办法查出来"，猜想他用那段时间在那带地方走遍各家车行，打听一辆黄色的汽车。可是始终并没有一个见过他的汽车行的人站出来说话，所以他或许有更容易、更可靠的办法去打听他所要知道的事情。到下午两点半钟，他到了西卵，在那里他问人到盖茨比家去的路。所以那时候他已经知道盖茨比的名字了。

下午两点钟盖茨比穿上游泳衣，留了话给男管家，如果有人打电话来，就到游泳池来给他送个信。他先到汽车房去拿了一个夏天供客人们娱乐用的橡皮垫子，司机帮他把垫子打足了气。然后他吩咐司机在任何情况下不得把那辆敞篷车开出来——而这是很奇怪的，因为前面右边的挡泥板需要修理。

盖茨比把垫子扛在肩上，向游泳池走去。有一次他停下来挪动了一下，司机问他要不要帮忙，但是他摇了摇头，再过一会就消失在叶子正在变黄的树木中了。

始终没有人打电话来，可是男管家午觉也没睡，一直等到四点——等到那时即使有电话来也早已没有人接了。我有一个想法：盖茨比本人并不相信会有电话来的，而且他也许已经无所谓了。如果是这样的话，他一定会觉得他已经失去了那个旧日的温暖的世界，为了抱着一个梦太久而付出了很高的代价。他一定透过可怕的树叶仰视过一片陌生的天空而感到毛骨悚然，同时发觉一朵玫瑰花是多么丑恶的东西，阳光照在刚刚露头的小草上又是多么残酷。这是一个新的世界，物质的然而并不真实，在这里可怜的幽魂，呼吸着空气般的轻梦，东飘西荡……就像那个灰蒙蒙的、古怪的人形穿过杂乱的树木悄悄地朝他走来。

汽车司机——他是沃尔夫山姆手下的一个人——听到了枪声，事后他可只能说他当时并没有十分重视。我从火车站把车子直接开到盖茨比家里，等我急急忙忙冲上前门的台阶，才第一次使屋里的人感到是出事了。但是我认为他们当时肯定已经知道了。我们四人，司机、男管家、园丁和我，几乎一言不发地急匆匆奔到游泳池边。

池里的水有一点微微的、几乎看不出的流动，从一头放进来的清水又流向另一头的排水管。随着隐隐的涟漪，那只有重负的橡皮垫子在池子里盲目地漂着。连水面也吹不皱的一阵微风就足以扰乱它那载着偶然的重负的偶然的航程。一堆落叶使它慢慢旋转，像经纬仪一样，在水上转出一道细细的红圈子。

我们抬起盖茨比朝着屋子里走以后，园丁才在不远的草丛里看见了威尔逊的尸体，于是这场大屠杀就结束了。

第九章

事隔两年，我回想起那天其余的时间，那一晚以及第二天，只记得一批又一批的警察、摄影师和新闻记者在盖茨比家的前门口进进出出。外面的大门口有一根绳子拦住，旁边站着一名警察，不让看热闹的人进来，但是小男孩们不久就发现他们可以从我的院子里绕过来，因此总有几个孩子目瞪口呆地挤在游泳池旁边。那天下午，有一个神态自信的人，也许是一名侦探，低头检视威尔逊的尸体时用了"疯子"两个字，而他的语气偶然的权威就为第二天早上所有报纸的报道定了调子。

那些报道大多数都是一场噩梦——离奇古怪，捕风捉影，煞有介事，而且不真实。等到米切里斯在验尸时的证词透露了威尔逊对他妻子的猜疑以后，我以为整个故事不久就会被添油加醋在黄色小报上登出来了——不料凯瑟琳，她本可以信口开河的，却什么都不说，并且表示出惊人的魄力——她那描过的眉毛底下的两只坚定的眼睛笔直地看着验尸官，又发誓说她姐姐从来没见过盖茨比，说她姐姐和她丈夫生活在一起非常美满，说她姐姐从来没有什么不端的行为。她说得自己都信以为真了，又用手帕捂着脸痛哭了起来，仿佛连提出这样的疑问都是她受不了的。于是威尔逊就被归结为一个"悲伤过度精神失常"的人，以便这个案子可以保持最简单的情节。案子也就这样了结了。

但是事情的这个方面似乎整个都是不痛不痒、无关紧要的。我发现自己是站在盖茨比一边的，而且只有我一人。从我打电话到西卵镇报告惨案那一刻起，每一个关于他的揣测、每一个实际的问题，都提到我这里来。起初我感到又惊讶又迷惑；后来一小时又一小时过去，他还是躺在他的房子里，不动，不呼吸，也不说话，我才渐渐明白我在负责，因为除我以外没有任何人有兴趣——我的意思是说，那种每个人身后多少都有权利得到的强烈的个人兴趣。

在我们发现他的尸体半小时之后我就打了电话给黛西，本能地、毫不迟疑地给她打了电话。但是她和汤姆那天下午很早就出门了，还随身带了行李。

"没留地址吗?"

"没有。"

"说他们几时回来了吗?"

"没有。"

135

"知道他们到哪儿去了吗？我怎样能和他们取得联系？"

"我不知道，说不上来。"

我真想给他找一个人来。我真想走到他躺着的那间屋子里去安慰他说："我一定给你找一个人来，盖茨比。别着急。相信我好了，我一定给你找一个人来……"

迈耶·沃尔夫山姆的名字不在电话簿里。男管家把他百老汇办公室的地址给我，我又打电话到电话局问讯处，但是等到我有了号码时已经早就过了五点，没有人接电话了。

"请你再摇一下好吗？"

"我已经摇过三次了。"

"有非常要紧的事。"

"对不起，那儿恐怕没有人。"

我回到客厅里去，屋子里突然挤满了官方的人员，起先我还以为是一些不速之客。虽然他们掀开被单，用惊恐的眼光看着盖茨比，可是他的抗议继续在我脑子里回响：

"我说，老兄，你一定得替我找个人来。你一定得想想办法。我一个人可受不了这个罪啊。"

有人来找我提问题，但是我脱了身跑上楼去，匆匆忙忙翻了一下他书桌上没锁的那些抽屉——他从没明确地告诉我他的父母已经死了。但是什么也找不到——只有丹·科迪的那张相片，那已经被人遗忘的粗野狂暴生活的象征，从墙上向下面凝视。

第二天早晨我派男管家到纽约去给沃尔夫山姆送一封信，信中向他打听消息，并恳请他搭下一班火车就来。我这样写的时候觉得这个请求似乎是多此一举。我认为他一看见报纸肯定马上就会赶来的，正如我认为中午以前黛西肯定会有电报来的——可是电报也没来，沃尔夫山姆先生也没到；什么人都没来，只有更多的警察、摄影师和新闻记者。等到男管家带回来沃尔夫山姆的回信时，我开始感到傲视一切，感到盖茨比和我可以团结一致横眉冷对他们所有的人。

亲爱的卡罗威先生：这个消息使我感到万分震惊，我几乎不敢相信是真的。那个人干的这种疯狂行为应当使我们大家都好好想想。我现在不能前来，因为我正在办理一些非常重要的业务，目前不能跟这件事发生牵连。过一些时候如有我可以出力的事，请派埃德加送封信通知我。我听到这种事后简直不知道自己身在何处，感到天昏地暗了。

您的忠实的，

迈耶·沃尔夫山姆

下面又匆匆附了一笔：

关于丧礼安排请告知。又及：根本不认识他家里人。

那天下午电话铃响，长途台说芝加哥有电话来，我以为这总该是黛西了。但等到接通了一听却是一个男人的声音，很轻很远的。

"我是斯莱格……"

"是吗？"这名字很生疏。

"那封信真够呛，是不？收到我的电报了吗？"

"什么电报也没有。"

"小派克倒霉了，"他话说得很快。"他在柜台上递证券的时候给逮住了。刚刚五分钟之前他们收到纽约的通知，列上了号码。你想得到吗？在这种乡下地方你没法料到……"

"喂！喂！"我上气不接下气地打断了他的话。"你听我说——这不是盖茨比先生。盖茨比先生死了。"

电话线那头沉默了好久，接着是一声惊叫……然后咔哒一声电话就挂断了。

我想大概是第三天，从明尼苏达州的一个小城镇来了一封署名亨利·C·盖兹的电报。上面只说发电人马上动身，要求等他到达后再举行葬礼。

来的是盖茨比的父亲，一个很庄重的老头子，非常可怜，非常沮丧，这样暖和的九月天就裹上了一件蹩脚的长外套。他激动得眼泪不停地往下流，我从他手里把旅行包和雨伞接过来时，他不停地伸手去拉他那撮稀稀的花白胡须，我好不容易才帮他脱下了大衣。他人快要垮了，于是我一面把他领到音乐厅里去，让他坐下，一面打发人去搞一点吃的来。但是他不肯吃东西，那杯牛奶也从他哆哆嗦嗦的手里泼了出来。

"我从芝加哥报纸上看到的，"他说，"芝加哥报纸上全都登了出来。我马上就动身了。"

"我没法子通知您。"

他的眼睛视而不见，可是不停地向屋子里四面看。

"是一个疯子干的，"他说，"他一定是疯了。"

"您喝杯咖啡不好吗？"我劝他。

"我什么都不要。我现在好了，您是……"

"卡罗威。"

"呃，我现在好了。他们把杰米放在哪儿？"

我把他领进客厅里他儿子停放的地方，把他留在那里。有几个小男孩爬上了台阶，正在往门厅里张望，等到我告诉他们是谁来了，他们才勉勉强强地走开了。

过了一会儿盖兹先生打开门走了出来，他嘴巴张着，脸微微有点红，眼睛里断断续续洒下几滴泪水。他已经到了并不把死亡看作一件骇人听闻的事情的年纪，于是此刻他第一次向四周一望，看见门厅如此富丽堂皇，一间间大屋子从这里又通向别的屋子，他的悲伤就开始和一股又惊讶又骄傲的感情交织在一起了。我把他搀到楼上的一间卧室里；他一面脱上衣和背心，我一面告诉他一切安排都推迟了，等他来决定。

"我当时不知道您要怎么办，盖茨比先生……"

"我姓盖兹。"

"……盖兹先生。我以为您也许要把遗体运到西部去。"

他摇了摇头。

"杰米一向喜欢待在东部。他是在东部上升到他这个地位的。你是我孩子的朋友吗,先生?"

"我们是很知己的朋友。"

"他是大有前程的,你知道。他只是个年轻人,但是他在这个地方很有能耐。"

他郑重其事地用手碰碰脑袋,我也点了点头。

"假使他活下去的话,他会成为一个大人物的,像詹姆斯·J·希尔①那样的人。他会帮助建设国家的。"

"确实是那样,"我局促不安地说。

他笨手笨脚地把绣花被单扯来扯去,想把它从床上拉下来,接着就硬邦邦地躺下去——立刻就睡着了。

那天晚上一个显然害怕的人打电话来,一定要先知道我是谁才肯报他自己的姓名。

"我是卡罗威先生,"我说。

"哦!"他似乎感到宽慰。"我是克利普斯普林格。"

我也感到宽慰,因为这一来盖茨比的墓前可能会多一个朋友了。我不愿意登报,引来一大堆看热闹的人,所以我就自己打电话通知了几个人。他们可真难找到。

"明天出殡,"我说。"下午三点,就在此地家里。我希望你转告凡是有意参加的人。"

"哦,一定,"他急忙说。"当然啦,我不大可能见到什么人,但是如果我碰到的话。"

他的语气使我起了疑心。

"你自己当然是要来的。"

"呃,我一定想法子来。我打电话来是要问……"

---

① 詹姆斯·J·希尔(1838—1916):美国铁路大王。

"等等，"我打断了他的话。"先说你一定来怎么样？"

"呃，事实是……实际情况是这样的，我目前待在格林威治这里朋友家里，人家指望我明天和他们一起玩。事实上，明天要去野餐什么的。当然我走得开一定来。"

我忍不住叫了一声"嘿"，他也一定听到了，因为他很紧张地往下说：

"我打电话来是为了我留在那里的一双鞋。不知道能不能麻烦你让男管家给我寄来。你知道，那是双网球鞋，我离了它简直没办法。我的地址是 B·F·……"

我没听他说完那个名字就把话筒挂上了。

在那以后我为盖茨比感到羞愧——还有一个我打电话去找的人竟然表示他是死有应得的。不过，这是我的过错，因为他是那些当初喝足了盖茨比的酒就大骂盖茨比的客人中的一个，我本来就不应该打电话给他的。

出殡那天的早晨，我到纽约去找迈耶·沃尔夫山姆；似乎用任何别的办法都找不到他。在开电梯的指点之下，我推开了一扇门，门上写着"卍字控股公司"，可是起先里面好像没有人。但是，我高声喊了几声"喂"也没人答应之后，一扇隔板后面突然传出争辩的声音，接着一个漂亮的犹太女人在里面的一个门口出现，用含有敌意的黑眼睛打量我。

"没人在家，"她说，"沃尔夫山姆先生到芝加哥去了。"

前一句话显然是撒谎，因为里面有人已经开始不成腔地用口哨吹奏《玫瑰经》。

"请说一声卡罗威先生要见他。"

"我又不能把他从芝加哥叫回来，对不对？"

正在这时有一个声音，毫无疑问是沃尔夫山姆的声音，从门的那边喊了一声"斯特拉"。

"你把名字留在桌上，"她很快地说，"等他回来我告诉他。"

"可是我知道他就在里面。"

她向我面前跨了一步，开始把两只手气冲冲地沿着臀部一上一下地移动。

"你们这些年轻人自以为你们随时可以闯进这里来，"她骂道，"我们都烦死了。我说他在芝加哥，他就是在芝加哥。"

我提了一下盖茨比的名字。

"哦……啊!"她又打量了我一下。"请您稍……您姓什么来着?"

她不见了。过了一会，迈耶·沃尔夫山姆就庄重地站在门口，两只手都伸了出来。他把我拉进他的办公室，一面用虔诚的口吻说在这种时候我们大家都很难过，一面敬我一支雪茄烟。

"我还记得我第一次见到他的情景，"他说，"刚刚离开军队的一名年轻的少校，胸口挂满了在战场上赢得的勋章。他穷得只好继续穿军服，因为他买不起便服。我第一次见到他是那天他走进四十三号街怀恩勃兰纳开的弹子房找工作。他已经两天没吃饭了。'跟我一块吃午饭去吧，'我说。不到半个钟头他就吃了四块多美元的饭菜。"

"是你帮他做起生意来的吗?"我问。

"帮他! 我一手造就了他。"

"哦。"

"我把他从零开始培养起来的，从阴沟里捡起来的。我一眼就看出他是个仪表堂堂、文质彬彬的年轻人，等他告诉我他上过牛劲，我就知道我可以派他大用场。我让他加入了美国退伍军人协会，后来他在那里面地位挺高的。他一出马就跑到奥尔巴尼①去给我的一个主顾办了一件事。我们俩在一切方面都像这样亲密，"他举起了两个肥胖的指头，"永远在一起。"

我心里很纳罕，不知这种搭档是否也包括一九一九年世界棒球联赛那笔交易在内。

"现在他死了，"我隔了一会才说。"你是他最知己的朋友，因此

---

① 奥尔巴尼(Albany): 纽约州首府。

我知道今天下午你一定会参加他的葬礼的。"

"我很想来。"

"那么，来就是啦。"

他鼻孔里的毛微微颤动，他摇摇头，泪水盈眶。

"我不能来……我不能牵连进去，"他说。

"没有什么事可以牵连进去的。事情现在都过去了。"

"凡是有人被杀害，我总不愿意有任何牵连。我不介入。我年轻时就大不一样——如果一个朋友死了，不管怎么死的，我总是出力出到底。你也许会认为这是感情用事，可是我是说到做到的——一直拼到底。"

我看出了他决意不来，自有他的原因。于是我就站了起来。

"你是不是大学毕业的？"他突然问我。

有一会儿工夫我还以为他要提出搞点什么"关系"，可是他只点了点头，握了握我的手。

"咱们大家都应当学会在朋友活着的时候讲交情，而不要等到他死了之后，"他表示说。"在人死以后，我个人的原则是不管闲事。"

我离开他办公室的时候，天色已经变黑，我在蒙蒙细雨中回到了西卵。我换过衣服之后就到隔壁去，看到盖兹先生兴奋地在门厅里走来走去。他对他儿子和他儿子的财物所感到的自豪一直在不断地增长，现在他又有一样东西要给我看。

"杰米寄给我的这张照片。"他手指哆嗦着掏出了他的钱包。"你瞧吧。"

是这座房子的一张照片，四角破裂，也给许多手摸脏了。他热切地把每一个细节都指给我看。"你瞧!"随即又看我眼中有没有赞赏的神情。他把这张照片给人家看了那么多次数，我相信在他看来现在照片比真房子还要真。

"杰米把它寄给我的。我觉得这是一张很好看的照片，照得很好。"

"非常好。您近来见过他吗?"

"他两年前回过家来看我,给我买下了我现在住的房子。当然,他从家里跑走的时候我们很伤心,但是我现在明白他那样做是有道理的。他知道自己有远大的前程。他发迹之后一直对我很大方。"

他似乎不愿意把那张照片放回去,依依不舍地又在我眼前举了一会工夫。然后他把钱包放了回去,又从口袋里掏出一本破破烂烂的旧书,书名是《牛仔卡西迪》。

"你瞧瞧,这本书是他小时候看的。真是从小见大。"

他把书的封底翻开,掉转过来让我看。在最后的空白页上端端正正地写着"时间表"几个字和 1906 年 9 月 12 日的日期。下面是:

起床	上午 6.00
哑铃体操及爬墙	6.15—6..30
学习电学等	7.15—8.15
工作	8.50—下午 4.30
棒球及其他运动	下午 4.30—5.00
练习演说、仪态	5.00—6.00
学习有用的新发明	7.00—9.00

个 人 决 心

不要浪费时间去沙夫特家或(另一姓,字迹不清)

不再吸烟或嚼烟

每隔一天洗澡

每周读有益的书或杂志一册

每周储蓄五元(涂去)三元

对父母更加体贴

"我无意中发现这本书,"老头说,"真是从小见大,是不是?"

"真是从小见大。"

"杰米是注定了要出人头地的。他总是订出一些诸如此类的决心。你注意没有，他用什么办法提高自己的思想？他在这方面一向是了不起的。有一次他说我吃东西像猪一样，我把他揍了一顿。"

他舍不得把书合上，把每一条大声念了一遍，然后眼巴巴地看着我。我想他满以为我会把那张表抄下来给我自己用。

快到三点的时候，路德教会的那位牧师从弗勒兴来了，于是我开始不由自主地向窗户外面望，看看有没有别的车子来。盖茨比的父亲也和我一样。随着时间过去，佣人都走进来站在门厅里等候，老人的眼睛开始焦急地眨起来，同时他又忐忑不安地说到外面的雨。牧师看了好几次表，我只好把他拉到一旁，请他再等半个钟头。但是毫无用处。没有一个人来。

五点钟左右我们三辆车子的行列开到墓地，在密密的小雨中在大门旁边停了下来——第一辆是灵车，又黑又湿，怪难看的，后面是盖兹先生、牧师和我坐在大型轿车里，再后面一点的是四五个用人和西卵镇的邮差坐在盖茨比的旅行车里，大家都淋得透湿。正当我们穿过大门走进墓地时，我听见一辆车停下来，接着是一个人踩着湿透的草地在我们后面追上来的声音。我回头一看，原来是那个戴猫头鹰眼镜的人，三个月以前的一天晚上我发现他看着盖茨比图书室里的书惊叹不已。

从那以后我没再见过他。我不知道他怎么会知道今天安葬的，我也不知道他的姓名。雨水顺着他的厚眼镜流下来，他只好把眼镜摘下擦一擦，再看着那块挡雨的帆布从盖茨比的坟上卷起来。

这时我很想回忆一下盖茨比，但是他已经离得太远了，我只记得黛西既没来电报，也没送花，然而我并不感到气恼。我隐约听到有人喃喃念道："上帝保佑雨中的死者，"接着那个猫头鹰眼睛的人用洪亮的声音说了一声"阿门！"

我们零零落落地在雨中跑回到车子上。猫头鹰眼睛在大门口跟我说

144

了一会话。

"我没能赶到别墅来，"他说。

"别人也都没能来。"

"真的!"他大吃一惊。"啊，我的上帝! 他们过去一来就是好几百嘛。"

他把眼镜摘了下来，里里外外都擦了一遍。

"这家伙真他妈的可怜，"他说。

我记忆中最鲜明的景象之一就是每年圣诞节从预备学校，以及后来从大学回到西部的情景。到芝加哥以远的地方去的同学往往在一个十二月黄昏六点钟聚在那座古老、幽暗的联邦车站，和几个家在芝加哥的朋友匆匆话别，只见他们已经裹入了他们自己的节日欢娱气氛。我记得那些从东部某某私立女校回来的女学生的皮大衣以及她们在严寒的空气中嘁嘁喳喳的笑语，记得我们发现熟人时招手呼唤，记得互相比较收到的邀请："你到奥德威家去吗? 赫西家呢? 舒尔茨家呢?"还记得紧紧抓在我们戴了手套的手里的长条绿色车票。最后还有停在月台门口轨道上的芝加哥—密尔沃基—圣保罗铁路的朦胧的黄色客车，看上去就像圣诞节一样地使人愉快。

火车在寒冬的黑夜里奔驰，真正的白雪、我们的雪，开始在两边向远方伸展，迎着车窗闪耀，威斯康星州的小车站暗灰的灯火从眼前掠过，这时空中突然出现一股使人神清气爽的寒气。我们吃过晚饭穿过寒冷的通廊往回走时，一路深深地呼吸着这寒气，在奇异的一个小时中难以言喻地意识到自己与这片乡土之间的血肉相连的关系，然后我们就要重新不留痕迹地融化在其中了。

这就是我的中西部——不是麦田，不是草原，也不是瑞典移民的荒凉村镇，而是我青年时代那些激动人心的还乡的火车，是严寒的黑夜里街灯和雪车的铃声，是圣诞冬青花环被窗内的灯火映在雪地的影子。我是其中的一部分，由于那些漫长的冬天我为人不免有点矜持，由于从小在卡罗威公馆长大，态度上也不免有点自满；在我们那个城市里，人家的住宅仍旧世世代代称为某姓的公馆。我现在才明白这个故事到头来是一个西部的故事——汤姆和盖茨比、黛西、乔丹和我，我们都是西部人，也许我们具有什么共同的缺陷使我们无形中不能适应东部的生活。

即使东部最令我兴奋的时候，即使我最敏锐地感觉到比之俄亥俄河那边的那些枯燥无味、乱七八糟的城镇，那些只有儿童和老人可幸免于无止无休的闲话的城镇，东部具有无比的优越性——即使在那种时候，我也总觉得东部有畸形的地方。尤其西卵仍然出现在我做的比较荒唐的梦里。在我的梦中，这个小镇就像埃尔·格列柯①画的一幅夜景：上百所房屋，既平常又怪诞，蹲伏在阴沉沉的天空和黯淡无光的月亮之下。在前景里有四个板着面孔、身穿大礼服的男人沿人行道走着，抬着一副担架，上面躺着一个喝醉酒的女人，身上穿着一件白色的晚礼服。她一只手耷拉在一边，闪耀着珠宝的寒光。那几个人郑重其事地转身走进一所房子——走错了地方。但是没人知道这个女人的姓名，也没有人关心。

盖茨比死后，东部在我心目中就是这样鬼影幢幢，面目全非到超过了我眼睛矫正的能力。因此等到烧枯叶的蓝烟弥漫空中，寒风把晾在绳上的湿衣服吹得邦邦硬的时候，我就决定回家来了。

在我离开之前还有一件事要办，一件尴尬的、不愉快的事，本来也许应当不了了之的。但是我希望把事情收拾干净，而不指望那个乐于帮忙而又不动感情的大海来把我的垃圾冲掉。我去见了乔丹·贝克，从头到尾谈了围绕着我们两人之间发生的事情，然后谈到我后来的遭遇，而她躺在一张大椅子里听着，一动也不动。

她穿的是打高尔夫球的衣服，我还记得我当时想过她活像一幅很好的插图，她的下巴很神气地微微翘起，她头发像秋叶的颜色，她的脸和

---

① 埃尔·格列柯（约1541—1614）：西班牙画家。作品多用宗教题材，并用阴冷色调渲染超现实的气氛。

她放在膝盖上的浅棕色无指手套一个颜色。等我讲完之后，她告诉我她和另一个人订了婚，别的话一句没说。我怀疑她的话，虽然有好几个人只要她一点头就可以结婚的，但是我故作惊讶。一刹那间我寻思自己是否正在犯错误，接着我很快地考虑了一番就站起来告辞了。

"不管怎样，还是你甩掉我的，"乔丹忽然说，"你那天在电话上把我甩了。我现在拿你完全不当回事了，但是当时那倒是个新经验，我有好一阵子感到晕头转向的。"

我们俩握了握手。

"哦，你还记得吗，"她又加了一句。"我们有过一次关于开车的谈话?"

"啊……记不太清了。"

"你说过一个开车不小心的人只有在碰上另一个开车不小心的人之前才安全吧? 瞧，我碰上了另一个开车不小心的人了，是不是? 我是说我真不小心，竟然这样看错了人。我以为你是一个相当老实、正直的人。我以为那是你暗暗引以为荣的事。"

"我三十岁了，"我说，"要是我年轻五岁，也许我还可以欺骗自己，说这样做光明正大。"

她没有回答。我又气又恼，对她有几分依恋，同时心里又非常难过，只好转身走开了。

十月下旬的一个下午我碰到了汤姆·布坎农。他在五号路上走在我前面，还是那样机警和盛气凌人，两手微微离开他的身体，仿佛要打退对方的碰撞一样，同时把头忽左忽右地转动，配合他那双溜溜转的眼睛。我正要放慢脚步免得赶上他，他停了下来，蹙着眉头向一家珠宝店的橱窗里看。忽然间他看见了我，就往回走，伸出手来。

"怎么啦，尼克? 你不愿意跟我握手吗?"

"对啦。你知道我对你的看法。"

"你发疯了，尼克，"他急忙说，"疯得够呛。我不明白你是怎么回事。”

“汤姆，”我质问道，“那天下午你对威尔逊说了什么?”

他一言不发地瞪着我，于是我知道我当时对于不明底细的那几个小时的猜测果然是猜对了。我掉头就走，可是他紧跟上一步，抓住了我的胳臂。

“我对他说了实话，”他说，“他来到我家门口，这时我们正准备出去，后来我让人传话下来说我们不在家，他就想冲上楼来。他已经疯狂到可以杀死我的地步，要是我没告诉他那辆车子是谁的。到了我家里他的手每一分钟都放在他口袋里的一把手枪上……”他突然停住了，态度强硬起来。“就算我告诉他又该怎样? 那家伙自己找死。他把你迷惑了，就像他迷惑了黛西一样，其实他是个心肠狠毒的家伙。他撞死了茉特尔就像撞死了一条狗一样，连车子都不停一下。”

我无话可说，除了这个说不出来的事实: 事情并不是这样的。

“你不要以为我没有受痛苦——我告诉你，我去退掉那套公寓时，看见那盒倒霉的喂狗的饼干还搁在餐具柜上，我坐下来像小娃娃一样放声大哭。我的天，真难受……”

我不能宽恕他，也不能喜欢他，但是我看到，他所做的事情在他自己看来完全是有理的。一切都是粗心大意、混乱不堪的。汤姆和黛西，他们是粗心大意的人——他们砸碎了东西，毁灭了人，然后就退缩到自己的金钱或者麻木不仁或者不管什么使他们留在一起的东西之中，让别人去收拾他们的烂摊子……

我跟他握了握手; 不肯握手未免太无聊了，因为我突然觉得仿佛我是在跟一个小孩子说话。随后他走进那家珠宝店去买一串珍珠项链——或者也许只是一副袖扣——永远摆脱了我这乡下佬吹毛求疵的责难。

我离开的时候，盖茨比的房子还是空着——他草坪上的草长得跟我的一样高了。镇上有一个出租汽车司机载了客人经过大门口没有一次不把车子停一下，用手向里面指指点点; 也许出事的那天夜里开车送黛西和盖茨比到西卵的就是他，也许他已经编造了一个独出心裁的故事。我不要听他讲，因此我下火车时总躲开他。

每星期六晚上我都在纽约度过，因为盖茨比那些灯火辉煌、光彩炫目的宴会我记忆犹新，我仍然可以听到微弱的音乐和欢笑的声音不断地从他园子里飘过来，还有一辆辆汽车在他的车道上开来开去。有一晚我确实听见那儿真有一辆汽车，看见车灯照在门口台阶上。但是我并没去调查。大概是最后的一位客人，刚从天涯海角归来，还不知道宴会早已收场了。

在最后那个晚上，箱子已经装好，车子也卖给了杂货店老板，我走过去再看一眼那座庞大而杂乱的、意味着失败的房子。白大理石台阶上有哪个男孩用砖头涂了一个脏字眼儿，映在月光里分外触目，于是我把它擦了，在石头上把鞋子刮得沙沙作响。后来我又溜达到海边，仰天躺在沙滩上。

那些海滨大别墅现在大多已经关闭了，四周几乎没有灯火，除了海湾上一只渡船的幽暗、移动的灯光。当明月上升的时候，那些微不足道的房屋慢慢消逝，直到我逐渐意识到当年为荷兰水手的眼睛放出异彩的这个古岛——新世界的一片清新碧绿的地方。它那些消失了的树木，那些为盖茨比的别墅让路而被砍伐的树木，曾经一度迎风飘拂，低声响应人类最后的也是最伟大的梦想，在那昙花一现的神妙的瞬间，人面对这个新大陆一定屏息惊异，不由自主地堕入他既不理解也不企求的一种美学的观赏，在历史上最后一次面对着和他感到惊奇的能力相称的奇观。

当我坐在那里缅怀那个古老的、未知的世界时，我也想到了盖茨比第一次认出了黛西的码头尽头的那盏绿灯时所感到的惊奇。他经历了漫长的道路才来到这片蓝色的草坪上，他的梦一定似乎近在眼前，他几乎不可能抓不住的。他不知道那个梦已经丢在他背后了，丢在这个城市那边那一片无垠的混沌之中不知什么地方了，那里共和国的黑魆魆的田野在夜色中向前伸展。

盖茨比信奉这盏绿灯，这个一年年在我们眼前渐渐远去的极乐的未来。它从前逃脱了我们的追求，不过那没关系——明天我们跑得更快一点，把胳臂伸得更远一点……总有一天……

　　于是我们继续奋力向前，逆水行舟，被不断地向后推，被推入过去。

巫宁坤译

一颗像里茨饭店那么大的钻石

一

　　约翰·T·昂格尔出身于密西西比河畔的海地斯[1]，他的家族在这个小城已经闻名好几代了。约翰的父亲经过多少次激烈的争夺，保持了业余高尔夫球的冠军；昂格尔太太用当地一句话来说，"从火车的过热轴承箱到温室"以善于发表政治演说而著名；而刚交十六岁的年轻的约翰，在他换上长裤以前就已经跳遍了从纽约传来的所有最时新的舞蹈了。眼下，他要离开家一段时间了。看重新英格兰的教育是所有外省城镇的一种病，使他们每年都要送走一批最有出息的小伙子，约翰的父母也得了这种病。非得把他送到波士顿附近的圣梅达斯学校去不可，否则有失他们的体面——海地斯这个地方太小了，搁不下他们这个有天赋的宝贝儿子。

　　如今在海地斯——要是你在那儿待过，你就知道——那些更时髦的预备学校和大学的名字已经没有多少意义了。这里的居民尽管在衣着服饰、生活方式以及阅读文学作品方面都显示出他们是跟时代亦步亦趋的，但是他们久已与世隔绝了，他们在很大程度上只是依靠传闻，因此在海地斯看来可能是一次精心筹划的盛大集会，但是一个芝加哥牛肉公主无疑会说这样的集会"未免有点寒伧"。

　　这是约翰·T·昂格尔离家的前夕。昂格尔太太怀着母性的痴迷心情，给他那些衣箱里都装满了亚麻布衬衫和电扇，昂格尔先生呢，还送

153

给儿子一只塞满了钱的石棉钱包。

"要记住，这儿永远是欢迎你的，"他说。"你可以放心，孩子，我们一定把家里的炉火烧得旺旺的。"

"我知道，"约翰嗓子嘶哑地回答说。

"别忘记你是谁，又是从哪儿去的，"他的父亲骄傲地继续说，"而你决不能做出任何事情来伤害自己。你是昂格尔家的人——从海地斯去的。"

就这样，老人跟小伙子握手告别，约翰流着眼泪走了。十分钟以后，他出了城，停下来最后一次掉头回顾。大门上方那句古色古香的维多利亚时代格言，在他看来似乎显得出奇地动人。他的父亲曾经多次想换一些稍稍有点冲劲和活力的词句，比如"海地斯——这里到处有你的机会"，或者干脆在一幅热情握手的画上竖一块普普通通的"欢迎"的牌子，在电灯光照耀中高高地耸入天空。那句古老的格言未免使人感到有点沉闷，昂格尔先生曾经这样想——可是现在……

约翰这样瞧了一会儿，接着便毅然把脸往自己的目的地方向转去。在他转身离去的时候，海地斯的万家灯火映衬着天空，似乎充满了一种温暖和热情的美。

从波士顿到圣梅达斯学校，乘一辆罗尔斯—皮尔斯汽车只需半个钟头就到了。实际距离到底是多少，谁都不会知道，因为除了约翰·T·昂格尔，谁都是乘罗尔斯—皮尔斯汽车去的，而且可能也没有人再像他那样去了。圣梅达斯是世界上学费最高的一所专收男生的预备学校。

开头两年，约翰在那儿过得很愉快。学生的父亲全都是财神爷，每逢夏天约翰就上时髦的游览胜地去玩。他非常喜爱他去看望的那些同学，同时使他感到惊奇的是，所有这些同学的父亲都是一个模样，他孩

---

① 海地斯，与希腊神话和《圣经》中的冥府、黄泉或地狱字音相同，地狱有烈火炼狱。因此文中涉及海地斯时，往往以温暖、热等语相谑。

子气地心里纳闷，他们怎么会这样出奇地相像。他告诉他们，他的家在哪儿，他们就会乐呵呵地问他："那儿挺热吧？"约翰会逼出一抹淡淡的笑容回答说："这可是真的。"如果他们不都是开这样的玩笑，他的反应也许会更亲切一些——这种玩笑有时最好也只是换成："你们那儿不很热吗？"这也一样使他生气。

他在学校第二学年中期，一个名叫珀西·华盛顿的沉静、漂亮的男生给安插到了他的班级里。这个新生举止行动彬彬有礼，衣着服饰即使在圣梅达斯那样的学校也算得上是出类拔萃了。但是不知什么缘故，他跟别的男孩落落寡合。唯一跟他亲密的人是约翰·T·昂格尔，可是涉及到他的家乡在哪里或者家庭情况如何这类问题，即使对昂格尔他也是闭口不谈的。至于他是富家子弟这一点，那是不言自喻的，但是除了像这样一些推论以外，昂格尔对他的朋友就知之甚少了。因此，当珀西邀请昂格尔到他"在西部"的家里去度暑假的时候，这对昂格尔的好奇心来说，简直是一次丰盛的美餐。他毫不犹豫地接受了邀请。

等他们两个人坐在火车里的时候，珀西才破天荒第一遭变得爱说话起来。一天他们在餐车吃着午饭评论学校里有些同学品行欠佳的时候，珀西突然改变语调，简短地说了一句话。

"我的父亲，"他说，"可是世界上最有钱的人。"

"啊，"约翰彬彬有礼地说。他不知道该用什么话来回答这样的推心置腹。他想说"那挺好呀"，但是这听起来很空洞，他正要说"真的吗？"但又忍住了，这会给人一种感觉，好像怀疑珀西说的话。而这样一句惊人的话几乎是不能怀疑的。

"最最有钱的人，"珀西重复说了一句。

"我刚才在看《世界年鉴》，"约翰开始说，"上面说在美国一年收入超过五百万元的有一个人，一年收入超过三百万元的有四个人，而——"

"啊，他们这些人都算不上什么，"珀西的嘴巴讥讽地撇成了半月形。"那是些捞小钱的资本家，金融界小人物，小商人，放债人。我的父亲能把他们的财产一股脑儿都买下来，而他们还不知道是他干的呢。"

"可他怎样——"

"为什么他们没有向他征所得税呢？因为他什么都不缴。至少可以说，他只缴一点儿——但是他绝不按照自己真正的收入缴所得税。"

"他准是非常有钱，"约翰直率地说。"我很高兴，我就喜欢非常有钱的人。"

"一个人越是有钱，我就越是喜欢他。"他那黑黝黝的脸蛋流露出一种热烈而坦率的神色。"今年复活节我上希列扎—墨菲家去玩，维维安·希列扎—墨菲有不少红宝石，像鸡蛋那么大，还有许多蓝宝石，像石弹子那么大，里面还闪闪发光呢——"

"我就喜欢宝石，"珀西兴致勃勃地表示同意说。"当然，我不愿意学校有谁知道这一点，可是我已经收集了好多啦。我一向喜欢收集宝石，我不喜欢收集邮票。"

"还有钻石呢，"约翰向往地继续说。"希列扎—墨菲家还有钻石，像胡桃那么大——"

"那算不了什么。"珀西向他凑过去，压低了嗓门儿悄悄地说。"那根本算不了什么。我的父亲有一颗钻石比里茨—卡尔顿饭店①还大哩。"

---

① 巴黎的一家著名的豪华大饭店。

二

蒙大拿①的落日，像一个巨大的红肿的伤痕悬挂在两座高山之间，向一片发炎的天空伸展着一条条暗黑色的动脉。在这天空下面，在遥远的地方，匍匐着菲希村，渺小，阴沉，为人们所遗忘。人们这样传说，在菲希村住着十二个人，十二个忧郁、不可理解的人，他们从这片几乎寸草不生的岩石上吮饮贫乏的奶汁，这片山岩似乎有一种神秘的滋生的力量把他们生了出来。他们变成一个与世隔绝的种族。菲希村的这十二个人好像是一种什么族类，大自然起先心血来潮把他们生了出来，后来经过再次考虑，又把他们抛弃了，任凭他们自己去挣扎，灭绝。

远处，透过那蓝黑色的伤痕般的落日，在荒无人烟的大地上有一长串灯火在蠕动，菲希村那十二个人像鬼魂似的聚集在简陋的车站小屋旁，瞅着这趟从芝加哥开来的横贯大陆的七点钟快车通过。横贯大陆的快车不知出于谁的权力，每年在菲希村约摸停靠六次左右，每逢发生这种情况，就有一两个乘客在这里下车，登上一辆总是从暮霭中出现的四轮轻便马车，向着浅紫的落日驶去。观看这种无谓的反常现象，在这些菲希村人中间已经变成一种礼拜的仪式了。但也不过是观看而已；他们身上并不存在任何幻想这类生命所必需的品性，能使他们惊异或者思

---

① 蒙大拿：美国西北部的一个州。

索，要不然从这样神秘的探视中可能会产生出一种宗教信仰来。但是这些菲希村人是超乎一切宗教信仰之外的——即使是基督教的最微小最原始的信条也无法在这片贫瘠的岩石上获得立足之地——所以，这里没有祭坛，没有教士，也没有献祭；只有每天晚上七点钟在那简陋的小屋旁静默的会聚，一群发出模糊的、贫血症般惊异的祷告的会众。

在这样一个六月的夜晚，那个伟大的扳道岔的工人注定这趟七点钟快车应该在菲希村卸下它载运的旅客或货物。如果这些菲希村人能把什么人奉为神明的话，他们很可能会把这个扳道岔工人奉为神圣的主宰。七点过两分，珀西·华盛顿和约翰·T·昂格尔下了火车，在这十二个着迷的、张目结舌的、胆怯的菲希村人眼前匆匆走过，登上一辆显然不知从哪儿来的四轮轻便马车，便驶去了。

半小时以后，暮霭已凝成黑暗，驾车的那个沉默的黑人，向他们前面黑蒙蒙的地方一个黑蒙蒙的人影打着招呼。回答他的呼喊的是一只明晃晃的圆盘向着他们转来，像从深不可测的黑夜里闪出一只含着恶意的眼睛。当他们走近时，约翰看出那原来是一辆巨大的汽车的尾灯，他从来没有见过比它更大更豪华的汽车。车身是用一种比镍更珍贵、比银子更轻的闪闪发光的金属制成的，车毂装饰着绿黄两色相间的珠光几何图形——那到底是玻璃还是宝石，约翰不敢妄加猜测。

两个黑人穿着闪闪发光的号衣，就像人们在伦敦皇家的行进队列的画片里看到的那样，鹄立在汽车旁边，当这两位年轻人从马车上下来的时候，用一种客人听不懂的语言向他们问候致意，那似乎是一种极土的南方黑人的方言。

"上车吧，"珀西对他的朋友说，他们的衣箱已经放在乌木色的车顶上了。"很抱歉，我们不得不让你乘那辆马车跑这么远，可是当然，让火车里的旅客或是菲希村的那些倒霉的家伙看见这辆汽车，那是不行的。"

"天啊，多漂亮的汽车！"这声惊呼是由车子的内部装饰引起的。约翰看到车内的装饰是以金线织物作底，用无数块宝石和锦绣编织的精美华丽的丝毯构成的。两个少年尽情享受的两只扶手椅，座位铺的是一种起绒的料子，但是看起来好像是用各种不同颜色的鸵鸟羽毛梢织起来似的。

"多漂亮的汽车！"约翰又一次惊异地叫了出来。

"你说这玩意儿吗？"珀西笑道。"啊，这不过是一辆当作车站接送车的破烂儿罢了。"

这当儿，他们正穿过黑暗向那两座高山的缺口驶去。

"一个半小时咱们就到了，"珀西望着钟说道。"我还可以告诉你，你会看到一些以前从未看到过的东西呢。"

如果这辆汽车就是约翰可能会看到的东西的一种象征，那他的确是准备好让自己吃惊。在海地斯城流行的那种纯朴的虔敬，是以真诚崇拜财富和尊敬财富为第一信条的，要是约翰在财富之前不感到惶恐谦卑，他的父母对他这种亵渎神明的行为就会吓得逃之夭夭。

现在他们已经来到并且正驶进两座山的缺口，路几乎立刻变得更加崎岖了。

"要是月亮能照到这里，你会看到咱们是在一个大峡谷里，"珀西说，一面竭力想从车窗口望出去。他对着送话器说了一句话，男仆立刻打开探照灯，一道巨光扫视着山坡。

"尽是山岩，你知道。一辆普通的汽车跑半个小时准得颠成粉碎。事实上，除非你认得路，否则你就得开一辆坦克才能通过这座山。你留神看，咱们现在正往山上开哩。"

他们显然正往山上驶去，不多几分钟，汽车越过一道高坡，从那儿他们瞥见远处一轮淡淡的明月刚刚升起。汽车突然停了下来，好几个隐隐绰绰的人影从暗地里出现在汽车旁——也是黑人。他们用同样喑哑难辨的方言又一次向这两个年轻人请安问候；接着他们便干了起来，四根粗壮的绳索从头顶上空悬垂下来，绳索的钩子钩住了镶嵌着宝石的大轮子的毂。随着一声响亮的"嗨——唷！"，约翰感觉到汽车在慢慢地离地而起——升呀升呀——摆脱了两边高耸的山岩——再升高去，直到他看见一个月光照耀的像波浪般起伏的山谷展现在他前面，同他们刚刚离开的层峦峭壁的困境形成了鲜明的对照。只有一面还有山岩——但是忽然之间他们身边或者说周围一带，一块岩石也没有了。

看来他们已经越过了一座刀刃般直指天空的巉崖。一会儿他们又开始往下降，最后轻轻一碰，他们落到了平坦的地上。

"最糟的一段路已经过去啦，"珀西眯着眼往车窗外望着说道。"从这儿只有五英里路就到了。这是我们家的路——花毯砖铺的——一路都是。这条路是属于我们家的。爸爸说美国到此为止了。"

"咱们到了加拿大了吗？"

"咱们不是在加拿大。咱们在蒙大拿落基山脉的中部。可是你现在是在美国仅有的从未测量过的五平方英里的土地上。"

"为什么没有测量过呢？他们忘记了这五平方英里的土地了吗？"

"不，"珀西咧嘴笑着说，"他们曾经三次想测量这片土地。第一次我的祖父贿赂了整整一个州的测量局；第二次他收买了美国官方用来修改的地图——这样把他们拖延了十五年。最后一次可就比较困难了。我的父亲想出了一套办法使他们的罗盘处于人力所能设置的最强烈的磁场之中。他搞了一整套测量仪器，这套仪器只有细微的误差，但是就能使这个地带测量不出来，然后拿这套仪器去替换那套要使用的测量仪器，接着他把一条河改了道，在河流两岸盖起了像一座村庄模样的建筑——这样让他们看了就以为那是一个离峡谷上游十英里远的村镇。我的父亲只怕一样东西，"珀西最后结束说，"世界上只有一样东西能用来发现我们。"

"那是什么东西？"

珀西把声调压低成耳语。

"飞机，"他低低地说。"我们搞了六门高射炮，一直到现在我们都这么准备着——但是只打死了几个人，俘虏了一大帮人。我们可不在乎这一点，你知道，我的父亲跟我，可是这却使妈妈和姑娘们心神不宁，而且始终有这样的情况，我们有时候难免会措手不及。"

在新月的天空，破碎的灰鼠皮般的云朵，像珍贵的东方呢绒接受鞑靼可汗的视察似的，殷勤地飘过新月。在约翰看来，仿佛现在还是白天，他似乎正仰望着一群孩子在他头顶上空飞行，撒下一本本小册子、一张张推销专卖药品的传单，给那些失望的、被山岩包围的茅屋带来希望的信息。他仿佛能看见他们从云朵中向下凝望——凝望着他此刻要去的地方任何值得他们一看的东西——接下去他们又该怎样呢？他们会不会受了阴谋诡计的引诱降落到这儿来，使他们远远地离开那些专卖的药品和小册子，直到世界的末日——或者如果他们没有落进圈套，那么一团突然喷发的烟雾和一枚爆炸的炮弹也会把他们打落到地面——闹得珀西的妈妈和妹妹"心神不宁"。约翰摇着头，嘻开了嘴巴悄悄地发出一声佯笑。这里面到底隐藏着什么孤注一掷的交易？一个古怪的大财主出于私利采取了什么超乎道德的手段？那是一件什么可怕而又奇妙的不可思议的事儿呢?……

现在灰鼠皮似的云朵已经飘去，车窗外，蒙大拿的夜，明朗灿耀如同白昼。他们绕着一面静谧的、月光照耀的湖向前驶去，路面铺的花毯，在巨大的轮胎驶过的时候，使人感到无比平滑；他们驶进了黑暗，一座松林，一阵触鼻的气息和凉意，一会儿驶出松林，来到了一条绿草如茵的宽阔的林阴路，珀西默默地说了一句"咱们到家了"，约翰则几乎同时发出一声欣喜的赞叹。

在星光临照下，一座华丽的城堡耸立在湖畔，闪耀着大理石的光泽，扶摇直上，有附近那座山一半高，然后优美地，极其匀称地，带着一种半透明的女性的娇慵消失在一片茂密的松林的阴影里。那许多高塔，那些倾斜的胸墙上纤巧的精工装饰，千百扇金光闪闪的椭圆形、多角形、三角形的雕镂精美巧夺天工的黄色窗子，那些在皎洁的星光和蓝色的阴影下的交错的平面所具有的使人倾倒的柔和感，这一切，像一首乐曲的和弦在约翰的心灵上颤抖。在那些高塔中有一座最高的、底部最黑的高塔，塔顶外面缀饰着灯彩，恍如浮动的童话世界——正当约翰在强烈的迷醉中仰望高塔的时候，上面飘下来一阵小提琴轻柔短促的和弦声，他从来没有听到这种具有洛可可式的和谐的音乐。接着，转瞬之间，汽车便在高高的宽阔的大理石台阶前停下来，台阶附近，夏夜的空气中充溢着浓郁的花香。台阶顶端，两重巨大的门悄没声息地敞开了，琥珀色的光向黑暗涌流而出，映出一位盛装的妇人的身影，乌黑的头发绾着高高的鬟髻，向着他们伸出了双臂。

"妈妈，"珀西说，"这是我的朋友，从海地斯来的约翰·昂格尔。"

后来，约翰回忆这第一夜，那嫣红姹紫的色彩，那纷至沓来的感觉印象，那轻柔如喁喁情语的音乐，那器皿和光影交错的美，那动作和脸庞……使他陷于一种眼花缭乱、迷离惝怳的境界。一个白发男人站立着，从一只金色的高脚水晶杯里喝着一种色彩缤纷的加香料的甜酒。一位如花似玉的少女，衣着装束好像是蒂坦尼亚①，头发上绾着蓝宝石编缀的束带。有一个房间纯金的墙壁柔软得他用手都按得动，还有一个房间就像是按照柏拉图的关于最后监狱的概念造出来的——天花板、地板等等全都镶嵌着整块整块的钻石，各种大小和形状的钻石，房间的四角都点燃着高高的紫罗兰色的灯，直到最后化成一片雪白，刺得你眼花缭乱，那份新奇独特，简直超乎世人的愿望和梦想之外。

两个少年在这一间间房间的迷宫中闲步。有时在他们脚下，地板下面照明的灯光会绚丽地现出种种图案：粗犷而刺目的图案，色彩柔和的图案，纯白的、精致而复杂的嵌花式的图案，这些款式无疑是按照亚得里亚海边的哪座清真寺仿造出来的。有时在一层层厚厚的水晶砖下面，他会看见湛蓝的，或者碧绿的水在打着漩儿，水中有活泼泼的游鱼和生长着彩虹似的叶簇的植物。接着他们会踏上各种不同质地和颜色的毛皮，或者穿过一道道洁白的象牙构筑的回廊，象牙那么完美无损，仿佛是从人类出现的时代以前就已灭绝的恐龙的巨大长牙上完整地切下来的……

---

① 蒂坦尼亚：民间传说，仙境的皇后。

随后，转入了一个他依稀记得的场面，他们吃晚饭了——餐桌上每一只盘子几乎都是由察觉不出是两层的纯净的钻石制成，而两层钻石之间又是用翡翠饰成的花纹精美的图案，那翡翠之薄简直像是从绿色的空气中切削下来的。音乐，回荡而迁徐，从远处的回廊飘来。他坐的椅子，是用羽毛装填的，神不知鬼不觉地向着他的背脊弯曲着，当他喝下第一杯红葡萄酒时，那椅子仿佛要把他吞没，把他制服似的。他睡意蒙眬地想回答一个向他提出的问题，但是这一切，紧紧围绕着他身子的甜蜜的豪华奢侈，更增添了睡梦的幻觉——希珍的珠宝，各式各样的织物、美酒和金属器皿，在他的眼前都混成了一片美妙的迷雾……

"是的，"他尽量彬彬有礼地回答，"在南方对我来说，可真是够热的。"

他竟然还加了一声强笑；后来，一动也没有动，毫无抗拒地，他似乎浮了起来，飘走了，留下了一份冰镇的甜点心，像是一个粉红粉红的梦……他酣然入睡了。

当他醒来的时候，他知道已经过了好几个钟头了。他睡在一间静寂无声的大房间里，周围是紫檀木的墙壁，暗暗的灯光，显得那么微弱，那么轻淡，简直不能称作是光。他的年轻主人正俯身站在他的身边。

"你在餐桌上睡着了，"珀西说。"我也差点儿睡着啦——过了这一年的学校生活，又这样舒服的享受，真是太美啦。你睡着的时候，仆人们给你脱了衣服，洗了一个澡。"

"我这是睡在床上还是睡在云朵里啊？"约翰叹息道。"珀西，珀西——在你走开之前，我得向你道歉。"

"为什么？"

"因为你曾说你们有一颗像里茨—卡尔顿饭店那么大的钻石，我当时不相信你的话。"

珀西微微一笑。

"我当时就想，你准不相信我的话。就是那座山，你知道。"

"什么山？"

"城堡就座落在这座山上。从一座山来说，这并不是一座很大的山。可是除了山顶上大约五十英尺厚的草皮和碎石子以外，就全是钻石。一颗大钻石，一立方英里，没有一点瑕疵。你在听我说话吗？你说——"

可是约翰·T·昂格尔又睡熟了。

三

早晨。他醒来时，睡意犹浓地感到阳光满室。一面墙壁的紫檀木壁板从轨道上推到一旁，把他的房间一半开向白天了。一个身材高大的黑人，穿着一身白色的制服站在他的床边。

"晚安，"约翰咕哝着说，一面想从这迷乱的环境中使自己头脑清醒起来。

"早安，先生。要洗澡啦，您准备好了吗，先生？啊，您不用起床——我会把您放到浴池里去的，您只需解开睡衣就行——对啦。谢谢您，先生。"

约翰静静地躺着，让自己的睡衣脱掉——他觉得很有趣，也很快活；他原以为这个侍候他的大个儿黑人会把他像小孩那样抱起来，可是根本没有发生这样的事；相反他感到床慢慢地向一边翘了起来——他开始往墙壁的方向滚去，起先他还有点害怕，可是等到他挨近墙壁的时候，墙上的帷幕就让开了，他顺着一道铺着羊毛的斜面继续往下滑了两码远，便扑通一声轻轻地落进了和他的体温一样温度的水中。

他环顾四周。他刚从那上面滑下来的那条跑道或者说滚木坡，已经轻轻地折回原处。他被投进了另一个房间，这会儿正坐在一个凹陷的浴池里，他的头刚刚超过地板的水平面。周围的一切，这房间的墙壁，浴池的四边和池底，都显示出这是一只蓝色的养鱼缸，从他坐着的水晶池底望下去，他可以看见鱼群在琥珀色的灯光中游动，他的脚趾跟它们只隔着一层水晶，但是它们若无其事地在他张开的脚趾下游过去。阳光透过头顶上面海绿色的玻璃照射下来。

"先生，我想您今天早晨也许喜欢洗热的玫瑰水和泡沫肥皂水，先生——或许最后再用冷的盐水冲一下。"

那个黑人正站在他旁边。

"行，"约翰同意说，傻气地微笑着。"随你的便。"要想根据他自己那么一点贫乏的生活标准来吩咐这次澡该怎么洗，就会显得他自命不凡，而且很淘气。

黑人按了一个键钮，于是看来好像是从头顶上开始降下了一阵暖雨，但是一会儿约翰就发现原来是从附近一个喷泉装置里喷出来的。水变成了浅玫瑰色，一股股肥皂水从浴池四角的四只小海象头上喷射到水里，装在浴池四边的十二只小蹼轮立刻把混合的水搅成彩虹般绚丽的粉红色泡沫，无比轻柔地把他裹了起来，而在他的身边化成一片闪烁发光的玫瑰色水泡。

"要不要我给您打开电影放映机，先生?"黑人毕恭毕敬地提议说。"今天放映机里有一整卷喜剧影片，要不我可以马上换上一卷严肃的影片，要是您喜欢看的话。"

"不用啦，谢谢你，"约翰回答说，很有礼貌但是很坚决。这会儿他在浴池里正洗得乐滋滋的，不想再有什么赏心悦目的东西了。可是娱乐还是来了。刹那间，他定神谛听从外面传来的一阵笛声，那笛子流出的旋律恍如一道瀑布，像这间浴室一样冷冽而透绿，一支像泛着泡沫的短笛在伴奏着，吹出的笛声比那覆盖在他身上使他心迷神醉的泡沫还更轻柔。

经过一阵振奋精神的冷盐水和最后一道冷清水冲洗之后，他跨出浴池，披上一件柔软的白袍，在一只铺着同样柔软的织物的长榻上躺下来，让黑人用油、酒精和香料给他擦身。随后他又坐在一把豪华艳丽的椅子里，让黑人给他修面理发。

"珀西先生在您的起居室里等着您呢，"等这一切停当以后，黑人说道。"我的名字叫基格森，昂格尔先生。每天早晨都由我来照料昂格尔先生。"

约翰走出浴室，步入他那间阳光灿烂的起居室，他发现早餐已经准备好，珀西衣饰华美地穿着一条白色的小羊皮灯笼短裤，坐在一把安乐椅里抽着烟卷儿。

四

吃早餐的时候，珀西给约翰简略叙述了华盛顿这家人的家史。

现今这位华盛顿先生的父亲是弗吉尼亚州人，是乔治·华盛顿的嫡系后裔，巴尔的摩勋爵。南北战争结束时，他是一个二十五岁的上校，外加一座破敝的种植园和大约一千元金币。

这位年轻的上校名叫费茨—诺尔曼·卡尔佩帕·华盛顿，他决定把弗吉尼亚的庄园送给他的弟弟，自己上西部去。他挑了二十四个最忠实可靠、当然也是崇拜他的黑奴，他买了二十五张去西部的车票，想在那里用他们的名字领得一片土地，开办一个饲养牛羊的牧场。

他在蒙大拿待了不到一个月，事情实在搞得很糟，可是这时候他无意中碰上了他那伟大的发现。一天，他在山里骑马迷了路，因为整天没有吃东西，他开始感到饥肠辘辘。那天他又没有带长枪，因此他只得追逐一只松鼠，在追逐中，他发觉松鼠嘴里衔着一块亮晶晶的东西。松鼠逃进洞子以前——因为上帝不想让这只松鼠给他充饥——丢下了嘴上的负担。费茨—诺尔曼坐下来寻思如何脱离困境的时候，他的眼睛突然瞥见身边草丛里有一样东西在微微闪光。十秒钟后，他完全失去了胃口，却获得了十万美金。原来那只倔强得使人生气的松鼠，虽然不愿给他充饥，却送给他一颗完美无缺的大钻石作为礼物。

那天深夜，他终于找到了返回营地的路，十二个小时以后，他所有的男黑奴都折回到松鼠洞边，在山坡上拼命挖掘。他告诉他们，他发现了一座水晶矿，由于他们只有一两个人以前曾见过小粒的钻石，因此他们对他的话深信不疑。当他的巨大的发现看来已经毫无疑问的时候，他却感到左右为难了。这座山是一颗大钻石——没有一点掺杂，而是一颗纯净的钻石。他装满了四鞍囊闪烁发光的样品，骑马动身到圣保罗市去。在那儿他出卖了六颗小钻石——当他想出卖一颗比较大的钻石时，一个店主吓得晕了过去，费茨—诺尔曼被视为扰乱社会捉进了监狱。他越狱逃跑，赶上了一列去纽约的火车，在纽约他卖出了几颗中等大小的钻石，换得了大约二十万元金币。这回他不敢拿出特大的钻石来了——他离开了纽约，实在走得正是时候。因为珠宝商中已经引起了轰动，不仅是由于他的钻石大，更多的原因是在于这座城市出现了钻石，它们到底是从什么秘密的地方来的呢？离奇的谣言传播着，说在卡茨基尔山①，在泽西海岸，在长岛，在华盛顿广场下面，发现了一座钻石矿。一列列游览火车每个钟头满载着带了鹤嘴锄和铁铲的男人，从纽约开往邻近的埃尔多拉多。这时候，年轻的费茨—诺尔曼正首

---

① 卡茨基尔山：在纽约州的东南部，现为避暑胜地。

途返回蒙大拿。

　　两个星期以后，他估计出山上钻石的蕴藏量接近于世界其他地方已经探明的全部钻石。但是因为它是一颗纯粹的钻石，他无法用任何正规的计算方法加以估价——而如果他把这颗钻石出售的话，那不仅会把市场搅得天翻地覆，而且，如果钻石的价值是按照一般算术级数随着形状大小而变化的话，那么世间的黄金也不够买这座钻石山的十分之一。对这么大的一颗钻石，谁能有什么办法？

　　这真是一种令人惊异的困境。在某种意义上，他是世界上空前最富有的人——可是他能拥有这一切吗？如果他的秘密泄漏出去，无法预料政府为了防止珠宝市场以及黄金市场发生恐慌，会采取什么措施。他们可能立即接管矿山的所有权并且实行专卖。

　　没有别的抉择——他必须偷偷地把他这座山卖出去。他派人到南方去把他的弟弟召来，负责管理他那些黑奴随从——那些从来不知道奴隶制已经废除的黑人。为了使那些黑人深信不疑，他向他们宣读了一份他自己拟定的公告，宣布说佛莱斯特将军把溃散的南方军队重新组织了起来，并且在一次激烈的战斗中打败了北军。那些黑人毫无保留地相信他的话。他们通过一项决议，宣称这是一件好事，并且立刻重新接受奴役。

　　费茨—诺尔曼自己则带着十万元和两箱大大小小的粗钻石，动身到国外去。他乘了一艘中国舢板去俄国，在他离开蒙大拿六个月以后，他到了圣彼得堡。他在低贱的客栈住下以后，立即去拜见宫廷珠宝匠，说他有一颗钻石要卖给沙皇。他在圣彼得堡待了两个星期，冒着随时有被杀害的危险，从一个客店转移到另一个客店，在整整半个月里，他只敢打开他的箱子三、四次。

　　他答应一年之后再带更大更好的钻石回到俄国来，这才被准许离开俄国前往印度，但是在他离开之前，宫廷执掌财务的官员们已经给他在几家美国银行用四个不同的化名存入了一千五百万元。

　　他在国外跑了两年多一点，一八六八年他回到美国。他去过二十二

168

个国家的首都，跟五个皇帝、十一个国王、三个亲王、一个沙赫①、一个可汗和一个苏丹②交谈过。这时费茨—诺尔曼估计他自己的财产已经高达十亿元了。他有一个能始终防止他的秘密泄露出去的办法。如果他事先不大事渲染一番：自从巴比伦第一帝国时代以来，为了占有他这颗大钻石，经历过一段如何充满凶险的灾殃、奸情、革命和战争的历史，他决不让他任何一颗大钻石在公开场合留一个星期。

从一八七○年直到一九○○年他去世为止，费茨—诺尔曼·华盛顿的历史是一部用黄金写成的长篇史诗。当然，还有一些其他次要的情节——他逃过了那几次测量，他娶了一位弗吉尼亚州的小姐，她给他生了一个独子，以及由于一连串不幸的纠葛，他不得不杀死他的弟弟——他的弟弟不幸嗜酒纵饮，酩酊大醉之后，言语轻率，好几次几乎危及他们的安全。但是，除此以外，就很少有其他人命事件玷污那些兴旺发达的幸福岁月了。

就在他去世以前，他改变了策略，除了那仅仅几百万元看得见的财产以外，他把全部财富买了大批稀有的矿石，把这些矿石标作古董存入世界各地银行的保险库里。他的儿子布拉多克·塔尔登·华盛顿继承父志，在这方面甚至干得更彻底。他把矿石换成最稀有的元素——镭——这样一来，价值相等于十亿元金币的镭，可以放进一只不比雪茄烟盒大的容器里。

费茨—诺尔曼死了三年以后，他的儿子布拉多克认为事情已经干得差不多了。他和他的父亲从这座钻石山获得的财富，是无法精确地计算出来的。他用密码记了一本笔记簿，在这本簿子里他约略地记下他存放在由他资助的千百家银行里的镭的数量，同时记下他存放这些镭时所用的化名。然后，他做了一件非常简单的事——他把这座钻石矿封了起来。

---

① 波斯国王。
② 昔日土耳其其君主。

他把钻石矿封闭了。从这座矿山采出的钻石，已经足够让全体华盛顿家族今后的子孙世世代代享尽荣华富贵了。他只操心一件事，那就是要保住他的秘密。唯恐一旦秘密被人发现，那么，在可能引起的一场恐慌中，他就会同世界上所有的财产拥有者一起，一下子变得赤贫如洗。

这就是约翰·T·昂格尔现在来此做客的家族。这就是他来此以后的翌晨，在他那间用银子砌成墙壁的起居室里听到的故事。

五

吃过早餐以后，约翰寻径步出那重庞大的大理石正门，好奇地观察着眼前的景色。从钻石山到五英里以外的嶙峋陡峭的花岗巉岩，整个山谷仍然散发出一层金黄色雾霭，懒散地飘浮在一片连绵起伏的草地、湖泊和花园的上空。满眼是一丛丛的榆树林，构成一座座精巧的林阴，跟那片把群山裹在一派深绿色中的茂密粗壮的松林奇怪地形成对照。就在约翰眺望的时候，他看见大约在半英里之外有三只小鹿一只接一只地从榆树丛中跑出来，接着又跳着不熟练的欢快的步伐消失在另一个黑色条纹的半明半暗的树丛里了。如果能看见山羊在林间哔哔作响地走过，或者在那碧翠碧翠的绿叶丛中，瞥见它那像山林水泽的仙女般的浅红的皮和扬起的黄毛，约翰也决不会感到惊奇的。

他怀着这样淡漠的希望走下大理石阶，却惊醒了台阶下睡着的两只毛色光亮的俄罗斯狼犬，便径自循着一条似乎并不明确通向什么方向的

170

蓝白相间的砖砌小路向前走去。

　　他尽情地驰目骋怀，自得其乐。年轻人不仅由于他们的不足，而且也由于他们的幸福，他们要求生活始终必须符合他们所憧憬的美好未来，否则他们就不能在现实中生活，而这美好的未来——鲜花和黄金，少女和命运，这些不过是不可比拟、不可企及的青春美梦的先兆和预示而已。

　　约翰拐到一个平坦的角落，那儿一大簇玫瑰花丛在空气中散发着浓郁的芳香，他穿过一座花园，向树林下一片苔藓走去，他还从来没有在苔藓上躺过，他想知道苔藓是否真的像人们用它的名字作为形容词那样的柔软。这时，他看见一个姑娘穿过草地向他走来。她是他所见到的最美丽的姑娘。

　　她穿着一件刚好垂到膝下的雪白的小长袍，一只缀着蓝幽幽的蓝宝石片的木犀花环绾着头发。她走来的时候，浅红的光脚上溅着露水。她比约翰年轻——不超过十六岁。

　　"你好，"她柔声地喊道，"我叫吉斯米。"

　　她对约翰的态度已经远不止是这样了。约翰向她走过去，当他走近时，几乎不敢再挪动一步，生怕踩上她赤露的脚趾。

　　"你还没有见到过我呢，"她柔声说。她那蓝晶晶的眼睛在加添说："啊，可你准是挺想念我吧！"……她柔声地继续说，"昨天晚上你见到了贾斯米，她是我的姐姐。昨天我感染了莴苣毒，"接着，她的眼睛又接下去说："每逢我生病的时候，我就很温柔——可等我病好了，我也很温柔。"

　　"你给了我一个很深刻的印象，"约翰的眼睛说，"我自己可也不蠢呢。"——"你好?"他出声说。"我想今天早晨你该好些了吧，""亲爱的，"他的眼睛颤抖着说。

　　约翰发觉他们已经走上那条小径了。在她的提议下，他们一起在苔藓上坐下来，他不知道苔藓有多柔软。

　　他对女人很挑剔。一点缺陷——脚踝太肥啦，嗓子太粗啦，装了一

171

只玻璃假眼睛啦——就足够使他兴趣索然。此时此地，他平生破天荒第一遭坐在一位少女身旁，而这位少女在他看来简直是十全十美的美女化身。

"你家是在东部吗？"吉斯米怀着迷人的兴趣问。

"不，"约翰简短地答道。"我是从海地斯来的。"

她或者是没有听到过海地斯这个地名，或者是不知道对这个地方该说些什么动听的话，所以她不再就这个问题谈下去了。

"今年秋天我就要到东部去上学啦，"她说。"你想我会喜欢去吗？我要到纽约贝尔琪小姐的学校去读书。那可是个很严格的学校，可你知道每逢周末我就会回家，跟家里人一起住在我们在纽约的家里，因为爸爸听人说那儿的女学生走路都得两个两个地走。"

"你的父亲要你尊重自己，"约翰说。

"我们是这样，"她回答说，她的眼睛闪耀着尊严。"我们谁都没有受到过大人的处罚。爸爸说我们不应该受到处罚。我的姐姐贾斯米还是个小女孩的时候，她把他推下了楼，他只是爬了起来，就一瘸一拐地走开了。"

"妈妈听说你是从——呃，"吉斯米接下去说，"你是从你来的那个地方来的，你知道，她吓了一跳。她说在她还是个年轻姑娘的时候——可是你知道，她是西班牙人而且是个老派人。"

"你们在这儿要住很久吗？"上面这段话使约翰感到有些刺痛，这段话似乎是很不客气地指他是乡巴佬的意思。为了掩饰他这样的感情，他问道。

"珀西和贾斯米和我，每年都上这儿来歇夏，可是明年夏天贾斯米要去新港①。从今年秋天起她要出国去伦敦待一年，她要进宫觐见英王呢。"

"你可知道，"约翰开始犹豫地说，"你比我刚见到你的时候所想

_____

① 美国罗得岛东南部的一个港口，为避暑胜地。

172

象的要世故得多呢。"

"啊，不，我可不是那样的，"她急忙叫起来。"我可不愿意想象我是那样的人。我认为世故的年轻人简直俗气透啦，你说是吗？我其实一点儿也不世故。要是你说我是那样的人，我可要哭啦。"

她难过得嘴唇都颤抖了。约翰不得不辩白说：

"我没这个意思，我只是说说逗着你玩儿。"

"因为要是我真是那样，我倒不在意了，"她坚持说，"可我不是那样。我很天真，像个小姑娘似的。我从来不抽烟，也不喝酒，只读一点诗歌，其他什么书也不看。我几乎不懂数学或者化学。我穿得也挺简单朴素——事实上，我几乎根本不穿什么。我认为你说的世故这两个字跟我毫不相干。我认为姑娘家应该身心健康地享受她们的青春。"

"我也是这样想，"约翰真心实意地说。

吉斯米又快活起来。她向他露出了笑靥，一颗未掉落的泪珠从她一只碧蓝碧蓝的眼角掉了下来。

"我喜欢你，"她低声亲热地说。"你在我们这儿就准备一直跟珀西在一起吗，你愿意跟我好吗？你想想看——我是一个地地道道的没有什么经验的姑娘，我这一生还从来没有碰到一个男孩子爱过我。家里人连让我独自一个人看一看男孩子都不让，除了看珀西以外。我刚才出来一直往这座林子里走，就希望能单独见到你。"

约翰真是受宠若惊，他按着从海地斯的舞蹈学校里学来的款式，撅起屁股深深鞠了一个躬。

"咱们现在还是走吧，"吉斯米柔媚地说。"十一点钟我得跟妈妈在一起。你还没有请我吻你一次呢，我本来以为现在男孩子都兴这样哩。"

约翰骄傲地挺直了身子。

"有些男孩是那样，"他回答说，"可我不是那样。姑娘们不干这种事情——在我们海地斯。"

他们并肩地向屋子走去。

六

　　在一片阳光下，约翰面对着布拉多克·华盛顿先生站着。这位长者年纪四十光景，长着一张傲慢的茫然的脸，一双聪明的眼睛，一副结实的身材。每天早晨他身上都闻得出马的气味——他的马是世界上最优良的马。他握着一根普通的灰白色桦木手杖，把手装的是一块蛋白石。他和珀西正带着约翰在各处参观。

　　"奴隶的住所就在那儿，"他用手杖指着他们左面沿着山腰优美地伸展的一溜哥特式大理石回廊说。"我年轻的时候，有一阵子给那时的荒唐的理想主义迷住了心窍而越出了生活的常轨。那时候，他们的日子过得真是豪华。比方说，我给他们每个房间都装了花砖浴缸。"

　　"我猜想，"约翰讨好地笑了一声，鼓起勇气说，"他们准是用浴缸装煤了。希列扎—墨菲先生告诉我，有一次他——"

　　"希列扎—墨菲先生的意见，我想，对我无关紧要，"他冷冷地打断了他的话。"我这些奴隶并没有在浴缸里装煤。他们奉命每天必须洗澡，因此他们都洗了。要是他们不洗澡，我就要命令他们用硫酸洗头。后来由于另外一个不同的理由，我又停止让他们洗澡了。他们有好些人受了凉，死了。对某些种族来说，水对他们并没有什么益处——除非作为一种饮料。"

　　约翰笑出声来，接着他决定庄重地点头同意。布拉多克·华盛顿使他感到不快。

"这些黑人全都是我的父亲当初带到北方来的黑人的后代。现在他们大约有二百五十人。你注意听他们说话，因为他们跟世界隔绝得太久了，因此他们原来的方言已经变成了一种几乎无法听懂的土语了。我们从他们中间挑了几个人，教这些人说英语——比如我的秘书和两三个照料屋子的仆人。

"这是高尔夫球场，"他接下去说，这时他们正沿着一片天鹅绒般的可以过冬的草地漫步。"你瞧，一片碧绿，没有球座和终点之间的草地，没有杂草，没有障碍物。"

他心情愉快地对约翰微笑着。

"笼子里关着很多人吗，爸爸?"珀西突然问道。

布拉多克·华盛顿愣了一下，接着不由自主地诅咒了一声。

"里面还少关了一个，"他突然阴沉地嚷道——接着又说："咱们碰到了麻烦啦。"

"妈妈刚告诉我，"珀西说，"那个意大利教师——"

"这是一个大错，"布拉多克·华盛顿怒气冲冲地说。"可是当然咱们还是有机会能把他逮住的。也许他死在林子里了，或者从一座悬崖翻身掉下去了。可要是他真的逃跑了，他谈的情况别人也不会相信，这种可能性是始终存在的。不管怎样，我已经派出二十四个人到附近几个城镇去寻找他了。"

"那么还没有找到他吗?"

"有点儿希望。他们中间有十四个人向我的代理人报告，说他们每个人都杀死了一个面貌跟图形相同的人。可是当然，他们可能想的只是赏金罢了——"

他打住了。他们来到了一个大地洞前，这个大洞穴周围有一座旋转木马那么大，上面盖着坚固的铁栅。布拉多克·华盛顿向约翰招了招手，便把他的手杖伸进铁栅。约翰走到洞边去瞧。他的耳朵立即受到一阵从下面传来的一阵狂野喊叫声的袭击。

"来吧，到下面地狱里来吧!"

"你好，小伙子，上面空气怎么样?"

"嗨! 扔一根绳子给我们!"

"给一个隔夜吃剩的油煎饼好吗，伙计，要不给两片吃剩的夹肉面包行吗?"

"喂，小伙子，要是你把那个跟你在一起的家伙推下来，我们就给你表演一出捉迷藏。"

"给我狠狠揍他一顿，行吗?"

洞子太暗了，看不清下面的洞穴。但是从这种粗犷的乐观气氛、语言和声调粗鲁而富有活力来判断，约翰知道他们是来自那种生气勃勃的中层阶级的美国人。接着，华盛顿先生抽出手杖，在草丛里按了一个键钮，地下的景象一下子明亮起来。

"这些是冒险的海员，该他们倒霉，发现了这座宝山，"他说。

他们的脚下是个碗形的大土穴。四边很陡，看来是磨光玻璃，微呈凹形的地上站着二十多个半是平民打扮半是军人制服的飞行员。他们仰起了脸，流露出愤怒、怨恨、失望和愤世嫉俗的幽默，满脸是长久没刮的大胡子，但是除了少数几个显得憔悴以外，他们似乎是一批吃得很好、身体健康的家伙。

布拉多克·华盛顿把一张花园座椅拉到洞穴边坐下来。

"唔，你们好吗，伙计们?"他亲切地询问道。

阳光照耀的空中升起一片混合的咒骂声，除了少数几个人心情沮丧叫不出声来以外，大伙儿都咒骂起来，但是布拉多克·华盛顿听着这阵咒骂，镇定自若，不动声色。等到咒骂的回声最后静寂下来，他又说话了。

"你们想出一条解决你们困难的出路没有?"

七嘴八舌的话语从下面他们中间飘上来。

"我们决定在这里愉快地留下来!"

"把我们放回地上去，我们就有办法!"

布拉多克·华盛顿等他们再安静下来，然后说道:

"我已经把形势给你们讲过了。我并不需要你们在这儿。我但愿从

176

来不曾见到过你们。这是你们自己的好奇心把你们引到这里来的。不论什么时候，你们能想出一条出路来，只要不影响我和我的利益，我都愿意考虑。但是，只要你们还是一心一意只想挖隧道——我知道你们已经又在动手挖一条新的隧道了——你们就不会有多大进展。尽管你们都呼天号地思念家里的亲人，可是，这并不像你们想的那么难。要是你们真是挂念家里亲人的那种人，那你们就决不会干飞行这个行当啦。"

一个身材高大的人从人群中走出来，举起一只手以引起这个捉拿他的人注意他要说的话。

"让我问你几个问题！"他叫道。"你是在假装做好心人。"

"说得多荒唐。像我这样地位的人怎么能好心对待你们呢？你还不如说一个西班牙人是好心对待一块猪排的吧。"

听了这句粗鲁话，二十四块猪排都垂下了头。但是那个身材高大的人继续说：

"好极了！"他叫道。"这一点我们以前就已经争论清楚了。你不是人道主义者，你不是个好心人，可你总还是个人嘛——至少你说你是人嘛——你应该能设身处地好好为我们想一想，那是多么——多么——多么——"

"多么什么？"布拉多克·华盛顿冷冷地问道。

"——多么不必要——"

"对我来说可不是那样。"

"唔——多么残忍——"

"这一点咱们已经谈过啦。要保存自己就不存在残忍不残忍的问题。你们都当过兵，你们懂得这个道理。再说点别的吧。"

"唔，多么愚蠢。"

"对，"华盛顿同意说，"我允许你这样说。可是你不妨想一想，除此以外还能有别的办法吗？我提出过，如果你们愿意，我可以把你们一起或者任何一个人毫无痛苦地处死。我提出过把你们的妻子、情人、孩子和母亲都绑架到这里来。我会把你们下面这个洞穴加以扩建，供你

177

们衣食；让你们度过余生。如果能有什么方法使人患上永久健忘症的话，我愿意把你们都做一次手术，然后立刻释放你们，放到我这个禁区以外的地方去。但是这只不过是我的想象罢了。"

"相信我们决不告发你，你看怎么样？"有人这样叫道。

"你们并没有严肃认真地提出这样的建议，"华盛顿讥讽地说。"我可是真的放出一个人来教我的女儿学意大利语。上个星期他跑啦。"

二十四个喉咙里忽然发出狂暴的欢呼声，接着是一片欢乐的混乱。囚徒们跳起木鞋舞，欢呼着，反复用常声和假声歌唱着，在一阵突发的生动活泼的情绪中互相扭打着。他们甚至沿着这个碗形大洞的玻璃边尽可能地往高处跑，接着又屁股落地滑回洞底。那个身材高大的人开始唱起一支歌来，大伙儿都跟着唱了起来：

啊，咱们要把皇帝吊死
在一棵酸苹果树上——

布拉多克·华盛顿怀着谜一般的沉默坐着，直到歌曲唱完。

"你们知道，"当他稍稍恢复了一点注意力的时候说，"我对你们并没有恶意。我愿意看到你们过得快快活活。这就是我为什么没有一下子就把一切全都告诉你们的道理。那个家伙——他叫什么名字？克利契蒂契洛？——已经给我那些代理人在十四个不同的地方击毙了。"

他们没有猜出那十四个地方指的是城市，欢乐的喧哗立刻停止了。

"可是尽管这样，"华盛顿愠怒地叫道，"他到底还是想逃跑来着。有了这样一次教训，难道你们还指望我给你们中间任何一个人再试一试的机会吗？"

下面又一连串突发的叫喊声。

"当然啦！"

"你的女儿喜欢学中文吗?"

"嗨,我能讲意大利语!我的母亲是意大利人。"

"也许她喜欢学纽约的方言吧!"

"要是她就是那个长着一对大大的蓝眼睛的小妞儿,那我能教她许多比意大利语更妙的玩意儿。"

"我能唱爱尔兰民歌——还能用铜乐器伴奏。"

华盛顿先生蓦地伸出手杖,戳了一下草地里的键钮,地下的情景倏然消逝,只留下那铁栅的黑牙忧郁地盖着黑洞洞的大嘴。

"嗨!"下面传出一个人的声音,"你不给我们说一句祝福的话就跑了吗?"

可是华盛顿先生,带着后面跟随的两个小伙子,已经漫步向高尔夫球场的第九洞走去了,似乎这个洞穴和洞里关着的那些人不过是高尔夫球场上的一道障碍,他那矫健的铁头球棒毫不费力地就取得了胜利。

七

在钻石山庇护下,七月是一个夜里凉得要盖毯子,白昼却又阳光灿烂而温暖的月份。约翰和吉斯米在相爱着。他还不知道他送给她的一只金制的小足球(上面镌刻着 Pro deo et patria et St Mida① 的铭文)已经挂

① 拉丁文:献给上帝、国家和圣米达。

在她贴胸的白金项链上了。可是小金球却知道。而她也没有觉察到有一天从她那朴素的头饰上掉落下来的一枚大蓝宝石已经被约翰柔情地珍藏在他的珠宝盒里了。

一天后半晌，当那红宝石和貂皮装饰的音乐室悄无人声的时候，他们俩在那里一起待了一个钟头。他握着她的手，她瞅了他一眼，那眼神儿美得他忍不住悄悄地唤出了她的名字。她俯着身子向他凑过去——接着又犹豫起来。

"你是说'吉斯米'吗?"她温柔地问道，"还是说……"①

她要问清楚。她想她可能误解了他的意思。

他们俩过去谁都没有跟人亲吻过，但是在这一个小时里，这似乎并没有什么关系。

下午流驶过去了。那天夜里，当那座最高的塔楼上飘来最后一阵音乐的时候，他们各自在床上躺着，没有入睡，幸福地想象着这一天度过的一分一秒。他们已经决定结婚，越快越好。

八

华盛顿先生和这两个年轻人每天都上密林里去打猎或者捕鱼，或者在那使人昏昏欲睡的球场上打高尔夫球——这种比赛他出于外交上的礼

---

① 在英语中"吉斯米"这个名字，与"吻我"谐音，故有此问。

仪总让他的主人打赢——或者在那山区特有的清凉湖水中游泳。约翰发觉华盛顿先生有点使人难以取悦——他除了自己的看法或者见解以外，对谁的看法或见解都丝毫不感兴趣。华盛顿太太整天冷冰冰的，不苟言笑。看来她对两个女儿漠不关心，全副心思都放在她的儿子珀西身上，每天晚上在餐桌上她用说得很快的西班牙语跟珀西谈个没完没了。

大女儿贾斯米，外貌像吉斯米——只是她有点罗圈腿，而且长着一双大手和大脚——但是在气质上却跟吉斯米大不相同。她最爱看的书都是关于那些穷女孩给她们鳏居的父亲管家这一类的书。约翰从吉斯米那里了解到，贾斯米至今还没有从世界大战结束时给她的震动和失望中复原过来。那时正当她作为一个军营流动餐厅的熟练的能手准备动身去欧洲。她甚至因此憔悴了一阵子，布拉多克·华盛顿曾采取步骤企图在巴尔干半岛策动一场新的战争——但是她看到一张几个塞尔维亚伤兵的照片以后，便对所有这一切失去了兴趣。但是珀西和吉斯米似乎从他们的父亲那继承了他那种盛气凌人的傲慢态度。他们每一转念，像一个模式似的都贯穿着彻头彻尾的自私。

关于这座城堡和山谷的种种不可思议的事情都使约翰着迷。珀西这样告诉他，布拉多克·华盛顿曾设法绑架了一位园林设计师、一位建筑师、一名舞台装置家以及上世纪遗留下来的一位颓废诗人。他把他所有的黑人都供他们使唤，保证供给他们世界上所能提供的一切材料，让他们搞出一些别出心裁的玩意儿来。可是他们一个个都显出自己毫无用处。那个颓废诗人当时因为离开了春天的林阴大道，就立刻号啕大哭起来——他含糊其辞地说了一些关于香料、类人猿和象牙之类的话，可是任何一句有实际价值的话都没有说。而那个舞台装置家则想把整个山谷变成一套机关布景，搞出一些耸人听闻的效果来——像这些玩意儿，对华盛顿一家人来说，很快就会感到厌倦。至于那两个建筑师和园林设计师，他们只想照陈规老套办事，因循守旧，没有一点儿创新。

但是他们至少解决了该怎样把他们处置的问题——一天夜晚他们在一间屋子里，想就一座喷泉应该造在哪里取得一致意见，争论了整整一夜，第二天一早他们都发疯了。如今他们舒舒服服地给关在康涅狄格州韦斯特波特的一所疯人院里。

"可是，"约翰好奇地问，"你们所有这些奇妙的客厅、大厅、过道和卧室又是谁设计的呢？"

"唔，"珀西回答说，"告诉你要教人害臊，可那是一个拍电影的家伙搞的。他是我们发现的一个唯一惯于挥金如土的人，尽管他把餐巾塞在领子里，是一个没有文化的人。"

八月将尽，约翰因为自己很快又得回到学校里去而开始懊丧起来。他和吉斯米决定明年六月一起私奔。

"要是能在这里结婚，那就更好啦，"吉斯米承认说，"但是当然，我根本不可能指望爸爸会答应我嫁给你。所以，这样我宁肯私奔。眼下有钱的人在美国结婚真可怕——他们总要向新闻界发布公告，说什么他们准备就凭剩下的那么一点儿财产结婚了，他们的意思无非是说，只有一点儿旧珍珠和厄塞尼①女皇用过的花边了②。"

"我知道，"约翰热情地说。"我在希列扎—墨菲家的时候，他们家的大女儿格温多琳嫁给了一个人，他的父亲拥有半个西弗吉尼亚州，可是她写信告诉家里说，她的丈夫当一个银行职员该拿多少薪金，正在进行着一场激烈的斗争——接着她结束说：'谢天谢地，不论怎么样，我总还有四个能干的女仆人，也还能有点儿用处吧。'"

"真丢人，"吉斯米评论说。"不想想世界上有千千万万的人，有工人和其他所有的人，他们只有两个女仆，日子照样过得去。"

八月底的一个下午，吉斯米偶然漏出一句话，改变了整个局面，也把约翰吓得心惊胆战。

这时他们正依偎在他们最喜爱的那座林子里，在亲吻之余，约翰正飘飘然陶醉在他幻想的罗曼蒂克的预感之中，这些想入非非的预感给他

---

① 厄塞尼(1826—1920)：拿破仑三世之妻，后为法国女皇，在位期间为1853—1871年。
② 指当时正当三十年代美国经济大萧条。

俩的关系增添了更加动人的色彩。

"有时我想咱们根本不会结婚,"他感伤地说。"你太富了,也太华贵了。没有一个像你这样有钱的姑娘能跟其他普通的女孩一样。我应该娶一个奥马哈①或者苏城②的富裕的五金批发商的女儿,她能有那么一份五十万元的嫁妆,我也就该心满意足了。"

"有一次我认识一个五金批发商的女儿,"吉斯米说。"我就不信你能心满意足。她是我姐姐的朋友,上我们这儿来玩过。"

"喔,这么说你们还有别的客人来过?"约翰惊奇地叫了出来。

吉斯米似乎后悔自己不该说这句话。

"啊,是的,"她急忙说,"我们有少数一些客人。"

"可你们——你的父亲不怕他们到外面去说吗?"

"啊,是有点儿怕,有一点儿,"她回答说。"让咱们谈点别的比这快活一点的事吧。"

可是约翰却激起了好奇心。

"比这快活一点的事儿!"他说。"这有什么不快活的?她们不是正派的姑娘吗?"

使他大吃一惊的是,吉斯米开始哭泣起来了。

"是的,她们都是挺好的——这,这,整个问题恰恰就在这儿。我跟她们中间几个越来越亲热,贾斯米也是这样,可是不管怎样,她还是继续邀——邀请她们上我们这儿来玩,我不懂她为什么要这样做。"

约翰的心里产生了不祥的疑窦。

"你的意思是说,他们在外面说了,于是你的父亲把她们——给撵走了?"

"比这更糟,"她断断续续地咕哝说。"爸爸不喜欢冒险——可贾斯米还是一个劲儿写信邀她们来,而且她们又玩得那么快活!"

---

① 奥马哈: 美国内布拉斯加州东部一城市。
② 苏城: 美国依阿华州西部城市。

她止不住一阵悲痛。

约翰给这一番吐露吓愣了，张口结舌地坐在那里，只觉得浑身神经在颤抖，好像许多麻雀躲在他的脊梁骨上。

"嗐，我告诉给你听了，可我真不该告诉你的，"她说，突然冷静下来，擦干了她那深蓝色的眼睛。

"你的意思是不是说，你的父亲在她们离开之前把她们全给杀死了？"

她点点头。

"通常是在八月——或者九月初。我们首先总是尽可能地从她们身上取得快乐，这对我们来说完全是很自然的事。"

"这多使人恶心！——这多——啊，我要发疯啦！你是不是承认——"

"是的，"吉斯米打断了他的话，耸了耸肩膀。"我们不能把她们严密地监禁起来，像对付那些飞行员那样，这样，她们就会变成一种每天不断向我们良心发出的谴责。把她们杀了，对贾斯米和我总比较好受一些，因为爸爸干得比我们预料的还快。这样我们就免得跟她们告别了。"

"你们就这样杀死了她们！嗨！"约翰叫道。

"干得非常干净利落。趁她们熟睡的时候把她们毒死——对她们家里人总是说她们在西部的比尤特得了猩红热死了。"

"可是——我真不懂你们干吗还不断地邀请她们上你们家来呢？"

"我可没有邀请她们，"吉斯米发作起来。"我一个也没有邀请过，是贾斯米请她们来的。再说，她们总是玩得很快活。最后她还送给她们最好的礼物。将来我可能也会请客人来的——我也会硬着心肠这么干的。我们不能让死亡这种不可避免的东西来阻挡我们享受人生的乐趣。你想想，要是我们没有一个客人，我们在这儿该有多么寂寞。啊，爸爸和妈妈，跟我们一样也牺牲了一些最好的朋友。"

"所以，"约翰控诉地叫道，"所以你现在让我跟你谈情说爱，也假装跟我谈爱啦，结婚啦，可你自始至终清清楚楚地知道，我决不可能活着从这儿出去——"

"不，"她激动地抗议说。"决不会再这样干了。起先我是那样的。那回你就在这儿。我忍不住想跟你谈情说爱，而且我认为你生命的最后几天，对咱们两人来说也许都是快活的。可是接着我爱上了你，而——而对你就要——就要给干掉，我也是真心实意地感到难过的，尽管我宁肯你给干掉而不愿让你再去吻另外一个姑娘。"

"哦，你愿意，你愿意这样吗?"约翰恶狠狠地叫道。

"我太愿意啦。再说，我常听人说一个姑娘家跟一个男人谈情说爱，可又知道自己根本不可能跟他结婚，那就更有趣得多。啊，干吗我要告诉你? 现在我可能败了你的兴了，刚才你不知道有这回事，咱们玩得真快活啊。我知道这一下准会把事情搞得使你有点灰心丧气了。"

"啊，你知道，你知道吗?"约翰气得声音都发抖了。"这一套我听够啦。要是你不过是想跟一个你自己知道比死尸好不了多少的人谈情说爱闹着玩，一点儿不讲尊严和体面的话，那我跟你说一刀两断了!"

"你不是死尸!"她恐惧地辩白道。"你不是死尸! 我不许你说我是吻了一具死尸!"

"我没这么说!"

"你说的! 你说我吻了一具死尸!"

他们的嗓子提高了，但是突然传来一阵脚步声，他们两个顿时沉默下来。脚步正从那条小径朝着他们的方向走来，不一会儿，有人拨开玫瑰花丛，露出了布拉多克·华盛顿，嵌在他那漂亮然而茫然的脸上的一双聪明的眼睛正瞅着他们。

"谁吻了死尸?"他问道，显然他不同意这样的说法。

"没有谁这么说，"吉斯米连忙回答。"我们不过是闹着玩儿罢了。"

"那你们两个在这儿干什么?"他粗声粗气地问道。"吉斯米，你应该——应该跟你姐姐一起去读书或者打高尔夫球了。读书去! 要不打

185

高尔夫球去! 等我回头再来的时候,可别让我看到你还在这儿!"

说着,他向约翰点了点头,便顺着小径走了。

"你看到了吗?"吉斯米生气地说,这时他已经走远了,听不见她的话了。"这一下全让你弄糟啦。咱们再也不能见面。他也不会再让我见到你了。要是他知道咱们俩相爱了,他准会把你毒死。"

"咱们俩并没有相爱,再也不会相爱啦!"约翰大声喊道,"所以他在这个问题上可以放一百二十个心。再说,你也可以不必欺骗自己,以为我会在这儿待下去。要不了六个钟头,我就会翻过这些山岭,要是非得穿过这些山岭不可的话,然后我就往东走。"

他们两个已经站了起来,听了这句话,吉斯米走近约翰,挽住了他的手臂。

"我也走。"

"你准是发疯了——"

"我当然要走,"她坚决地插话说。

"你肯定不能走。你——"

"好吧,"她冷静地说,"咱们现在去追上爸爸,干脆跟他把这个问题谈清楚。"

约翰苦笑着,败下阵来。

"好吧,亲爱的,"他表示同意,软弱而勉强地说,"咱们一起走吧。"

他又爱她了,爱情平静地栖息在他的心头。她是属于他的——她愿意跟他一起出走,患难与共。他用手臂搂住她,热烈地吻她,到底她是爱他的;实在是她救了他的命。

他们一路讨论着这个问题,慢慢地向城堡走回去。他们决定,既然布拉多克·华盛顿已经看见他们在一起了,那他们最好第二天夜晚就离开这里。吃晚饭的时候,约翰尽管嘴唇干得要命,但是心神紧张,把一大汤匙孔雀汤都灌进了左肺。他只得让一个管家把他抬进那间装饰着海龟和黑貂的玩扑克牌的房间,让那管家使劲给他捶背,珀西看着觉得很

186

好玩。

九

　　后半夜，约翰的身子猛地震摇了一下，他立刻直挺挺地坐了起来，瞅着房间里蒙着的使人昏昏欲睡的窗幔。透过一个个暗蓝色的方块，也就是他那些开着的窗子，他听到远处传来微弱的声音，由于噩梦萦绕，在他的记忆能辨别之前，这微弱的声音就被一阵风吹走了。但是接着越来越近地传来清晰可闻的响声，响声就在他的房间外面——转动房门把手的咔哒声、脚步声、悄悄低语声，他说不出到底是什么声音。他的肚子里结起了一个疙瘩，顿时浑身疼痛，他不得不痛苦地竭力振作精神侧耳谛听。接着有一幅窗幔似乎隐去了，他看见一个模糊的人影站在门边，从黑地里看去只是一个轮廓不清的人影，混合在窗幔的阴影里，仿佛像一块肮脏的窗玻璃上看到的一个变了形的映象。

　　不知是出于害怕还是决心，约翰按了一下床边的电钮，转眼之间，他就坐到了隔壁房间那只绿油油的凹陷的浴池里了，浴池里半池的冷水激醒了他，使他恢复了警觉。

　　他从浴池跳出来，湿淋淋的睡衣在他后面滴了一大滩水，他跑到那扇他知道通向二楼象牙平台的海蓝宝石门前。那扇门悄没声息地敞开了。一盏孤零零的绯红色的灯，从宏伟的圆顶上垂挂着，把那一派华丽的雕镂的楼梯照得分外美丽。约翰一时不知所措，周围满目静悄悄的光彩，吓得他胆战心惊，仿佛要把他这个在象牙平台上发抖的孤单单、湿淋淋的小人儿裹没在重重光影里。接着同时发生了两件事：他自己那间起居室的门突然敞开了，三个一丝不挂的黑人冲进门厅——正当约翰惊恐地、摇摇晃晃地向楼梯走去的时候，另一扇门滑进过道那边的墙壁，约翰看见布拉多克·华盛顿站在灯火明亮的电梯里，穿着一件皮褂，一双齐膝的马靴，上面露出色彩鲜艳的玫瑰色睡衣裤。

三个黑人——约翰以前从来没有见到过他们，脑子里突然闪念，他们准是职业刽子手——停下步子，不再向约翰冲去，企待地向电梯里的那个人转过身去，他严厉地发出命令：

"进来！你们三个人都赶快进来！"

三个黑人立刻冲进电梯，电梯门一关上，明晃晃的长方形升降机就不见了，约翰重又孤零零的留在门厅里。他无力地倒在一级象牙楼梯上。

显然发生了什么不寻常的事，这样一来至少暂时延缓了他自己的小灾难。出了什么事啦？是黑奴起来造反了？还是那些飞行员冲开了铁栅？要不是菲希村那些人瞎冲乱撞翻过了山岭，他们的郁郁寡欢的眼睛瞧见了这座华丽的山谷？约翰不知道。他听见一阵呼呼的风声，电梯又嗖嗖作响地升上来了，一会儿又嗖嗖作响地下去了。兴许是珀西赶去帮他的父亲了。约翰忽然想到现在正是他跟吉斯米会面策划立即逃跑的好机会。他等待着，直到电梯静了几分钟；深夜的寒气透过他湿漉漉的睡衣渗入他的身子，他微微颤抖着回到自己的房间，匆匆穿好衣服，便登上一长节楼梯，拐进那条铺着俄国貂皮的过道，往吉斯米住的套间走去。

她的起居室的门正开着，灯也都亮着。吉斯米穿着安哥拉羊毛的和服式晨衣，站在屋子窗边在谛听着什么。约翰悄悄地走进来，她向他转过身来。

"啊，是你！"她低声说，一面向他走来。"你听见他们了吗?"

"我听见你父亲的奴隶们在我的——"

"不，"她激动地打断他的话。"我是说那些飞机！"

"飞机？兴许就是飞机的声音把我给吵醒的。"

"起码有十多架。几分钟前我就看到一架直冲着月亮飞过去。在后面悬崖上的那个卫兵放了一枪，这才把爸爸给惊醒了。我们马上就要跟它们干了。"

"它们是存心上这儿来的吗？"

"是的——这是那个逃跑的意大利人——"

她的话音未落，那扇敞开的窗口冲进一阵刺耳的爆炸声。吉斯米低低地叫了一声，接着，手指在梳妆台上的一只盒子里摸了一枚分币，跑到一盏电灯跟前。整座城堡顿时一片黑暗——原来她有心把保险丝烧断了。

"来吧！"她向他喊道。"咱们上屋顶花园去，到那儿瞭望去！"

她披上大氅，拉着他的手，两人摸索着走出门去。上高塔去的电梯，出门一步就到了。她按了一下电钮，他们就飞速上升，在黑暗里他搂着她，吻着她的嘴唇。风流韵事到底临到了约翰·昂格尔。一会儿他们跨出电梯登上平台，平台给星光照得一片白。天上，云雾缭绕的月亮，在卷卷涡云中时隐时现，月下，十二架机翼黑魆魆的飞机一个劲儿地兜着圈子飞。山谷里，火光到处闪烁着扑向飞机，紧接着发出刺耳的爆炸声。吉斯米快活地拍着手，可是一会儿她又慌了起来，因为飞机按照预定的讯号开始投弹了，整个山谷变成了一幅轰隆隆的震响声和红彤彤的火光交织的画面。

不多一会儿，进攻的机群开始集中瞄准高射炮阵地，一门高射炮几乎顷刻之间就化为一大堆灰烬，倒在玫瑰花丛里冒烟。

"吉斯米，"约翰央求说，"我告诉你，这次进攻正巧赶在他们要把我杀死的前夜，你听了准会高兴吧。要是我没有听见后面山口上那名卫兵回击的枪声，我这会儿早已一命呜呼啦——"

"我听不见你说的话！"吉斯米叫道，她目不转睛地盯着前面的情景。"你得大声一点儿说！"

"我只是说，"约翰大声说道，"在他们开始炸毁这座城堡之前，咱们最好逃出去吧！"

突然，黑人住所的圆柱门廊全都炸得粉碎，一股火焰从柱廊下面直冲云霄，大块的大理石碎片一直飞到湖边。

"价值五万元的奴隶全完了，"吉斯米叫道，"这还是按战前的价格计算的。尊重产业的美国人可真少。"

约翰再一次逼着她离开，飞机瞄准目标一分钟比一分钟更准确，只有两门高射炮还在回击。显然，驻守的卫队处于炮火的重围之中，已经支持不了多久了。

"来吧！"约翰喊道，拉着吉斯米的手臂，"咱们得走啦。你难道不明白，要是那些飞行员发现了你，毫无疑问会把你打死吗？"

她勉强同意了。

"咱们得去叫醒贾斯米！"她说，他们向电梯走去。接着她孩子气地又加了一句："咱们这下要变穷了，是不是？就像在书本里写的那些人一样。我会成为一个孤儿，自由自在，无拘无束。自由而又贫穷！多有趣！"她停下来，仰起嘴唇，兴冲冲地吻了他一下。

"这两码事是搞不到一块儿去的，"约翰严峻地说。"人们早已明白这一点了。这两者我宁愿要自由。我特别要提醒你一件事，你最好是把你的首饰匣里的珠宝首饰都装满你的口袋。"

十分钟以后，姊妹两个在黑洞洞的过道里跟约翰会合，接着他们就下楼来到城堡的底层。他们最后一次穿过那一座座富丽堂皇的厅堂，在大门外的平台上站立了一会儿，观看那正在熊熊燃烧的黑人住所和坠落在湖那边的两架飞机冒着火光的残骸。一门孤零零的高射炮还在狠狠地回击，进攻的机群似乎胆怯地不敢飞得更低一些，只是围着这门高射炮盘旋，发出烟火似的炮弹，要等到碰巧有一发炮弹命中目标，才能消灭那名黑人炮手。

约翰和两姊妹走下大理石台阶，径直向左拐弯，便开始登上一条像吊袜带似的盘绕着钻石山的小道。吉斯米知道半山腰有一个林木繁茂的所在，那里他们既可以藏身，又可以眺望山谷里这幕骚乱的夜景——最后必要的话，又可以沿着一条隐蔽在岩石嶙峋的溪谷里的秘密小路逃走。

十

他们到达目的地的时候，已经是三点钟了。亲切而又镇定的贾斯米倚着一棵大树干立刻睡熟了。约翰和吉斯米坐下来，他搂着她，眺望远处，在昨天早晨还是一座花园，而如今已化为断垣残壁的地方，这场即将沉寂的战斗，还在时起时落地进行绝望的挣扎。四点钟一过，最后残留的那门高射炮哐啷一声，接着冒出一股火红的烟雾，便一动不动了。虽然月亮已经下沉，他们仍然看得见飞机在盘旋，飞得更贴近地面了。一旦飞机看准这座被围困的城堡已经无力再作抵抗，它们就将降落地面，而这个闪烁着微光的黑沉沉的华盛顿王国也就消亡了。

炮火停息，山谷也随之静寂，两架被击落的飞机余烬，像蜷缩在草地里的魔鬼的两只眼睛，在闪闪发光。城堡黑魆魆的，悄然兀立，虽然黯然无光，却和在阳光灿照之下一样显得美丽动人，天空中充满着复仇之神的木头般沉闷的格格声，时起时伏地发出怨言。这时，约翰发现吉斯米像她的姐姐一样，也已经呼呼熟睡了。

四点钟已过了好长一段时间，他听见有脚步声沿着他们刚走过的那条小路传来，他连气也不敢透，悄悄地等候着，直到那些人的脚步声走过他停留的这个有利地点。现在天空中发出一种显然并非来自人间的轻微的骚动声，寒露逼人；他知道天色即将破晓了。约翰静静地等着，直到那脚步声走到了安全距离，上了山而且听不见了。于是，他跟踪走去。大约在离高耸的山巅还有一半路程的地方，树林都已砍去，一条像马鞍似的岩石伸展着，覆盖着下面的钻石。就在他到达这个地方之前，他放慢了脚步，一种动物的感觉警告他，前面有人。他走近一块高高的圆石，从圆石边上慢慢地抬起头来。他的好奇心得到了满足；下面就是他看到的情景：

布拉多克·华盛顿一动不动地站在那里，灰蒙蒙的天空衬出他的侧影，他不声不响，也没有一点生命的迹象。东方已经破晓，大地染上一抹冷冽的青色，在这新的一天对比之下，这孤苦伶仃的人显得渺小而微不足道。

约翰偷偷望着的时候，他的主人不可捉摸地沉思了一会儿；接着他向那两个匍匐在他脚边的黑人挥了挥手，要他们抬起放在他们两人中间的东西。当他们挣扎着直立起来的时候，初升太阳的第一线黄光把一颗精工雕琢的大钻石的数不清的棱角照得剔透明亮——闪起了一片白光，像一颗碎裂的晨星在空中闪烁发光。两个抬钻石的黑人在重负之下跌跌撞撞地走了几步——波浪般的肌肉在他们湿漉漉发光的皮肤下变得僵硬起来，三个人对着苍天满怀着既想抗拒但又无能为力的心情，又一动不动地站在那里了。

过了一会儿，那个白人扬起了头，用一种引人注目的姿势慢慢举起双臂，就像要求广大群众倾听他演讲一样——但是周围并没有群众，只有山岭和苍穹的无限寂寥，只有从山下林子里传来轻微的鸟鸣声打破这无限的寂寥。那站在马鞍形岩石上的人开始盛气凌人地沉重地说话了。

"嗨，你在那边的——"他声调发颤地喊道。"你——在那儿的！"他顿住了，两只手臂仍旧高举着，头也专注地扬起着，似乎在等着回答。约翰竭力睁大眼睛想看清楚是不是有人从山上下来，但是山上没有一个人影。只有蓝天和那从林梢吹来的像长笛般的嘲弄的风声。难

192

道华盛顿是在祈祷吗？约翰疑惑了一会儿。但是接着这个错觉就消失了——从这人的整个举止态度看，其中含有一种与祈求截然相反的神气。

"啊，你那高高在上的！"

声调变得坚强而有信心起来了。这不是孤独无助的哀求。如果说其中含有什么意味的话，那就是一种乖戾的居高临下的口吻。

"你这——"

他说得太快，使人听不懂，词句滔滔不绝，前言后语交混在一起……约翰屏息谛听着，偶尔抓住一句两句，声音一会儿哽住了，一会儿又继续说下去，接着又打住了——时而坚决有力，滔滔善辩，时而显得迟疑、困惑、焦躁。于是这位唯一的听众开始恍然大悟，而在这恍悟的瞬息间，一股热血顿时流遍他的全身动脉。布拉多克·华盛顿原来是在向上帝行贿！

就是这么回事——毫无疑问。他那两个奴隶双臂抬着的那颗大钻石，不过是一笔预付的样品而已，保证随后还要交付更多的钻石。

约翰听了半天才明白，这就是贯穿在他的话语中的一条线索。发了财的普罗米修斯在企求人们已经遗忘的牺牲、祭仪和基督降生以前就已经废弃的祈祷为他作证。有好一会儿他用提醒上帝的口吻，要上帝忆起他曾经屈尊接受过世人献赠的各种礼物——比如，如果上帝拯救城市免遭瘟疫之灾，世人们就赠与他宏伟的教堂，世人也曾在贪欲和残杀中献出没药和黄金，人的生命，美女和俘获的军队，儿童和后妃，山林原野捕获的野兽，绵羊和山羊，五谷和城市以及被征服的全部土地等等，以换取上帝的姑息，买得上帝和缓天怒的酬答——因此，现在他布拉多克·华盛顿，钻石之王，黄金时代的帝王和祭司，显赫与豪华的主宰，愿意献出一份宝藏，这份宝藏是以前任何帝王公侯连做梦都想象不到的，他不是哀求而是骄傲地献出这份宝藏。

他愿意——他接着详细说明，他愿意把世间一颗最大的钻石献给上帝。这颗钻石将雕琢出千千万万个平面，比一棵树上的叶子还多，而这

193

整颗钻石将雕琢得比一粒只有苍蝇那么大的宝石还更尽善尽美。许许多多人将为这颗钻石辛劳工作很多很多年。它将经过精工雕刻镶嵌在一座教堂的宏伟的纯金的圆顶上，配上一重重蛋白石和古色古香的蓝宝石的门。中央，一座用彩虹色的、能腐烂一切的、不断变化着的镭锭制成的祭坛，高踞在一所凹陷在地下的小礼拜堂之上，祈祷礼拜的人，在祈祷的时候只要一抬头，镭锭的祭坛就会烧毁他的眼睛——在这座祭坛上，将任凭施恩的上帝的选择，宰杀任何牺牲，甚至世间最伟大、最有权势的活人，以供上帝取乐。

作为酬答，他只要求一件非常简单的事，这件事，在上帝来说，简直易如反掌——那就是要保持一切如昨日此刻万世不移。非常简单！请打开天国的门，把这些飞行员同他们的飞机一古脑儿吞没——然后把天国的门关上。把他的奴隶统统复活，让他重新占有奴隶。

除了上帝以外，他对谁都别无他求。

他只是疑虑他付出的这笔贿赂是否够大。当然，上帝有上帝的价格。上帝是以人的形象造出来的，所以人们一向说，上帝必定也有他的价格。但是他付出的这个代价是举世罕有的——耗费了多少年建成的大教堂，成千上万名劳工筑起的金字塔，都不能同他这所大教堂、这座金字塔比拟。

说到这里，他停住了。这就是他的提议。一切都会按照规定办到，而且要是说他付出的这笔价钱太便宜，那也并无荒谬之处。他暗示，接受与否完全由上帝决定。

快到结束的时候，他的话已词不成句，变得简短而且捉摸不定，他的身子也似乎紧张起来，似乎竭力要从他周围的空间抓住最细微的动静，最细微的声息。他说着话的时候，他的头发渐渐变白了，现在他好像是古代的先知，对着天空高高地扬起了头——疯狂之态十分动人。

接着，正当约翰看得如痴如醉的时候，他仿佛感到附近什么地方发生了一种奇怪的现象。天似乎暗了一会儿，微风似乎突然发出一阵喃喃的低语声，一阵远处传来的喇叭声，一声像宽大的绸袍发出的窸窣声那样的叹息——四围整个大自然一时也暗淡下来：鸟儿停止了歌唱，树林也静止不动，从山那边远处传来一阵沉重的吓人的雷声。

一切就是这样。风吹过山谷里高高的青草，又静止下来。一会儿黎明和白天又重新就位，初升的太阳喷发出黄澄澄的雾霭的热浪，使它前面的道路变得明亮起来。绿叶在阳光中嬉笑，笑声摇动了树林，每根树枝都仿佛成了神话世界里的一所女子学校。上帝不接受这笔贿赂。

约翰看了一会儿白天取得的胜利。接着，转过身去，他看见一簇棕色的东西颤动着落到湖边，接着又有一簇落下，随后又有一簇，像从云端里降下的黄金色的天使在舞蹈。飞机都降落到地上来了。

约翰从大圆石后面偷偷溜走，跑下山腰来到林子里，两个女孩已经睡醒了，正在等他。吉斯米跳起身来，口袋里的珠宝叮当作响，她那张开的唇边悬着疑问，但是本能告诉约翰这会儿不是谈话的时候。他们必须立刻离开这座山。他抓住了她们姊妹俩一人一只手，便悄悄地踩着树枝走下山去，现在他们沐浴在阳光和雾霭之中。在他们身后，山谷没有一丝人声，只听见远处孔雀的哀诉声和清晨欢愉的嘤嘤声。

他们走了半英里光景以后，接着便避开花园地带，走进一条通向另一个山冈的狭隘小路。他们登上最高处，停下来回头四顾。他们的眼光落在他们刚离开的山腰上——一种即将发生悲剧的不祥的预感压上了他们的心头。

在蓝天的映衬下，他们清晰地看见一个精神沮丧、白发皤皤的男人慢慢地从陡坡上走下山去，后面跟着两个身材高大、毫无感情的黑人，抬着那颗在阳光下闪烁发光的大钻石。在下山的半途，还有两个人同他们会合——约翰认得出那是华盛顿太太和她的儿子，她倚在她儿子的臂膀上。那些飞行员已经在城堡前面那片草地上爬出机舱，手里提着步枪，正编成战斗的队形开始爬上钻石山。

但是在更高处会集的那五个人，吸引了所有观看的人的注意，现在这一小群人在一块突出的岩石上停了下来。两个黑人弯身拉开了看来像是山腰里的一扇活门。他们都消失在活门里了，白发皤皤的男人第一个

195

进去，接着是他的妻子和儿子，最后是两个黑人，他们那珠宝缀饰的光亮头巾在阳光里闪了一会儿，活门便落下来，把他们吞没了。

吉斯米抓住了约翰的臂膀。

"啊，"她狂野地喊道，"他们上哪儿去了？他们要干什么？"

"那准是一条逃跑的地下通道——"

两个姑娘的低声尖叫打断了他的话。

"你难道没有看见？"吉斯米歇斯底里地啜泣着说。"那山上都装上了电线啦！"

就在她说话的时候，约翰举起双手遮住了自己的视线。在他们眼前这座山整个表面突然变成一片炫目的熊熊燃烧的黄色火光，透过那层草皮闪射出来，就像光线透过人的手掌射出来一样。这种使人无法忍受的光焰闪烁了一会儿，接着就像一根烧灭的灯丝般地消失了，露出一片发黑的荒地，荒地上袅袅升起蓝烟，把残存的草木和尸体一起卷走了。那些飞行员既没有留下血迹也没有留下尸骨，他们同那五个走进山腰活门的人一样都烧得干干净净了。

与此同时，随着一阵山摇地动的震响，城堡毫不夸张地把自己抛向天空，当它腾空而起时，炸成了无数火红的碎片，然后坠回原址，化为烟雾弥漫的一堆瓦砾，一半落进了湖水。没有一星火光——烟也和阳光混合在一起吹跑了，不多几分钟，从那一大堆无以名状的废墟上卷来一阵尘埃般的大理石粉末，这就是一度曾经由珠宝筑成的宅邸。这时，再没有一丝儿声息，只有那三个人孤零零在这座山谷里。

十一

　　日落时分，约翰和他的两个同伴到达了那座高高的悬崖，这原是标志华盛顿的王国疆域的边界，他们在悬崖上掉头回顾，但见那山谷在暮霭中显得无比静谧而动人。他们坐下来，吃完贾斯米随身带的篮子里的食物。

　　"你们看！"她说，铺好桌布，把夹肉面包整整齐齐地堆成一堆。"这看起来不是挺诱人的吗？我一向认为在野外吃东西，味道更可口。"

　　"凭这句话，"吉斯米说，"贾斯米就进入了中产阶级啦。"

　　"你听我说，"约翰怀着渴望的心情说，"快把你的口袋翻过来，让咱们看看你带了哪些珠宝。要是你挑得好，咱们三个人这一辈子日子就过得舒舒服服的啦。"

　　吉斯米顺从地把手伸进口袋，在他的面前扔出两把闪烁发光的宝石。

　　"挺不错呢，"约翰热情洋溢地说，"它们不很大，可是——喂！"当他拿了一块举到落日余晖中审视时，他的脸色变了。"啊，这些都不是钻石！出了毛病啦！"

　　"天哪！"吉斯米神色惊讶地尖叫起来。"我真是个傻瓜！"

　　"嗐，这都是水晶石！"约翰嚷道。

“我明白啦。”她格格地放声笑了。“我开错抽屉了。这原是一个来看望贾斯米的姑娘衣服上的东西。我给了她钻石，让她把这些水晶石换给了我。我这辈子除了贵重的宝石，还没有见过别的东西呢。”

“那么，你带来的全都是这些东西?”

“恐怕就是这样，”她若有所思地摆弄着那些亮晶晶的东西。“我想我更喜爱这些水晶石。我真有点儿腻味钻石了。”

“很好，”约翰沮丧地说。“这样咱们就得住在海地斯啦。你会给那些不肯轻信的娘儿们说你当时开错了一个抽屉，直说到你变成一个老婆子。遗憾的是你父亲所有的银行存折都跟他一起烧光了。”

“海地斯怎么样?”

“要是我这样的年纪带了一个妻子回家，我的父亲大概不会扔出一块烧红的煤跟我一刀两断，就像他们那儿常说的那样。”

贾斯米说话了。

“我喜欢洗衣服，”她平静地说。“我一向自己洗手绢儿。我会给人洗衣，来养活你们两个。”

“在海地斯他们有洗衣妇吗?”吉斯米天真地问。

“当然有，”约翰回答说。“跟其他任何地方一样。”

“我原来以为——也许那儿太热，根本不用穿什么衣服。”

约翰哈哈笑了。

“你试试看!”他提议说。“还没有等你把衣服脱掉一半，他们就要把你给撵跑啦。”

“爸爸会上那儿去吗?”她问。

约翰惊讶地向她转过身去。

“你的爸爸已经死了，”他严肃地回答说。“干吗他要上海地斯去呢? 你把海地斯跟另外一个地方混淆起来了，那个地方很久以前就已经废除了。”

吃过晚饭，他们收起桌布，铺好毯子过夜。

“这真是一场梦，”吉斯米叹息说，仰视着天空的星星。“看起来多么奇怪，身上就这么一套衣服跟一个身无分文的未婚夫躺在这里！"

"在星星下面躺着，"她重复说，"我以前从来没有注意过星星。我总以为它们都是属于一个什么人的很大很大的钻石。可是现在它们使我害怕。它们使我感到这一切全是一场梦，我的全部青春是一场梦。"

"那是一场梦，"约翰静静地说。"每个人的青春都是一场梦，一种化学的发疯形式。"

"发疯该有多么快活！"

"人们也这么告诉我，"约翰忧郁地说。"此外我就再也不懂什么了。可不管怎样，让咱们俩权且相爱吧，你和我，相爱一年或者两年吧。这是人人都可以一试的一种神圣的喝醉了酒的形式。整个世界有的是钻石，钻石以及或者说是幻想破灭的寒伧的礼物。唔，这种钻石我到底有啦，而我对平常的那种钻石也就无所谓了。"他打了一下寒颤。"把你的领子翻起来，小姑娘，这儿夜晚可真凉，当心别得了肺炎哪。第一个发明知觉的人，是犯了滔天大罪。让咱们暂时把它忘掉几个钟头吧。"

说着，他把自己裹在毯子里，便堕入睡乡了。

汤永宽译

五一节

一场战争打胜了；在得胜的人民那个伟大的城市①里盖起一座座凯旋门，处处撒着白色、红色和玫瑰色的鲜花，点缀得彩色缤纷。在整个春季的漫长的白天里，归来的士兵跟在咚咚的鼓声和欢乐、嘹亮的铜管乐器声后面走上那条主要的公路，商人和店员停止拌嘴和算账，挤到窗口去，神情严肃地把凑在一起的白脸对着经过的部队。

这个伟大的城市里从来没有这么繁华过，因为随着战争的胜利，供应变得丰裕起来，南方和西部的商人带着一家人涌到这里来尝一尝一切可口的美酒名菜，欣赏一下五花八门的表演——还要给他们的女人买冬天穿的皮大衣、金线提包、各种颜色的绸拖鞋、银色和玫瑰色的缎子和金线织的衣料。

得胜的人民的记者和诗人喜气洋洋、嚷嚷咧咧地交口赞美和平和正在来临的繁荣，使得越来越多的乱花钱的阔佬从各地汇集到这里来喝着使人兴奋的美酒，使得商人们出售他们的小首饰和拖鞋的销路越来越好，最后他们不得不发出强大的呼声，要求更多的小首饰和更多的拖鞋，要不，他们就应付不了那些要求他们以货易货的买卖了。他们有些人甚至无可奈何地举起双手乱挥，叫喊：

"糟糕！我再也没有拖鞋啦！真糟糕！我再也没有小首饰啦！愿老天保佑我吧，因为我不知道自己该怎么办啦！"

但是没有一个人听他们大声嚷叫，因为熙来攘往的人群太忙了——一天天，步兵们精神抖擞地在公路上走过，个个兴高采烈，因为归来的小伙子都是纯洁和勇敢的，牙齿完整，脸颊红润，而国内的年轻姑娘都是处女，面貌和身段都长得美丽动人。

所以在这个时期里，在这座伟大的城市里，有许多奇遇，其中有几件——也许是一件吧——就记录在这里。

一

一九一九年五月一日早晨九点钟，有一个年轻人问比尔特莫尔旅馆的登记房间的职员，菲利普·迪安先生是不是住在这里，如果住在这里的话，他能不能给迪安先生的房间通个电话。问讯的人穿着一身裁剪得很好，但是已经破旧的衣服。他长得矮小、瘦削，皮肤黑惨惨，相貌倒算得上漂亮；他眼睛上面长着长得异乎寻常的眼睫毛，眼睛下面却有半圆形的病态的青色斑痕。由于他脸上显出一种不自然的光亮，好像他一直在发低热似的，他那青色的斑痕就越发引人注目了。

迪安先生是住在这里。那个年轻人被指引到旁边的一架电话机前。

一秒钟以后，电话接通了；楼上不知什么地方传来了睡意朦胧的招呼声。

---

① 指纽约。

"迪安先生吗？"——声音非常热切——"我是戈登，菲尔①。我是戈登·斯特雷特。我在楼下。我听说你在纽约，我就想到你在这儿。"

睡意朦胧的声音逐渐变得热情起来。"唔，戈迪②，你好啊，老弟！唔，我当然感到惊奇和高兴！我的老天，戈迪，你马上上楼来吧！"

几分钟以后，菲利普·迪安穿着蓝绸的睡衣睡裤，开了房门，接着两个年轻人带着一点窘态热情地互相招呼。他们两人都是二十四岁光景，都是大战前的那一年耶鲁大学的毕业生；不过在其他方面就截然不同了。迪安长着一头金发，脸色红润，单薄的睡衣睡裤裹着结实的身子。他身上的一切显得合适和舒服。他经常微笑，露出大暴牙。

"我是打算要来看你的，"他热情地嚷着说，"我有两个礼拜休假。你请坐一下，我马上就来跟你谈。先去洗一个淋浴。"

他走进洗澡间以后，他的客人神经质地用他那双黑眼睛骨碌碌地打量着房间周围。墙角落里摆着一个巨大的英国旅行袋，有几张椅子上乱七八糟地放着一些引人注目的领带和柔软的羊毛袜，在这中间，堆着一叠一色的厚绸衬衫。他的眼光在旅行包和衬衫上停留了一下。

戈登站起身来，拿起一件衬衫，仔细看了一分钟。那是一种非常厚的绸料子，黄底淡蓝条纹——约摸有十一二件哪。他不由自主地盯着自己的衬衫袖口看——袖口边已经磨损，边上都起毛，而且脏得变淡灰色了。他放下绸衬衫，拉直自己上装的袖子，把磨破的衬衫袖口卷上去，不让它们露出来。接着，他走到镜子跟前，带着无精打采、闷闷不乐的关心神情看他自己。他的领带以前是出风头的，已经褪色，而且尽是皱纹——它再也遮盖不住领口上绽开的钮扣洞。他相当懊丧地想起，只是在三年以前，他在大学四年级学生办的一次选举中，有一些人选他为班

---

① 菲尔：菲利普的爱称。
② 戈迪：戈登的爱称。

级里服装最讲究的人。

迪安一边从洗澡间走出来，一边擦着身子。

"昨天夜晚看到你的一个老朋友，"他说，"在门厅里我从她身旁走过，拼命想都想不出她的名字。就是四年级那一年你带到纽黑文来的那个姑娘。"

戈登惊奇得跳起来。

"伊迪丝·布拉丁？你指的是她吗？"

"就是她。漂亮极啦。她仍然有点像美丽的玩具娃娃——你懂得我这话是什么意思：好像你碰碰她，她就会给弄脏似的。"

他沾沾自喜地打量着镜子里他自己闪闪发亮的身子，微微浮出笑意，露出一部分牙齿。

"她反正一定有二十三岁了，"他接着说。

"上个月刚二十二岁，"戈登心不在焉地说。

"什么？啊，上个月。唔，我猜想她是来参加伽马—普赛①舞会的。你知道今天夜晚我们在戴尔莫尼科饭店有一场耶鲁的伽马—普赛舞会吗？你还是来的好，戈迪。也许半个纽黑文的人都在那儿。我能给你弄到一份请帖。"

迪安懒洋洋地穿上新换的内衣，点了一支烟卷，在开着的窗前坐下，早晨的阳光照进屋来，他仔细看着阳光中的膝盖和小腿。

"坐啊，戈迪，"他提议，"告诉我你做了些什么事，眼下在做什么，样样都告诉我。"

不料戈登一下子瘫在床上，躺在那里愁眉苦脸，毫无生气。他脸色平静的时候，那张嘴习惯地有点张开，这时突然变得不听使唤，显出一副可怜相。

"怎么啦？"迪安急忙问。

---

① 伽马是希腊语中第三个字母(Γ、γ)的音译，普赛是第二十三个字母(Ψ、ψ)的音译。这里伽马—普赛是耶鲁大学的学生联谊会的名称。

"啊，天啊!"

"怎么啦?"

"样样事情都倒楣透顶，"他可怜巴巴地说，"我彻头彻尾地垮了，菲尔。我走投无路了。"

"嗯?"

"我走投无路了。"他的声音在颤抖。

迪安的那双蓝眼睛带着估量的神情更仔细地察看他。

"你看上去完全是一副倒楣相。"

"是啊。我把一切都弄得糟糕透顶。"他停顿了一下。"我还是从头讲起好——你不会感到厌烦吧?"

"当然不会，讲吧。"然而在迪安的声音里有一种犹豫不决的调子。他到东部来是打算来休假的——发现戈登·斯特雷特处境困难，他有点恼火。

"讲吧，"他重复了一遍，接着把声音压低一点加了一句，"想开一点。"

"唔，"戈登吞吞吐吐地开始说，"我二月里从法国回来，到哈里斯堡家里去了一个月，接着就到纽约来找到了一个职务——在一家出口公司里干活。他们昨天把我辞退了。"

"辞退你?"

"我正要谈到这件事，菲尔。我要坦白地告诉你。遇到了这样的事情，恐怕只得找你了。我要是坦白地告诉你的话，你不会反对吧，对不，菲尔?"

迪安的态度变得有点僵硬。他原来在拍膝盖，这会儿拍得不那么认真了。他模模糊糊地感到他被不公道地强加上负担了;他甚至拿不准他要不要听这种事情。虽然发现戈登·斯特雷特有什么小小的困难，他绝不会感到惊奇，但是在眼下这件不幸的遭遇中却有什么事情使他反感和硬起心来，尽管它激起他的好奇心。

"讲吧。"

"是个姑娘。"

"嗯。"迪安打定主意不让任何事情破坏他这次旅行。如果戈登老是这么沮丧，那么他就不得不少跟戈登会面。

"她叫朱厄尔·赫德森，"床上继续传来痛苦的声音。"她过去一直是'纯洁'的，我猜想，直到约摸一年以前。住在这儿纽约——家境清寒。她家里人现在都去世了，她跟一个老姑妈待在一起。你听我说，差不多在我遇见她的时候，大家成群结队地开始从法国赶回来——我尽是忙着欢迎新来的人和不断地跟他们一起参加舞会。事情就这么开始了，菲尔，就是从喜欢看看大家和让大家喜欢看看我开始的。"

"你应该有点头脑。"

"我知道，"戈登停顿了一下，接着又没精打采地说下去，"我眼下是自立了，你知道，可菲尔，我受不了穷。接着来了这个害人的姑娘。有一阵，她有点爱上了我，而我呢，尽管从来不打算纠缠得太深，可总是好像要在什么地方遇见她似的。你料想得到我给那些出口商干的工作——当然啦，我一直打算画图；给杂志画插图；干那一行能挣许多钱。"

"你干吗不干呢？你想要发迹的话，就得认真干，"迪安冷冷地、一本正经地提醒他。

"我试过，稍微试了一下，可是我的画粗糙。我有才能，菲尔，我能画——不过我就是不懂得怎么画。我应该进美术学校，可我拿不出钱。唉，一礼拜以前，事情终于变成危机。就在我花得差不多只剩一块钱的时候，那个姑娘开始来找我麻烦。她要一笔钱，挑明了说她要是得不到这笔钱的话，就能叫我日子不好过。"

"她能吗？"

"我怕她能。这就是我丢掉职务的一个原因——她一直不停地打电话到我办公室里来，害得我最后在那儿站不住脚。她有一封全写好了的、寄给我家里人的信。唉，她确实把我难住了。我不得不给她一笔钱。"

208

208

尴尬的停顿。戈登一动也不动地躺着，他的双手握紧着摆在身旁。

"我走投无路啦，"他接着说，声音在颤抖。"我快要发疯了，菲尔。我要是不知道你要到东部来的话，我想我已经自杀了。我要你借给我三百块钱。"

迪安的双手一直在轻轻地拍他自己的光着的脚踝，突然停住了——这两个人都拿不稳事情会闹到什么地步，关系一下子变得紧张和别扭起来。

过了一秒钟，戈登接着说：

"我已经刮了家里不少钱，再也不好意思开口要一个子儿了。"

迪安仍然没有回答。

"朱厄尔说，她非要两百块不可。"

"干脆回绝她。"

"是啊，听起来倒挺容易，不过她有两封我醉后写给她的信。不幸的是，她压根儿不是你料想的那种优柔寡断的人。"

迪安流露出厌恶的神情。

"我受不了那种女人。你应该早就避开。"

"我知道，"戈登有气无力地承认。

"你得实事求是地考虑事情。你要是没有钱的话，就得干活和避开女人。"

"你说起来倒容易，"戈登开始说，他的眼睛眯起来了。"你反正有用不完的钱。"

"我哪儿有这么许多钱。我家里对我用钱卡得他妈的真紧。就因为我有一点回旋的余地，我不得不特别小心，免得滥用乱花。"

他把百叶窗推上去，让更多的太阳光照进来。

"我压根儿不是个一本正经的人，老天知道，"他从容不迫地接着说，"我喜欢乐一乐——我喜欢在这样一个假期里有许多乐事，你，你——你落得这副窝囊相。我以前从来没有听到过你这么谈话。你看上去有点像垮台了——不但经济上，而且精神上。"

"这两件事不是经常连在一起的吗？"

迪安不耐烦地摇摇头。

"你身上老是有一股我不知道的气味。有点邪门。"

"这是一种焦急、贫穷和夜晚失眠的气味，"戈登有点针锋相对地说。

"我不知道。"

"啊，我承认我是叫人沮丧的。我自己的心情沮丧嘛。不过，我的上帝，菲尔，一礼拜的休息，一套新衣服，手边有点钱，那我就会像——像过去的我。菲尔，我能够画得飞快，这你知道。可是我有一半时间买不起像样的绘画材料——我筋疲力尽、丧失信心、走投无路的时候，可不能画啊。手边有一点钱，我就能休息几个礼拜，然后开始干了。"

"我怎么知道你不会把钱花在另一个女人身上？"

"干吗揭人的疮疤呢？"戈登平静地说。

"我不是揭你的疮疤。我讨厌看到你这副模样。"

"你肯把这笔钱借给我吗，菲尔？"

"我不能马上决定。这是一个大数目——借掉了，对我非常不方便。"

"你要是不肯的话，那我就完了——我知道我在苦苦哀求，而且全是我自己的不是，不过——事情确实是这样。"

"你什么时候能把钱还我？"

看来有点希望，戈登考虑了一下。也许最聪明的办法是说老实话。

"当然，我可以答应下个月还你，不过——我还是说三个月好。我一开始卖画就还。"

"我怎么知道你会卖掉你的画呢？"

迪安的声音里有一种新的冷酷的调子，使得戈登提心吊胆，微微打了个冷颤。可能他拿不到这笔钱了吧？

"我估计你对我还是有点信任的。"

"我从前倒有——可是我一看到你这副模样，就开始拿不准了。"

"难道你以为我要不是已经山穷水尽的话，会这样来找你吗？难道你认为我是喜欢这样吗？"他突然停止说话，咬着嘴唇觉得他还是把他声音里越来越大的火气压下去好。说到头来，他是来求人的。

"你看来把事情安排得挺容易，"迪安发火地说，"你把我摆在这样的位置上，我要是不借钱给你的话，就变成一个没见过世面的人——啊，你，你就是这样安排的。那让我告诉你，对我来说，去弄三百块钱可不是一件容易的事。我的收入并没有大得这样一笔数目对我毫无影响。"

他离开椅子，开始穿衣服；他仔细地挑选着服装。戈登伸直了双手，紧紧抓住床边，把哭叫的愿望硬压下去。他的脑袋像要裂开来似的，脑子里有什么在嗡嗡地旋转，他嘴里又干又苦，他能够感到自己血液的热度，他的血液正在分解成数不清的、均匀的血球，像屋顶上滴下来的缓慢的水珠。

迪安一丝不苟地系好领带，刷刷眉毛，一本正经地拿掉沾在牙齿上的一丝烟叶。接着他在香烟盒里装满烟卷，考虑周到地把空纸盒扔在废纸篮里，然后把香烟盒摆在背心口袋里。

"吃过早饭了吗？"他问。

"没有；我已经不吃早饭了。"

"唔，咱们出去吃一点吧。咱们以后会决定那笔钱借不借的。我对这件事感到腻烦。我到东部来是想来乐一乐的。

"咱们上耶鲁俱乐部去，"他闷闷不乐地继续说，接着带着含蓄的责备又说："你已经丢掉了职位。你没有别的事情可做了。"

"我要是有一点钱的话，就会有许多事情可做，"戈登直截了当地说。

"啊，看在老天分上，把这件事撂开一会儿！把我这次旅行闹得毫无兴趣有什么意思哪。这点钱拿去，拿去吧。"

他从钱包里抽出一张五元的纸币，扔给戈登。戈登仔细地把纸币折

211

起来，放进口袋。他脸颊上添了一片颜色，添了一种并不是发烧造成的光亮。在他们转身走出去以前，有一刹那，他们的眼光相遇了；在那一刹那，两个人都发现了什么，使得他们都迅速地眼睛向下看。因为在那一刹那，他们突然很明显地互相憎恨。

二

中午，五号路和四十四号街上挤满了人。灿烂、愉快的太阳用飘忽不定的金光照进漂亮的商店的大橱窗，照亮了网眼提包、钱包和摆在灰色天鹅绒盒子里的一串串珍珠，照亮了各种颜色的华丽的羽毛扇，照亮了豪华的服装的花边和绸料，照亮了室内装饰家精心布置的陈列室里的拙劣的绘画和优美的仿古家具。

年轻的职业妇女们，一对对和成群结队地在那些橱窗前闲逛，从那些富丽堂皇的陈列中挑选她们未来的闺房陈设，陈列品中甚至有一套横摆在床上的、显示家庭气息的男人的睡衣睡裤。她们站在珠宝店橱窗前，找到她们中意的订婚戒指、结婚戒指和白金手表，接着她们一路溜达过去，参观羽毛扇和披在夜礼服外面的斗篷；借此消化她们当午饭的三明治和圣代。

人群中尽是穿军服的人，从停在赫德森河里的大舰队上来的水手，佩着从马萨诸塞到加利福尼亚各师番号的士兵，一心想引起人们的注意，但是发现这个伟大的城市已经对士兵丝毫不感兴趣，除非他们整整齐齐地集合起来，排成漂亮的队形，不舒服地背着背包和扛着步枪。

迪安和戈登在杂乱的人群里转悠；迪安兴致勃勃，看到人类展示了最五光十色、花里胡哨的一面，变得活跃起来；戈登却想起他经常是人群中的一个，筋疲力尽，有一餐、没一餐地随便吃一点，被使用过度，身体已经糟蹋坏了。对迪安来说，奋斗是有意义的，充满青春活力和欢乐的；对戈登呢，那是凄凉的、毫无意义的和没完没了的。

在耶鲁俱乐部里，他们遇到一群以前的同班同学，那些人大叫大嚷地招呼迪安这个外地来的人。他们把躺椅和大椅子排成半圆形坐在一起，人人面前摆着一杯威士忌苏打。

戈登觉得谈话叫人腻烦和长得没有个完。他们都在一起吃了午饭，一到下午就喝酒，个个喝得精神兴奋。他们当天夜晚都要去参加伽马—普赛舞会——那可能是大战以来最精彩的一个舞会。

"伊迪丝·布拉丁要来的，"有一个人对戈登说，"她从前一直是你的情人，对不？你们两人不是都是哈里斯堡人吗？"

"对。"他设法改变话题。"我不时地看到她哥哥。他有点信仰社会主义。在这儿纽约办了一份报纸什么的。"

"跟他喜欢玩的妹妹倒不一样，是不？"那个提供消息的热心人接着说，"唔，她今天夜晚会跟一个叫彼得·希梅尔的三年级学生一起来的。"

戈登要在八点钟同朱厄尔·赫德森会面——他答应过给她一点钱。他不安地看了几次手表。到了四点钟，迪安站起来说，他要到"里弗斯兄弟商店"去买一些衬衫领和领带，这才使戈登松一口气。但是当他们离开俱乐部的时候，那群人中有一个同他们一起走，这使戈登大为懊丧。迪安眼下心境轻松愉快，一心想参加当天夜晚的舞会，高兴得有说有笑。他在里弗斯的铺子里挑了一打领带，每挑一条都同那个跟来的人商量好久。他认为窄领带还会再流行吗？里弗斯再也拿不出威尔士和马戈特森衬衫领，这不是丢脸吗？眼下没有一种衬衫领能像"科文顿"一

213

样的了。

戈登简直有点慌了。他马上要这笔钱。而且他现在也产生了一个模模糊糊的念头，想去参加伽马—普赛舞会。他想要看到伊迪丝——就在他到法国去以前，同伊迪丝在哈里斯堡郊区俱乐部一起度过了一个浪漫的夜晚；从这以后，他没有遇见过她。这段私情已经结束了，淹没在战争的骚乱中，完全遗忘在最近三个月的错综复杂的纠纷中。但是她那泼辣、快活、陶醉在自己的无关紧要的闲谈中的音容笑貌意想不到竟然在脑海中重现，并且给他带来了成百件往事的回忆。他在大学里一直带着超然、可是一往情深的爱慕把伊迪丝的脸珍藏在心底里。他那时候喜欢画她——在他房间四周有十几张她的素描——打高尔夫球的，游泳的——他闭着眼也能画出她锋芒毕露、引人注目的侧面像。

他们在五点半离开里弗斯，在人行道上停留了一下。

"唔，"迪安亲切地说，"我全准备好了。我想回旅馆去刮一个脸，理一下发，按摩一次。"

"很好，"另一个人说，"我想我跟你一起去吧。"

戈登拿不稳，他到底是不是受骗上当了。他好不容易才压制住自己，没有转过脸去对那个人恶狠狠地喊叫："去你妈的，你这该死的东西！"他在绝望中怀疑，迪安也许同那个人谈过，约他一路走，借此避免为了借钱发生争吵。

他们走进比尔特莫尔旅馆——旅馆里由于住了许多姑娘，显得气氛活跃——她们大多数来自西部和南方，是许多城市里的初进社交界的灿烂的明星，聚集在这里为了参加一所著名的大学的一个著名的学生联谊会①举办的舞会。但是在戈登的眼睛里，她们的脸模模糊糊，像是在梦中。他鼓起勇气准备作最后一次要求，正要开口说一些他自己也不知道的话，这时候，迪安突然向那个人打个招呼，抓住戈登的胳膊，把他拉

---

① 指耶鲁大学的伽马—普赛学生联谊会。

214

到一边。

"戈迪,"他迅速地说,"我已经把这件事情从头至尾地仔细想过了,我已经拿定主意不能把那笔钱借给你。我愿意帮你忙,不过我觉得力不从心——少了这笔钱,我要有一个月手头不方便。"

戈登呆呆地望着他,想不通自己以前怎么从来没有注意到他那排上牙暴得多么出。

"——我非常遗憾,戈登,"迪安接着说,"不过事情就是这样。"

他掏出钱包,从容不迫地数了七十五块钞票。

"这是,"他一边说,一边把钱递过去,"这是七十五块;加起来一共八十。除了我必需花在这次旅行上的钱以外,我身边只有这些现款。"

戈登机械地举起握紧的手,伸直手指,好像他的手是他握着的一把钳子,接过钞票,他又握紧了。

"我在舞会上跟你会面吧,"迪安接着说,"我还得去理发店。"

"再见,"戈登用紧张而沙哑的声音说。

"再见。"

迪安开始微笑,但是看上去好像改变了主意。他轻松地点点头,接着就走掉了。

但是戈登站在那里,他那张漂亮的脸被痛苦折磨得变了样,那卷纸币紧紧地握在他手里。接着,他突然淌下眼泪,眼前变得一片模糊,他磕磕绊绊、歪歪斜斜地走下比尔特莫尔的台阶。

三

当天夜晚，约摸九点钟光景，六号路上一家简陋的饭馆里走出两个人来。他们相貌丑陋，营养不良，除了最低的智力以外什么也没有，连那种使生命具有生气的动物的活力也没有；他们不久以前还在一片陌生的国土上的一个肮脏的城市里受冻挨饿，被虱子折磨；他们穷困，没有朋友；一生下来就像浮木似的被人乱扔，他们会像浮木似的被人乱扔到死。他们穿着美国陆军的制服，两个人的肩膀上都佩着从新泽西征调来的那个师的番号；他们三天以前刚被运到这里来。

两个人当中身个高的那一个叫卡罗尔·基①，这个姓叫人想起，在他的血管里流动着的是蕴藏着某种潜力的血液，尽管由于一代代的退化，这种血液已经被稀释得很淡了。但是，即使有人没完没了地盯着看他那张没有下巴的长脸、他的呆滞的水汪汪的眼睛和高颧骨，也找不出一丝他祖先的禀赋和与身俱来的智力。

他的伙伴是黑皮肤，罗圈腿，一双老鼠眼，还长着一个残缺了大部分的鹰钩鼻。他那种好勇斗狠的姿态明摆着是故意装出来的，是从那个充满谩骂和攫夺、充满体力恐吓和体力威胁的世界上借来的一种保护工

---

① 作者暗指卡罗尔·基是美国国歌《星条旗》的歌词作者弗朗西斯·斯科特·基（1780—1843）的后代。

具，他一向就是生活在那个世界上的。他叫格斯·罗斯。

他们离开那家饭馆，在六号路街上一路闲逛过去，带着既有极大的兴趣、又完全超然的态度挥舞着牙签。

"上哪儿去?"罗斯问，他的声调听起来好像哪怕基建议去南海群岛，他也不会感到惊奇。

"咱们去试一试，是不是能弄到一点酒，你看怎么样?"禁酒时期①还没有开始。他提出去弄酒，是因为法律规定禁止把酒卖给士兵。

罗斯热烈地表示同意。

"我有了一个主意，"基想了一会儿，接着说，"我在这一带有一个兄弟。"

"在纽约?"

"对。他是个老家伙。"他的意思是说，那是一个哥哥。"他在一个小饭馆里当侍者。"

"也许他能给咱们弄一点。"

"我想他能!"

"说真的，我明天再也不穿这身该死的军服了。再怎么着也不穿了。我要为自己去弄一套像样的便服。"

"嘿，我也许不要。"

他们两人的钱加在一起还不到五块，所以他们的打算主要是说着玩的，反正没有害处，而且是一种安慰。不管怎样，这样说说好像使他们两人都感到高兴，因为他们用低低的笑声和提到《圣经》里一些大人物来加强他们的谈话效果，还另外加上这样一些强调的措辞，像"啊，老弟!""你知道!"和"我看是这样!"重复了许多次。

这两个人的全部精神食粮就是一声用鼻音表示的不满意见，那是针对养活他们的机构——部队、商店，或者贫民院——和那个机构中的他

---

① 1920 年起，美国历史上的禁酒时期开始。此篇的情节是发生在 1919 年 5 月 1 日夜晚，故作者说禁酒时期还没有开始。

们的顶头上司的，而且随着岁月的推移，那种意见越来越大了。直到那天早晨，那个机构是"政府"，那个顶头上司是"上尉"——他们从那里溜出来，眼下还没有选定新的束缚。现在他们隐隐约约地感到不自在，感到前途未卜，一肚子怨气，还有点心情不安。他们煞费苦心地假装对自己能脱离军队感到宽心，还互相保证军纪再也不能统治他们顽强的、爱好自由的意志，借此掩盖他们目前的心境。然而，事实上，他们觉得在这新得到的、毫无疑问的自由中还不及待在监狱里自由自在。

基突然加快步子。罗斯抬头看去，一眼看到街上五十码外聚集了一群人。基低声笑起来，开始向人群跑去；因此，罗斯也低声笑起来；他那两条短罗圈腿在他伙伴的迈着大步的笨拙的长腿旁迅速移动。

一走到人群的外围，他们就马上变成其中一分子，分辨不出来了。这群人当中有穿得破破烂烂的、醉醺醺的平民，也有属于许多师的、带着不同程度的醉意的和没有喝过酒的士兵，大伙儿围着一个身材矮小的犹太人，他留着很长的黑色连鬓胡子，在做手势；他一边挥舞两条胳膊，一边在发表一篇激昂慷慨、然而简明易懂的演说。基和罗斯已经挤到接近前排了，他的话打动了他们共同的意识，他们怀着强烈的猜疑仔细打量着他。

"……你们从战争中得到什么呢？"他狂热地喊叫，"好好想一想，好好想一想！你们发财了吗！你们得到许多送上来的钱吗？——没有；你们要是保全了性命和两条腿的话，就算是幸运的啦；你们要是回来发现老婆没有跟别的花了钱避免参加战争的男人一起跑掉，那你们就算是幸运的啦！这就是你们幸运的时刻！除了约翰·皮尔庞特·摩根和约翰·戴维森·洛克菲勒①以外，谁从战争中得到什么呢？"

就在这当儿，那个矮小的犹太人的演说被打断了，他留着胡子的下巴尖上被狠狠地揍了一拳，他向后倒下去，手脚笔直地躺在人行道上。

"该死的布尔什维克！"那个动手打人的、当铁匠的大个子士兵喊

————————————

① 这两人是美国财阀。

叫。传来一阵闹哄哄的赞同声,人群围得更近了。

那个犹太人摇摇晃晃地站起来,五六个拳头向他伸过去,他顿时又倒下去。这一回,他躺着不站起来了,他嘴唇里面和外面都开裂了,鲜血从伤口渗出来。

响起了一片骚动的人声;不到一分钟,罗斯和基发现他们自己挤在混乱的人群里,在六号路上涌过去,领头的是一个身材瘦削、戴着一顶帽边下垂的帽子的平民和那个使演说迅速结束的结实的士兵。人群很快地越来越大,大得吓人;另外还有一批害怕卷入是非的平民组成一条人流沿着人行道跟在他们后面,用间歇的叫好声给予他们精神上的支持。

"咱们上哪儿去?"基对紧挨在他身旁的那个人大声喊叫。

贴在他身旁的那个人指指那个戴着垂边帽的带头人。

"那个人知道哪儿还有许多他们的人!咱们去给他们瞧瞧!"

"咱们去给他们瞧瞧,"基高兴地对罗斯低声说,罗斯兴高采烈地对挨在他另一边的那个人重复着这句话。

队伍飞快地在六号路上走着,到处都有士兵和水兵参加进来,还随时有平民参加进来;平民们总是嚷着说,他们刚离开部队,好像是在出示一张新成立的体育和游乐俱乐部的入场证似的。

后来,队伍拐弯到一条横路上,接着向五号路走去;人群里到处都在传说,他们是到托利弗会堂赤色分子的开会地点去。

"在哪儿啊?"

这个问题在队伍里传开去;过了一会儿,答案传回来了。托利弗会堂在十号街上。另外有一伙士兵去砸会场,现在已经到了那儿啦!

但是,十号街听起来很远,话音刚落,就响起一片呻吟。有二十来个人离开了队伍。其中有罗斯和基,他们放慢脚步,变成闲逛,让更热心的人继续向前跑去。

"我情愿去弄点酒,"基说,他们停下来,然后在一片"挨枪子的!"和"开小差的胆小鬼!"的喊叫声中向人行道走去。

"你的哥哥在这一带工作吗?"罗斯问,装出一副像是从浅薄的话题谈到不朽的话题的人的神气。

"他应该在这一带，"基回答，"我已经有两年没看到他了。从那时起，我出门到宾夕法尼亚去了。也许他晚上不工作也难说。就在这一带。要是他没离开的话，那他保证能给咱们弄一点。"

他们在这条街上来回走了几分钟，找到了那个地方——那是在五号路和百老汇中间一家装潢讲究、烹调低劣的饭馆。基进去打听他的哥哥乔治，罗斯在人行道上等着。

"他不在那儿了，"基一边走出来，一边说，"他在戴尔莫尼科当侍者。"

罗斯聪明地点点头，好像他早就料到似的。人不应该对一个能干的人偶尔掉换工作感到惊奇。他从前认识一个侍者——接着，他们一边走，一边长篇大论地谈论到底侍者挣的工资是不是比小账多——最后的结论是，这取决于那个侍者工作的饭馆的社会地位。两个人互相给对方描绘了百万富翁在戴尔莫尼科进餐的景象，说什么他们只喝了一夸特香槟酒，就把五十元票面的纸币乱撒，在这以后，两个人就都暗自想到当侍者了。事实上，基的狭窄的头脑里正在悄悄地打定主意，要求他哥哥给他找一个职位。

"一个侍者能够把那些家伙剩在瓶里的香槟酒一古脑儿喝完，"罗斯简直津津有味地提醒说，接着像是想起了什么似的，加了一句，"啊，老弟！"

他们来到戴尔莫尼科的时候，已经十点半了，他们惊奇地看到一辆辆出租汽车像流水似的开到门前，车子里走出美妙的、没有戴帽子的年轻女士，每一个都有一个穿夜礼服的直挺挺的年轻绅士陪着。

"这是舞会，"罗斯肃然起敬地说，"也许咱们还是不进去好。他会很忙的。"

"没什么，他不会忙的。他应付得了。"

他们犹豫了一下，走进那扇在他们看来最不复杂的门，发现他们自己在一间小餐厅里，顿时拿不准该怎么办，就忐忑不安地站在餐厅的一

220

个不显眼的角落里。他们脱下军帽，拿在手里。他们的心头蒙上一片愁云；房间的一头有一扇门砰地打开，把他们两人吓了一大跳，只见有一个侍者像彗星似的出现，飞快地穿过房间，走进另一头的一扇门，不见了。

侍者们像闪电似的这样经过了三次，他们运用所有的机智总算叫住了一个。那个侍者转过身子，怀疑地望着他们，接着用猫一样轻的脚步走近来，好像准备着随时转身逃跑。

"喂，"基开始说，"喂，你认识我哥哥吗？他在这儿当侍者。"

"他姓基，"罗斯加了个注解。

认识的，那个侍者认识基。他在楼上，他想。在那个最大的舞厅里，正在举行一次盛大的舞会。他会去告诉他。

十分钟以后，乔治·基出现了，带着极大的猜疑招呼他弟弟；他的第一个最自然的念头是，他弟弟是来向他借钱的。

乔治是高个子，没有下巴，不过他跟他弟弟在其他方面却一点不像了。这个侍者的眼光并不呆滞，而是机伶和闪亮的，他的态度温和，看得出一直是在室内工作的，稍微有点优越感。他们照例互相问好。乔治已经结婚，有了三个孩子。他听到卡罗尔参军以后到国外去过，相当有兴趣，但是并不认为了不起。这使卡罗尔失望。

"乔治，"客套话结束以后，做弟弟的说，"我们要弄一点酒，他们不卖给我们。你能给我们弄一点吗？"

乔治考虑着。

"行。也许我能。不过，也许得要半个钟头。"

"好吧，"卡罗尔表示同意，"我们等。"

这当儿，罗斯开始朝身旁的一张椅子上坐下去，不料乔治发火地大喝一声，吓得他马上站起来。

"嗨！注意啦，你！不能坐在这儿！这间房间全布置好了，十二点钟要开宴会的。"

"我不会弄坏它的，"罗斯气呼呼地说，"我敷过去虱剂。"

"别在意，"乔治严厉地说，"要是侍者头儿看到我在这儿说话，他会狠狠地骂我一顿。"

"哦。"

一提到侍者头，对另外两个人来说，就是理由充足的解释了；他们忐忑不安地摸着国外带回来的军帽，等着他安排。

"我告诉你们，"乔治停顿了一下，说，"我有一个地方，你们可以在那儿等着；你们跟我来吧。"

他们跟着他走出另一头的那扇门，穿过一个没有人的餐具室，从一段黑暗、盘旋的楼梯走上去，最后走进一间小房间，那里摆着一堆堆桶和一排排硬毛刷子，有一盏孤零零的电灯亮着，发出暗淡的光线。他收下两块钱，答应半个钟点以后送一夸特威士忌来，就把他们撇在那里走了。

"乔治挣得不少，我敢打赌，"基一边在一个倒放着的桶上坐下来，一边神情阴郁地说，"我敢打赌，他一礼拜能挣五十块。"

罗斯点点头，吐了一口唾沫。

"我也敢打赌，他是挣这么多。"

"他对舞会说了些什么？"

"许多大学生。耶鲁大学的。"

他们两人互相严肃地点点头。

"说不准那群士兵眼下在哪儿吧？"

"我不知道。我知道那对我来说真他妈的走得太长了。"

"对我也太长。你不会看到我走得那么远了。"

十分钟以后，他们坐立不安起来。

"我去看看那一头外面是什么，"罗斯一边说，一边小心谨慎地向另一扇门踱过去。

那是一扇绿呢弹簧门；他小心地推开一英寸。

"看到什么？"

罗斯剧烈地吸了一口气，才开口回答。

"他妈的！啊呀，这儿有酒！"

"酒？"

基走过去，同罗斯一起站在门口，一个劲地望着。

"不管是对谁，我都敢担保，这是酒，"他集中精神盯着看了一会儿以后说。

那间房间比他待的那间约摸大一倍——已经准备好，用来开一次豪华的酒会。两张铺着白桌布的桌子上摆着一排排听凭选择的瓶酒，威士忌啦、杜松子酒啦、白兰地啦、法国和意大利苦艾酒啦，还有橘子汁，那一瓶瓶排得整整齐齐的苏打水和两个空的盛潘趣酒的大钵就不用说了。房间里眼下还没有人。

"那是为他们那场刚开始的舞会准备的，"基低声说，"听到小提琴的演奏声吗？嗨，老弟，跳支舞我倒不反对。"

他们轻轻地关上门，交换了一个互相领会的眼色。用不着互相试探就已经完全知道。

"我真想拿上两瓶，"罗斯加重了语气说。

"我也想。"

"你想咱们会被人看到吗？"

基考虑着。

"也许咱们还是等他们开始喝了以后才下手好。他们现在把那些酒摆得整整齐齐，所以他们知道有多少瓶。"

他们为这件事争论了几分钟。罗斯一心想，在有人走进房间以前，现在就拿一瓶，塞在上衣下面。但是，基主张谨慎。他害怕他可能给他哥哥惹麻烦。要是他们等到开了几瓶酒以后，那么拿上一瓶就毫无关系，人人都会想准是哪个大学生干的。

他们还在争论的时候，乔治·基走进来，只对他们咕哝了一下，就匆匆穿过房间，从绿呢弹簧门里走出去。一分钟以后，他们听到几下噗噗的开瓶塞的声音，接着是劈劈啪啪的冰块声和哗哗的倒酒声。乔治在调潘趣酒。

223

两个人互相看着，高兴地咧开了嘴笑起来。

"啊，老弟!"罗斯低声说。

乔治又出现了。

"说话轻点，小伙子，"他迅速地说，"你们要的东西我五分钟以后给你们取来。"

他从他进来的那扇门里出去。

等他的脚步声在楼梯上越来越轻，罗斯小心谨慎地望了一眼，就倏的窜进那间充满欢乐气氛的房间，拿了一瓶酒回来。

"嗨，你听我说，"他们兴高采烈地享用第一口酒的时候，他说，"咱们等他来，问他咱们是不是能待在这儿，喝他给咱们拿来的酒——你瞧。咱们告诉他，咱们没有别的地方可以喝酒——你瞧。那么咱们能趁那边那个房间里没有人的当儿，悄悄溜进去，塞一瓶在咱们的上衣底下。咱们不是就有足够的酒，可以让咱们喝上两天了——懂吗?"

"当然啦，"罗斯热烈地同意。"啊，老弟! 要是咱们想卖给士兵的话，咱们就能随时卖给他们。"

他们静默了一会儿，满心欢喜地想着这个主意。接着基伸起手来，解开那件值日军官的上衣的领扣。

"这儿很热，是不?"

罗斯热切地同意。

"热得像地狱。"

四

　　她从化妆室里出来，穿过通向过道的休息室，那个休息室是为了雅观起见设在化妆室和过道中间的，这时候，她仍然很生气——倒并不是因为发生了那件事情，她才冒火，归根结蒂，那不过是她社交生活中一件平凡的事情，而是因为那件事情偏偏发生在那天夜晚。她对自己没有不满意。她装出一副她一向惯用的既庄严又表示沉默的同情的正确态度。她干脆而熟练地阻止了他。

　　事情发生在他们的出租汽车离开比尔特莫尔的时候——向前面那条横马路走了还不到一半路程。他笨拙地举起右臂——她坐在他右边——想要悄悄围住她身上那件毛皮滚边的深红斗篷。这样做就犯了一个错误。一个小伙子想要拥抱一个他拿不稳会不会默默同意的年轻小姐，一定要先用离她较远的那条胳膊搂她，这样才比较优雅。这样就可以避免笨拙地举起他那条较近的胳膊。

　　他的第二个失礼是无意识的。她那天下午是花在理发店里的——一想到她的发式会突然被人弄坏，她就会非常恼火——可是彼得做那个不幸的动作的时候，他的胳膊肘偏偏微微擦了一下她的头发。这是他第二个失礼。两个已经很够了。

　　他开始嘟囔。一听他的嘟囔，她就肯定他不过是个大学里的毛孩子——伊迪丝才二十二岁；不管怎样，这次舞会，大战以来第一次这样的舞会，越来越引起她的联想，引起她回想另一件事情——另一次舞会和另一个人，她对那个人的感情可以说是一种带着悲伤的眼光的、青春期的梦幻。伊迪丝·布拉丁正陷在回忆戈登·斯特雷特的情网中。

她就是带着这种心情从戴尔莫尼科的化妆室里出来的，在过道口站了一下，眼光越过她前面的一个裹着黑衣服的肩膀，望着那群像尊严的黑蛾似的、在楼梯头飞快地转来转去的耶鲁人。从她刚出来的那个房间里飘来浓酽的芳香，那是来来去去的许多搽得香喷喷的年轻美人留下的——强烈的香水味和微细的、充满回忆的香粉末。这股飘出来的香味在过道里同冲鼻的纸烟味混在一起，愉快地从楼梯上一路飘下去，弥漫在那个正在举行伽马—普赛舞会的舞厅里。这种气味她非常熟悉，它给人刺激，使人兴奋，带有叫人不能安静的芬芳——时髦的舞会的气味。

她想到自己的外貌。她赤露着的胳膊和肩膀用香粉敷成乳白色。她知道今夜在穿着黑色礼服的脊背衬托下，她的胳膊和肩膀看上去非常柔软，而且像牛奶似的微微闪亮。发式梳得得意极了；她那泛红的浓发被处理得高高耸起，起伏弯曲，变成美妙悦目的波浪形。她的嘴唇是美丽的鲜红色；她的眼珠是鲜艳娇嫩的蓝色，像瓷做的。她是一个十全十美、无比娇艳、挑不出一点毛病的美人，从复杂的发式到小巧的脚配合得非常匀称。

她想着今天夜晚在这个狂欢会上她要说什么，听到那些高高低低的笑声和拖着走的脚步声，看到一对对男女在楼梯上走上走下，她已经隐隐约约地想到她要说的话了。她要说的是多少年来她一直在说的那种语言——她的专长——用流行的措辞、加上一点报刊用语和大学俚语组成的而且结合得很自然的谈吐，这种谈吐显得随便，稍带点挑逗性，还有点感伤色彩。她听到一个坐在楼梯上她附近的姑娘说："你连一知半解也算不上，亲爱的！"禁不住微笑起来。

她一流露出微笑，她的火气就消失了；闭上眼睛，她欢乐地深深吸一口气。她垂下双臂，轻轻碰碰那裹着她的身子、显出她的身段的柔软

226

的衣服。她从来没有感到她自己是这么柔软，从来也没有这么欣赏过她自己的白皙的双臂。

"我散发着芳香，"她坦率地对自己说，接着想起了另一个念头——"我生来就是为了爱情的。"

她喜欢这句话的声音，又想了一次；接着她不可避免地接连想到新近才产生的、闹得她心烦意乱的对戈登的梦想。两个月以前，她思路一转，突然发现自己一个没有预料到的愿望，想同他再见；眼下，这种思路的转变被带到这个舞会上，这个时刻中来了。

伊迪丝虽然是个时髦的美人，却是个生性严肃、思想迟缓的姑娘。她也多少具有使她哥哥变成社会主义者和和平主义者的那种爱好思考的愿望和青春期的理想主义。亨利·布拉丁原来是科内尔大学的经济学讲师，他离开那里，到纽约来，在一份激进的周刊的专栏上为不可治愈的社会痼疾提供最新的良方。

伊迪丝没有那么蠢，只要能治愈戈登·斯特雷特就心满意足了。戈登的性格中有一个她想要照料的弱点；他性格中有一种她想要保护的无所作为的缺陷。她想要一个她认识了好久的人，一个她爱她好久的人。她有点厌倦了；她想要结婚。她凭着一堆书信、五、六幅画和同样数目的回忆，再加上这点厌倦，她决定下次遇见戈登，他们的关系将要改变。她要说一些改变他们关系的话。正好有这个夜晚。这是她的夜晚。所有的夜晚都是她的夜晚。

接着，她的思想被一个神色庄重的大学生打断了，他带着委屈的神情和不自然的拘谨站在她前面，向她低低地鞠了一个躬，低得异乎寻常。这就是同她一起来的那个人，彼得·希梅尔。他是一个高个子，生性幽默，戴着角边眼镜，有一副吸引人的异想天开的神情。她突然相当讨厌他——也许因为他没有能够跟她接吻。

"唔，"她开始说，"你仍然对我发火吗？"

"一点也不。"

她走上前去，握住他的胳膊。

227

"我真抱歉，"她温柔地说，"我不知道我刚才干吗这么发脾气。今天夜晚我因为某种莫名其妙的原因情绪不对头。我真抱歉。"

"没什么，"他咕哝着说，"别提了。"

他感到窘得受不了。难道她是在揭他刚才那个过错的疮疤吗?

"那是一个错误，"她故意用同样的柔和声调接着说，"咱俩都把它忘了吧。"为了这句话，他恨她。

几分钟以后，他们像在舞池里漂过似的走出去，这时候，十二个特地雇来的摇摆着、叹息着的爵士乐队成员正在给挤满在舞厅里的人演奏:"要是一支萨克斯管和我被撇在一边，那么为什么两个人凑成一对!"

一个留着小胡子的人插进来请她跳舞。

"喂，"他带着责备的口气开始说，"你记不得我了。"

"我就是想不起你的名字，"她轻松地说——"可我完全认识你。"

"我遇见你是在⋯⋯"他的声音不愉快地低下去，因为一个长着非常漂亮的金头发的男人插进来请她跳舞了。伊迪丝对那个不认识的人轻轻地说着客套话:"谢谢，人很多——待会儿找我跳吧。"

那个非常漂亮的男人坚决要同她热烈地握手。她认为他是她许多叫吉姆的熟人当中的一个——至于他的姓，那只有天知道了。她甚至记得他跳起舞来有一种特殊的节奏;等他们一开始跳，她发现自己果然不错。

"到这儿来了好久了吗?"他亲密地低声说。

她向后靠了一下，抬头望着他。

"两礼拜。"

"你住在哪儿?"

"比尔特莫尔。哪一天打电话给我。"

"我会打的，"他向她保证，"我一定打，咱们去喝茶。"

"好啊——就这样。"

228

一个黑皮肤的人礼貌周到地插进来请她跳舞。

"你不记得我了吧，是不?"他一本正经地说。

"我想我记得。你姓哈兰。"

"不对。巴洛。"

"唔，反正我知道那是两个音节的。你就是在霍华德·马歇尔的家庭舞会上尤克里里琴演奏得很精彩的那个小伙子。"

"我演奏过——不过不是……"

一个龇牙的男人插进来请她跳舞。伊迪丝闻到一股威士忌酒味。她喜欢喝过一点酒的男人；他们兴致要高得多，知情识趣，善于恭维——要容易交谈得多。

"我姓迪安。菲利普·迪安，"他兴高采烈地说，"你不记得我了，我知道，不过你过去常跟我四年级的时候一个同寝室的人一起到纽黑文来，他叫戈登·斯特雷特。"

伊迪丝迅速抬起头来。

"是的，我跟他去过两回——'浅口舞鞋和轻便舞鞋'晚会和三年级的舞会。"

"你当然见过他，"迪安漫不经心地说，"他今晚来了。我刚才还看到他。"

伊迪丝大吃一惊。然而，她原来相当有把握，他会来的。

"什么，不，我已经有……"

一个红头发的胖子插进来请她跳舞。

"喂，伊迪丝，"他开始说。

"唔——原来是你……"

她脚一滑，微微绊了一下。

"对不起，亲爱的，"她机械地咕哝说。

她看到了戈登——戈登脸色煞白，无精打采，靠在门边上，一边吸烟，一边向舞厅里望。伊迪丝能够看到他的脸又瘦又憔悴——他把拿着香烟的那只手举到嘴唇旁，手在颤抖。现在他们跳到离他很近的地方。

"……他们邀请了那么许多叫人腻烦的家伙，你……"那个矮胖子正在说。

"喂，戈登，"伊迪丝在她舞伴的肩膀上喊叫。她的心怦怦地乱跳。

他那双又大又黑的眼睛盯着她看。他向她跨出一步。她的舞伴放开她——她听到他嘟嘟囔囔地讲蠢话。

"……可是有一半没有舞伴的男人喝醉了，不久就走了，所以……"

接着，她身旁传来低低的声音。

"我可以请你跳舞吗?"

她突然同戈登在一起跳舞了；他的一条胳膊搂着她；她感到那条胳膊由于痉挛而搂得很紧，感到放在她背上那只手的手指头伸开着。她拿着一条挑花手帕的那只手几乎要被他的手捏碎了。

"唷，戈登，"她开始气喘吁吁地说。

"你好，伊迪丝。"

她又滑了一下——为了要站稳，她把身子猛地向前一冲，脸碰到了他的夜礼服。她爱他——她知道她爱他——接着静默了一刹那，她心里悄悄涌起一种奇怪的、不自在的感觉。有什么事情不对头。

她的心突然一阵绞痛的悸动，她发觉了事实真相。他可怜巴巴，情绪沮丧，有点醉醺醺，而且累得快要倒下来了。

"啊……"她不由自主地嚷叫。

他的眼睛向下望着她。她突然看到他的眼睛上尽是血丝，而且无法控制地骨碌碌转动着。

"戈登，"她低声说，"咱们去坐吧。我要坐。"

他们差不多在舞池中央，但是她看到两个男人从房间对面走过来，所以她站住脚，抓住戈登无力的手，领着他跌跌撞撞地穿过人群；她紧闭着嘴唇；她的脸尽管涂了胭脂，却有一点苍白；她的眼睛含着眼泪微微打颤。

她在铺着柔软的地毯的楼梯高处找了一个地方；他沉重地坐在她身旁。

"唔，"他心神不安地盯着她看，开始说，"我看到你当然感到高兴，伊迪丝。"

她望着他，没有回答。他这副模样对她的影响是不可估量的。多少年来，她看到过带着各种程度的醉态的男人，从大叔大伯一直到开汽车的，而她的感觉也从有趣到讨厌，大有不同，但是她眼下第一次产生一种新感觉———一种说不出的恐怖。

"戈登，"她带着责备的口气说，几乎是在叫，"你看上去像魔鬼。"

他点点头。"我有麻烦，伊迪丝。"

"麻烦？"

"种种麻烦。你别跟我家里人去说，我可是彻头彻尾地垮了。我是个蠢货，伊迪丝。"

他的下嘴唇耷拉下来。他看上去好像没有看到她。

"你能不能——你能不能，"她犹豫地说，"你能不能告诉我是怎么回事，戈登？你知道，我一直对你感到兴趣。"

她咬紧嘴唇——她原打算说一些更有力的话，但是最后发觉她自己说不出口。

戈登垂头丧气地摇摇头。"我不能告诉你。你是一个好女人。我不能把这种事告诉一个好女人。"

"简直是胡扯，"她像是吵嘴似的说，"我想你在这样的情况下叫任何人好女人，都是十足地道的侮辱。这是骂人哪。你喝醉啦，戈登。"

"谢谢，"他庄重地垂下脑袋，"谢谢你告诉我。"

"你干吗要喝酒？"

"因为我他妈的太痛苦了。"

231

"难道你以为喝了酒就会好一点吗?"

"你要干什么——想法改造我吗?"

"不;我想要帮助你,戈登。你能不能把事情告诉我?"

"我的处境糟糕透顶。你最好是能做到装作不认识我。"

"为什么,戈登?"

"我真抱歉,我插进来请你跳舞——这对你是不公道的。你是一个纯洁的女人——而且是十足地道的。得了,我另外找个人来跟你跳舞。"

他笨拙地站起来,但是她伸出手去,把他拉到她身旁,坐在楼梯上。

"喂,戈登。你真荒谬。你在刺痛我。你的举动像一个——像一个疯子。……"

"我承认。我是有一点疯疯癫癫。我是不大对头,伊迪丝。我是有点毛病。这不要紧。"

"这要紧,告诉我。"

"就是这样。我一向不大正常——跟其他小伙子有点不一样。在大学里倒没什么,可是现在一团糟了。四个月来,我身子里的零件像女人衣服上的小钩子一个个地断了,再断掉几个,衣服就要散开了。我很快就要疯了。"

他转过脸来,眼睛直勾勾地望着她,大笑起来。她吓得从他身旁移开。

"到底是怎么回事?"

"我就是这样,"他重复着说,"我就要疯了。这整个地方对我来说,就像是一场梦——这个戴尔莫尼科……"

他在说话的时候,她发现他完全变了。他一点也不轻松、愉快和随便——显得非常冷漠和沮丧。她心里涌起一阵反感,接着是一种轻微的、令人惊奇的厌烦。他的声音似乎是从一片巨大的虚空中发出来的。

"伊迪丝,"他说,"我过去常想自己聪明,有才能,是个艺术

232

家。现在我知道自己不中用。不会画，伊迪丝。我说不上干吗要告诉你。"

她心不在焉地点点头。

"我不会画，我什么也不会做。我穷得一无所有，像教堂里的老鼠。"他沉痛地笑起来，而且声音也太高了一点。"我变成一个他妈的臭要饭的，剥削我朋友的寄生虫。我是个一败涂地的人。我穷得要命。"

她越来越厌恶了，等着一找到借口就站起来。

戈登突然眼泪汪汪。

"伊迪丝，"他显然用极大的努力克制自己，转过身来对她说，"我没法告诉你，我听到还有一个人对我感到兴趣，对我是一件多么了不起的事情。"

他伸出手去拍拍她的手，她不由自主地把手缩回去。

"你真是太好了，"他重复着说。

"唔，"她慢腾腾地说，盯着看他的眼睛，"任何人总是高兴看到一个老朋友的——可是我真遗憾，看到你这样，戈登。"

他们互相望着，谈话停顿了一会儿；他的眼睛里犹豫不决地闪烁着瞬息的热望。她站起来，停住脚望着他，脸上毫无表情。

"咱们跳舞吗？"她冷冷地提议。

——爱情是脆弱的——她在想——不过碎片也许保存下来了，那些已经到了嘴边的话，那些原来可能要说出口的话。新的情话、温柔的情意已经记在心里，珍藏着给下一个爱人。

五

　　彼得·希梅尔，那个陪可爱的伊迪丝来的人，不习惯于被拒绝；一被拒绝，他感到委屈、尴尬和丢脸。两个月以来，他一直同伊迪丝·布拉丁互通快信，而且知道他们互通快信的唯一原因和理由是因为这能使他们情感交流，所以他原以为自己的地位是相当稳固的。他费尽心机，找不出她有任何理由只是为了接一个吻这样的事情，对他表示这种态度。

　　因此，当那个留着小胡子的男人插进来请她跳舞的时候，他就离开舞厅，走进过道，一路上自言自语，把一句话翻来覆去地说了好几遍。经过相当的删节，这句话是：

　　"唔，要是哪一个姑娘跟一个男人勾搭，后来又狠狠地叫他下不了台，她既然干出了这样的好事——要是我走出去，喝它一个酩酊大醉，她也就没有什么可抱怨的啦。"

　　他就这样穿过餐厅，走进一间同餐厅相通的小房间，那天黄昏早些时候，他在那里待过。那间房间里在一排排酒瓶旁有几大钵潘趣酒。他在摆酒瓶的桌子旁一张椅子上坐下来。

　　喝到第二杯威士忌苏打，他脑子里那些腻烦、厌恶、时间的单调感、混乱的事情就都变成模糊的背景，在这个背景前，浮现出闪闪烁烁的蜘蛛网似的思想脉络。一件件事情已经变得心平气和了，已经安静下来了；一天的纠纷排成整齐的队形，按照他打算把它们打发掉的简单愿望，全体出发，走得无影无踪。烦恼一消除，灿烂的、无孔不入的象征性的想法就出现了。伊迪丝变成一个轻浮的、无足轻重的姑娘；用不着为她牵肠挂肚；倒不妨拿她取笑一番。她像一个他自己的梦中的角色，是在他周围形成的那个表面世界的一部分。他自己也变得有点象征性，成为一个典型：大陆上的纵酒狂欢者、游戏人间的出色的梦想家。

接着，那种象征性的心境消失了；当他喝第三杯威士忌苏打的时候，他的想象力引来了热烈的欢乐；他进入这样一个境界，好像仰天躺在令人愉快的水面上漂动。就在这当儿，他注意到他附近一扇绿呢门开了两英寸光景，而且在那道隙缝后面有一双眼睛一动不动地望着他。

"嗯，"彼得平静地咕哝了一下。

绿呢门关上了——接着又打开——这一次只开了半英寸。

"躲躲猫①，"彼得咕哝着。

门没有关上，接着他发觉有一连串紧张的断断续续的低语。

"一个人。"

"他在干什么？"

"他坐着看。"

"他还是滚开好。咱们还得弄一小瓶。"

彼得听着这些传到他耳朵里来的话。

"眼下，"他想，"这是最值得注意的。"

他感到兴奋。他大大地高兴起来。他认为他恰巧碰到一件神秘的事情。他故意假装出一副满不在乎的样子站起来，绕过桌子，接着飞快转过身去，拉开绿呢门，吓得躲藏着的罗斯慌忙逃进房间。

彼得鞠了一个躬。

"你好！"他说。

躲藏着的罗斯把一只脚稍微挪到另一只脚前面，摆出准备打架、逃

_____

① 这是一隐一现逗小孩的一种游戏。

235

走或者讲和的架势。

"你好!"彼得有礼貌地重复了一遍。

"我挺好。"

"我能请你喝一杯吗?"

躲藏着的罗斯用锐利的眼光紧盯着他看,怀疑他可能话里有刺。

"好吧,"他最后说。

彼得指指一张椅子。

"坐吧。"

"我有个朋友,"罗斯说,"我那儿还有个朋友。"他向绿呢门指指。

"那咱们一定要让他一起来。"

彼得穿过去,打开门,欢迎躲藏着的基出来,基满腹猜疑,拿不准这是怎么回事,而且感到心虚。椅子找来了;三个人坐在潘趣酒钵旁。彼得给他们一人一杯威士忌苏打,还从香烟盒里掏出烟卷来给他们一人一支。他们带着一点腼腆的神情都接受了。

"行了,"彼得轻松地继续说,"我能不能问,你们两位先生为什么情愿把空闲的时间消磨在一间就我看到主要只是摆了一些擦洗用的硬毛刷子的房间里?而且人类已经进步到了这样的阶段,除了礼拜天以外,天天要制造一万七千张椅子……"他停顿了一下。罗斯和基呆呆地注视着他。"你们能不能告诉我,"彼得接着说,"你们干吗要挑中那种用来把水从一个地方运到另一个地方的器具当座位呢?"

听到这儿,罗斯对这种话哼了一下。

"最后,"彼得结束他的话,"你们能不能告诉我,你们既然进了这座挂满巨大的美丽枝形灯架的大厦,为什么在一盏光线暗淡的电灯下消磨黄昏?"

罗斯望着基;基望着罗斯。他们哈哈大笑起来;他们笑得前俯后仰;他们发现只要互相望着就不可能不笑。但是他们不是在同他一起笑——他们是在笑他。对他们来说,一个这样说话的人不是喝得酩酊大醉，就是彻头彻尾地疯了。

"你们是耶鲁人，我猜想，"彼得说，他刚喝完了一杯威士忌苏打，正在调另一杯。

他们又哈哈大笑起来。

"不对。"

"嗯？我原以为你们是那所大学的低年级部分，那个叫作谢菲尔德科学学校的学生。"

"不对。"

"哼，唔，那可真是太糟了。毫无疑问，你们都是哈佛人，都想急于隐瞒你们的姓名，在这——这个青紫色的天堂里，就像报上所说的。"

"不对，"基轻蔑地说，"咱们正在等人。"

"啊，"彼得一边喊叫，一边站起来，在他们的杯子里倒满了酒，"很有趣。跟一个清洁女工约会，对不?"

他们两人怒气冲冲地否认这种说法。

"这没什么，"彼得打消他们的顾虑，"别辩护了。一个清洁女工跟世界上任何一位小姐一样好。吉卜林说： '任何一位小姐，骨子里都是格雷迪的裘迪。'①"

"一点不错，"基下流地对罗斯眨眨眼说。

"谈谈我的情况吧，譬如说，"彼得喝完了杯子里的酒，继续说，"我遇到一个宠坏了的姑娘。宠得他妈的坏透了的姑娘，坏得我还从来没见过。不愿意跟我接吻；什么理由也没有。故意勾搭我，引得我一定想要跟她接吻，然后啪的一扔！把我甩了！年轻一代到底会变成什么样子?"

"唷，运气不好，"基说——"运气太不好了。"

_____

① 这句俏皮话源出英国小说家和诗人吉卜林的一首诗《女士们》的最后两行，意谓女人不管是什么身份，在本质上都是一样的。彼得在借用时对原诗有所改动。

"啊，老弟！"罗斯说。

"再来一杯吗？"彼得说。

"我们刚才有一会儿差一点去打架，"基停顿了一下说，"不过路太远了。"

"打架？——这倒是个主意，"彼得说，他坐也坐不安稳，"把他们全揍一顿！我过去在部队里待过。"

"那是一个相信布尔什维主义的家伙。"

"这倒是个主意！"彼得热烈地嚷叫。"这正是我要说的话！杀死布尔什维克！消灭他们！"

"咱们是美国人，"罗斯说，流露出坚强、好斗的爱国主义。

"一点不错，"彼得说。"世界上最伟大的民族！咱们都是美国人！再来一杯。"

他们再来一杯。

六

一点钟，一班特殊的乐队来到戴尔莫尼科，即使在有许多特殊的乐队的这一天中，它也是特殊的。乐队的成员傲慢地坐在钢琴周围，担任起为伽马—普赛学生联谊会演奏音乐的任务来。领班的是一个大名鼎鼎的长笛演奏家，凭着他的一手绝技红遍纽约；他能头着地脚朝天，一边扭动肩膀，一边用长笛吹奏最新的爵士歌曲。在他表演的时候，全场的灯都关熄，只剩下一盏聚光灯照着那个长笛演奏家，还有一片流动的灯光，投射出摇曳的阴影和在拥挤的跳舞的人的头顶上像万花筒似的变换着的色彩。

伊迪丝跳着舞进入那个疲倦的、梦幻似的境界，只有初进社交界的人才习惯于这种境界，这同一个豪迈的人接连喝了几大杯威士忌苏打以后感到的兴奋一模一样。她的思想模模糊糊地在乐声中流动；她的舞伴在变换着色彩的暗淡的灯光下，像不真实的幻影似的变换。她现在昏昏沉沉地认为，自从舞会开始以来，好像已经有几天过去了。她已经同许多男人零零碎碎地谈论过许多话题。她被人吻过一次，求爱过六次。那天黄昏早些时候，各种不同的大学生同她跳过舞，但是现在她像在场所有比较出风头的姑娘们那样，有她自己的随从——那就是说，五、六个风流的男子挑中了她，或者交替享受她和另一个选中的美人的迷人的丰姿；他们按照固定不变的次序连续不断地插进来请她跳舞。

她看到戈登几次——他在楼梯上坐了好久，手掌支着头，他呆滞的眼光盯着他前面地板上一个无边无际的斑点；他看上去非常沮丧，而且醉醺醺——但是伊迪丝每一次都迅速移开她的眼光。那一切好像是好久以前的事了；她的头脑现在迟钝了，她的感觉已经昏昏沉沉，简直像快要睡着似的；只有她的脚在跳舞，她的声音在说一些隐晦的关于感情问题的笑话。

但是伊迪丝看到彼得·希梅尔神气活现和快快活活地喝得醉醺醺插进来请她跳舞的时候，还没有倦得不能表示正当的愤怒。她气得直喘气，抬头望着他。

"嗨，彼得!"

"我有点喝醉了，伊迪丝。"

"嗨，彼得，你真是讨人欢喜，你真是! 难道你不认为这是放肆吗? ——你这是跟我在一起嘛。"

接着她勉强微笑起来，因为他像猫头鹰似的带着感伤的神情望着她，脸上一下子现出一种愚蠢的痉挛的微笑。

"亲爱的伊迪丝，"他开始热烈地说，"你知道我爱你，对不?"

"你明明白白地讲出来了嘛。"

"我爱你——我只是要你跟我接吻，"他悲哀地加了一句。

他的尴尬、他的害臊都没有了。她是全世界最美丽的姑娘。最美丽的眼睛，像天上的星星。他要赔不是——首先，是为了他冒昧地想要吻她；第二，是因为喝酒——但是他刚才非常沮丧，因为他以为她对他非常恼火。……

那个红头发的胖子插进来，抬头望着伊迪丝，高兴地微笑着，请她跳舞。

"你带舞伴来吗?"她问。

"没有。"原来红头发的胖子是个没有女伴的人。

"唔，你愿意——这会给你添很大的麻烦吧——今晚陪我回家吗?"（这种极腼腆的表示是伊迪丝的迷人的做作——她知道那个红头发的胖子马上会陶醉在一阵狂喜中。）

"麻烦? 嗨，我的老天爷，我不知道有多么高兴哪! 你知道，我不知道有多么高兴哪。"

"非常感谢! 你太可爱了。"

她看了一下自己的手表。一点半。当她自言自语地说"一点半"的时候，她脑子里模糊地想到他哥哥在吃午饭的当儿告诉她，他每天夜晚在报社里工作到一点半以后。

伊迪丝突然向她眼前的那个舞伴转过脸去。

"戴尔莫尼科到底在什么街上?"

"街? 啊，那还用说，当然在第五街上啰。"

"我的意思是说，在什么街口?"

"噢——让我想一想——它在四十四号街口。"

这证实了她的想法。亨利的办公室一定在街对面，就在拐角上；她顿时想起她可以溜过去一会儿，扑到他的身上，使他大吃一惊，哪儿来了一个炫眼的美人，她的夜礼服外面罩着深红新斗篷哪，"让他高兴高兴"。这恰巧是伊迪丝非常喜欢做的那种事情——违背习俗的得意事情。这个念头缠住了她，使她甩也甩不掉——她犹豫了一下，就打定主意了。

"我的头发快要完全披下来了，"她讨人欢喜地对她的伴儿说，"我去梳一梳，你不会有意见吧?"

"一点也不会。"

"你真讨人欢喜。"

几分钟以后，披着她那件深红斗篷，她从旁边的楼梯上一溜烟似的跑下去，想到她这次小小的冒险，激动得满面红光。她从站在门口的一男一女身旁擦过——一个没下巴的侍者和一个胭脂搽得太红的年轻女郎，正在热烈地争论——打开大门，走进温暖的五月的夜晚。

七

那个胭脂搽得太红的年轻女郎用短促而恶狠狠的眼光在她后面瞟了一眼——接着又扭过头来，同那个没下巴的侍者重新争论。

"你还是上楼去跟他说我在这儿好，"她气势汹汹地说，"要不我自己上楼去。"

"不行。你不能上楼去!"乔治严厉地说。

那个姑娘流露出讥讽的微笑。

"我不能，我不能吗? 唔，我告诉你吧，我认识许多大学生，更多的是他们认识我，而且乐于带我去参加舞会，比你这一辈子里看到的还多呢。"

"也许是这样……"

"也许是这样，"她打断他的话，"啊，她们随便哪一个就像刚才走掉的那一个一样——天知道她上哪儿去了——她们那些被请来的就能随便来来去去——但是我要看一个她们的朋友，一个低微的挂挂火腿、给人端端油炸饼圈的侍者却站在这儿，把我拦在外面。"

"喂，"那个做哥哥的基气呼呼地说，"我不能丢掉饭碗啊。也许你说的那个家伙不想见你呢。"

"啊，他不可能不想见我。"

"何况那么一大堆人，我怎么能找到他呢?"

"啊，他在那儿，"她完全有把握地保证说，"你只要向随便哪一个问戈登·斯特雷特，他们就会把他指给你看。他们全都互相认识，那些家伙。"

她拿出一个网线提包，从包里掏出一张一元的钞票，递给乔治。

"拿去，"她说，"这是一点小意思。你去找到他，给我捎个信。你告诉他，他要是五分钟以内不到这儿来，我就上楼去。"

乔治悲观地摇摇头，把这件事情考虑了一会儿，非常犹豫不决，后来总算走进去了。

还不到规定的时间，戈登已经下来了。他比那天黄昏早些时候醉得更厉害，而且模样也变得不同了。脸上的酒意像结成一层硬壳似的。他昏昏沉沉，磕磕绊绊——说话都几乎不连贯了。

"你好，朱厄尔，"他口齿不清地说，"马上就来。朱厄尔，我弄不到那笔钱。尽了最大的力。"

"别提什么钱啦!"她厉声说，"你已经有十天没来找我了。到底是怎么回事?"

他慢腾腾地摇摇头。

"心境很坏，朱厄尔。生病。"

"你要是生病的话，干吗不告诉我。我并不是不顾死活地斤斤计较那笔钱。你开始不睬我以前，我从来不在钱上找你麻烦。"

他又摇摇头。

"没有不睬你。压根儿没有。"

"没有！你已经有三个礼拜不来找我了，除非你已经醉得懵懵懂懂，连你自己干了些什么也不知道了。"

"病了，朱厄尔，"他重复着说，疲劳地把眼光转向她。

"你不是身子挺不错嘛，能够上这儿来，跟你的社交界的朋友们玩得挺痛快。你告诉过我，你要找我一起去吃晚饭，你说你会带一些钱来给我。你连电话也不肯费神打一个给我。"

"我弄不到一点钱。"

"我刚才不是说过，那不要紧吗？我要看见你，戈登，可是你好像情愿找别人。"

他极力否认这种说法。

"那么，拿了你的帽子跟我走，"她建议。

戈登犹豫不决——她突然走上前去，两条胳膊搂住他的脖子。

"跟我一起走吧，戈登，"她几乎凑着他的耳朵在说，"咱们上德维内里斯去喝上一杯，然后到我的公寓去。"

"我不行，朱厄尔……"

"你行，"她热切地说。

"我病得很厉害。"

"唔，那你不该待在这儿跳舞。"

戈登向周围瞟了一眼，眼光里交织着宽心和绝望的神情，踌躇起来；接着她突然把他拉到她身旁，用柔软、丰满的嘴唇吻他。

"好吧，"他费劲地说，"我去拿帽子。"

八

　　伊迪丝走出来，走到五月的夜晚清澈的蓝色天空下，发现五号街上一个人也没有。大商店的橱窗都是黑魆魆的；店门外都罩着大铁门，这些商店已经成为白昼的豪华景象的坟墓。向四十二号街望过去，她看到那些通宵饭馆里映出来的、混合在一起的、模糊的灯光。在第六街的高架铁道火车站那儿，一列火车发出刺眼的亮光，在车站上平行的微弱的灯光中轰隆隆地穿过街道，飞快地驶进空气清新的黑暗。但是第四十四街上倒寂静无声。

　　伊迪丝把斗篷裹裹紧，飞快地穿过五号路。一个单身的男人从她身旁经过，用粗嘎的低声说："上哪儿去，小妞儿？"她吓了一大跳。这使她想起，她小时候有一个夜晚穿着睡衣在附近街上溜达，一条狗从一个大得闹不清的后院里对她汪汪乱叫。

　　不到一分钟，她抵达目的地，四十四号街上一所比较陈旧的二层楼建筑，在楼上的窗口她高兴地看到一些灯光。外面有足够的亮光，使她能看出窗边的招牌——纽约号角。她走进黑暗的过道，一秒钟以后看到角落里的楼梯。

　　接着，她走进一间又长又低的房间，房间里摆着许多办公桌，四面墙上都挂着报纸的合订本。那里只有两个人。他们坐在房间的两头，两个人都戴着绿眼罩，就着办公桌上孤零零的台灯光在写作。

她在门口踌躇地站了一会儿,接着两个人同时扭过头来,她认出了她的哥哥。

"嗨,伊迪丝!"他迅速站起来,惊奇地走近她,拿掉眼罩。他是个瘦削的高个子,黑皮肤,有一双敏锐的黑眼睛,戴着很厚的眼镜。那是一双神思恍惚的眼睛,好像眼光一直盯在同他谈话的人的头顶上。

他把双手放在她的两条胳膊上,亲亲她的脸颊。

"有什么事?"他重复着说,有点惊慌。

"我刚才在那边戴尔莫尼科参加舞会,亨利,"她兴奋地说,"我忍不住跑来看你。"

"你来看我,我感到高兴,"他警惕的神情很快地消失,又像往常一样神思恍惚了。"不过你不应该在夜晚独个儿出来,对不?"

坐在房间另一头的那个男人好奇地望着他们,但是亨利向他招手,他走过来了。他身材雍肿,有一双眨巴的小眼睛,卸掉了硬领和领带,他看上去像个礼拜天下午的中西部庄稼人。

"这是我妹妹,"亨利说,"她顺便进来看看我。"

"你好!"那个胖子微笑着说,"我叫巴塞洛缪,布拉丁小姐。我知道你哥哥早已把这个姓忘了。"

伊迪丝有礼貌地笑着。

"唔,"他继续说,"我们这个地方不怎么精彩吧,是不?"

伊迪丝向房间周围望一下。

"看上去很好嘛,"她回答,"你们把炸弹放在哪儿?"

"炸弹?"巴塞洛缪重复着说,大笑起来,"真是太妙啦——炸弹。你听到她的话吗,亨利?她想要知道咱们把炸弹放在哪儿?喂,真是太妙啦。"

伊迪丝身子一转,坐上一张空办公桌,两条腿垂在桌边摇晃。她哥哥坐在她身旁的一张椅子上。

"唔,"他心不在焉地问,"你这一回到纽约来旅行觉得怎么样?"

"不坏。我跟那些淘气的姑娘一起在比尔特莫尔待到礼拜天。你明天能不能来吃午饭?"

他想了一下。

"我特别忙,"他不同意,"我讨厌跟许多女人在一起。"

"好吧,"她平静地表示同意,"那你跟我一起去吃午饭。"

"很好。"

"我十二点钟来找你。"

巴塞洛缪显然急于回到他的办公桌旁去,但是他好像认为不说两句玩笑话就走开,就显得没有礼貌。

"唔,"——他尴尬地说。

他们两人扭过头来。

"唔,我们……我们在这个黄昏的早些时候有一段叫人兴奋的时间。"

两个男人交换了一下眼色。

"你应该来得早些,"巴塞洛缪继续说,胆子稍微大了一点。"我们照例有一场杂耍。"

"你这是真话?"

"一场小夜曲,"亨利说,"许多士兵聚集在楼下街上,对着招牌大叫大嚷。"

"为什么?"她追根究底。

"就是一群人,"亨利心不在焉地说,"只要是一群人,就不得不喊叫。他们缺少一个富有首创精神的人带头,要不,他们就可能硬冲进来,把这儿的东西砸个稀巴烂。"

"是啊,"巴塞洛缪说,又转过身去对着伊迪丝说,"应该早些来。"

他看来好像认为,说上这几句,就有足够的借口可以走开了,因为他猛地转过身子,回到自己的办公桌旁去了。

"所有的士兵都反对社会主义者吗?"伊迪丝追问她的哥哥,"我的意思是说，他们都猛烈地攻击你和这一切吗?"

亨利重新戴上眼罩，打了个呵欠。

"人类已经有了漫长的历程，"他漫不经心地说，"可是咱们大多数人都有返祖现象；那些士兵不知道他们要些什么，他们憎恨什么，或者他们喜欢什么。他们习惯于大呼隆行动；他们看来没法不示威游行。所以就碰巧反对我们。今天夜晚，这个城里处处在骚动。你知道，今天是五一节。"

"刚才到这儿来捣乱得厉害吗?"

"一点也不，"他轻蔑地说，"九点钟光景，约摸有二十五个士兵站在街上，开始对着月亮吼叫。"

"啊，"——她改变话题，"你高兴看到我吗，亨利?"

"什么，那还用说。"

"你看上去可不像是这样。"

"我是高兴嘛。"

"我猜想你认为我是一个———个浪费的人。有点像世界上最坏的贪图享乐的女人。"

亨利大笑起来。

"一点也不。趁你还年轻，高高兴兴地玩吧。怎么会有这样的想法? 难道我看上去像个古板和认真的青年吗?"

"不……"她停顿了一下，"……可是我不知道为什么开始想到我刚才参加的舞会同……同你的一切目的是彻头彻尾的不一样啊。那种舞会看来有点……有点不合时宜，对不? ……我参加那种舞会，而你在这儿为一个目标工作，要是你的理想实现，那种舞会就再也不可能举行了。"

"我倒不是那么想的。你还年轻，而你的行为是你受的教养的结果。去吧——高高兴兴地玩吧。"

她的脚一直懒洋洋地在摇晃，这时停住了；她的声音降低了一个音调。

247

"我希望你会……会回到哈里斯堡来，高高兴兴地玩玩。你拿得稳你这条路是走对了……"

"你穿着美丽的袜子，"他打断她的话，"到底是怎样的?"

"是绣花的，"她向下瞟了一眼回答，"漂亮吗?"她撩起下摆，露出丝袜裹着的苗条的小腿，"或者你不赞成丝袜吧?"

他看上去好像有点恼火，黑眼睛锐利地盯着她看。

"难道你要设法证明我是这么对你挑剔的吗，伊迪丝?"

"根本没有这个意思……"

她停住嘴。巴塞洛缪哼了一下。她扭过头去，只见他已经离开办公桌，站在窗前。

"什么事?"亨利问。

"人，"巴塞洛缪说，过了一会儿又说："人多得密密匝匝。他们从第六街在走过来。"

"人。"

那个胖子把鼻子贴在玻璃窗上。

"士兵，天啊!"他用强调的语气说，"我早就想到他们会回来的。"

伊迪丝跳起来，跑过去，同巴塞洛缪一起站在窗前。

"他们有许多人!"她激动地喊叫，"来啊，亨利!"

亨利把他的眼罩戴戴好，但是仍然坐着。

"咱们还是把灯关掉好吧?"巴塞洛缪出了个主意。

"不用。他们一下子就会走开的。"

"他们不会的，"伊迪丝一边从窗口望出去，一边说，"他们连想也没想到走开。他们还有人在来。瞧——整整一大堆人从第六街口拐过来了。"

凭着街灯的黄光和蓝影，她能够看到人行道上挤满了男人。他们大多数穿着军服，有的清醒，有的已经醉得糊里糊涂了；这伙人向上不连贯地乱叫乱嚷。

亨利站起身子，走到窗前，让办公室的灯光映出一个他的长长的侧影。叫声顿时变成一片有节奏的嚷叫，接着小块的口嚼烟叶啦，香烟盒啦，甚至硬币啦，像连珠炮似的一连串小东西劈劈啪啪地扔到窗上来。大门一打开，吵吵闹闹的声音现在开始从楼梯上传过来了。

"他们上来啦！"巴塞洛缪喊叫。

伊迪丝焦急地转过脸去看亨利。

"他们上来啦，亨利。"

他们的叫声从楼下的过道里传来，现在听得相当清楚了。

"该死的社会主义分子！"

"帮德国佬的家伙！喜欢德国鬼子的家伙！"

"二层楼，正面！来啊。"

"咱们要逮住这帮小子……"

接下来的五分钟像是在做梦。伊迪丝感到一片叫嚷声对着他们三个人突然爆发，就像是一场大雨，感到楼梯上那么许多脚步声像是霹雳，还感到亨利抓住她的胳膊，把她拉到房间后头去。接着房门打开了，一股人流被推进来——他们倒不是带头的，而是恰巧走在前面。

"喂，老弟！"

"太迟了吧，对不？"

"你跟你的女朋友。你这该死的东西！"

她注意到有两个醉得很厉害的士兵被推到前面，他们傻头傻脑地摇晃着——其中一个又矮又黑，另一个是个高个子，没有下巴。

亨利走上前去，举起一只手。

"朋友们！"他说。

吵闹的叫声暂时静了下来，只是断断续续地有一些咕哝声。

"朋友们！"他重复着说，他那双神思恍惚的眼睛盯着看那群人的头顶上，"你们今天夜晚闯进来，不是在损害别人，而是在损害你们自己。你们看我们像有钱人吗？我们像德国人吗？我合情合理地问你们……"

"安静下来！"

"我说你安静点！"

"喂，谁是你的女朋友，伙计？"

一个穿便服的男人一直在办公桌上乱翻，突然举起一份报纸。

"找到啦，"他叫起来，"他们要德国人打赢这场战争！"

又有一股新的人流从楼梯上被涌进来，房间里一下子挤满了人，全围着这三个站在房间后面的脸色苍白的人。伊迪丝看到那个高个子、没有下巴的士兵仍然站在前面。那个黑皮肤的矮子不见了。

她侧着身子稍微向后走去，站在开着的窗口附近，窗外阴凉的夜风把新鲜空气吹进来。

接着房间里一片骚乱。她发觉士兵们涌上前来，看见那个胖子抓起一张椅子在头顶上挥舞——灯光顿时熄灭，接着她感到粗布衣服下温暖的肉体推推搡搡，她耳朵里充满了喊叫声、践踏声和鼻息咻咻声。

一条人影不知从哪儿窜出来，擦过她的身子，跌跌撞撞地走动，接着被拥到旁边去，突然从开着的窗口里摔出去，不见了，传来一阵吓慌了的、不连贯的叫声，在一片闹声中，叫声断断续续地消失了。凭着后面的建筑物里映出来的微弱的灯光，伊迪丝很快地看到一眼，他是那个高个子、没下巴的士兵。

她心里惊奇地冒起了怒火。她拼命挥舞胳膊，向扭打得最激烈的地方不顾死活地硬冲进去。她听到咕哝、诅咒和拳头打在衣服上的声音。

"亨利！"她发疯似地喊叫，"亨利！"

后来，几分钟以后，她突然发觉房间里另外有几条人影。她听到深沉的、威吓性和权威性的声音；她看到在一个个打架的人堆中有几道黄光。叫声越来越零落了。扭打越发激烈，接着就停止了。

灯光突然亮起来；房间里全是警察，他们用警棍四面乱揍。传来了洪亮和深沉的声音：

"马上散开！马上散开！马上散开！"

接着是：

250

"安静下来，出去！马上散开！"

房间里看上去空得像一个脸盆。一个刚才在角落里扭打过的警察，放开他抓住的那个当兵的对手，猛推一下把那个人赶出门去。深沉的声音继续在说话。伊迪丝现在看到那是站在门旁的一个脖子像公牛一样粗的警长发出来的。

"马上散开！那儿没有路！你们自己的一个士兵被人从后面的窗口推出去，摔死啦！"

"亨利！"伊迪丝喊叫，"亨利！"

她用拳头拼命打着她前面那个人的脊背；她在另外两个人中间擦过去，打啊，叫啊，硬开出一条路来走到坐在一张办公桌附近地板上的一个脸色非常苍白的人跟前。

"亨利，"她热烈地喊叫，"怎么啦？怎么啦？他们把你打伤了吗？"

他的眼睛闭着。他呻吟，接着抬起眼睛望着，厌恶地说：

"他们把我的一条腿弄断了。我的老天，这帮蠢货！"

"马上散开！"那个警长嚷着说，"马上散开！马上散开！"

九

"蔡尔兹，五十九号街"在任何一个早晨八点钟，同它的连锁姊妹店相比，大理石桌面比较窄，平底锅的亮度也比较差。你会看到一群眼角上还有睡意的穷人设法笔直看着他们自己面前的食物，借此避免看到别的穷人。但是五十九号街上的蔡尔兹在四个钟头以前却和从俄勒冈州的波特兰到缅因州的波特兰[①]，任何一家蔡尔兹饭馆，大不相同。在它那墙壁灰白而卫生的餐室内，可以看到各种各样的人闹嚷嚷地混在一起，歌剧合唱女演员啊、大学生啊、初进社交界的姑娘啊、生活放荡的人啊、卖笑女郎啊——可以说混在这里的人是百老汇，甚至五号路上那伙最欢乐的人中的代表性人物。

在五月二日一大早，这里异乎寻常地挤得满满的。那些父亲拥有私人庄园的、不受传统束缚的姑娘，兴奋地脸朝着大理石桌面。她们正在兴致勃勃、津津有味地吃荞麦糕和炒蛋，要她们四个钟头以后再到这里来重吃一顿，那是根本不可能的。

有几个歌剧合唱女演员，她们是演罢午夜场的时事讽刺剧以后，到这里来的，她们坐在一张旁边的桌子上，希望在散戏以后用不着再装模作样了。除了她们以外，所有的人几乎都是从戴尔莫尼科的伽马—普赛舞会上来的。每隔一会儿，就有一个神情呆滞、像耗子一样探头探脑、同这里的气氛完全不相称的人，带着疲倦、困惑的好奇心望着那些活泼的女人。但是神情呆滞的人极少。这是五一劳动节的第二天早晨，空气里仍然有庆祝的气氛。

格斯·罗斯，虽然神志清醒，但是有点昏头昏脑，应该算在神情呆滞的人那一类内。他在那场骚乱以后，怎么从四十四号街来到五十九号街，只有一片模模糊糊、闹不清楚的记忆。他看到卡罗尔·基的尸体被放进一辆救护车运走，然后他同两三个士兵向非闹市区走去。在四十四号街和五十九号街中间什么地方，那几个士兵遇到几个女人，不见了。罗斯溜达到哥伦布广场，挑中了闪烁着幽暗的灯光的蔡尔兹来满足他对咖啡和油炸饼圈的想望。他走进去，坐了下来。

他周围漂浮着轻松的、无关紧要的闲谈和尖声的大笑。起先，他弄

---

① 即从美国的西部到美国的东部。

不懂是怎么回事，但是经过五分钟的迷惑，他发觉那是一个欢乐的舞会的余波。这里那里有一个坐不住的、兴高采烈的小伙子在桌子中间亲切和友爱地转悠，不加区别地一一握手，还不时地停下来开个玩笑，而激动的侍者们高高地托着糕和蛋，暗暗咒骂他，把他从挡住的道上推开。罗斯坐在那张最不引人注目和人最少的桌子旁；对他来说，整个场面就像是绚烂夺目的美人和狂欢展览。

过了一会儿，他逐渐注意到坐在他斜对面的那一对，他们背对着人群，是房间里最不叫人感兴趣的一对。那个男的已经喝醉了。他穿着夜礼服，领带歪着，衬衫由于泼着了水和酒皱了起来。他的眼睛模糊和充血，不自然地骨碌碌转动着。他嘴里的呼吸声短促。

"他喝得太多啦！"罗斯想。

那个女的即使说不上完全清醒，也差不了多少。她相貌漂亮，黑眼睛，脸色发烧似的通红，而她像鹰一样机灵地把眼光盯着她那个伴儿。她时不时地把身子凑过去，热切地对他低声说话；他就会沉重地垂着头，或是非常讨厌和吓人地眨眨眼，算是回答。

罗斯默不作声地对他们仔细打量了几分钟，直到那个女人迅速地狠狠看了他一眼；接着他把眼光移到两个最引人注目地、兴高采烈地在转悠的人身上，他们在桌子间转个没完。他惊奇地认出其中一个就是在戴尔莫尼科非常滑稽地款待他的年轻人。这使他带着模糊的感伤和轻微的害怕想起了基。基死了。他从三十五英尺高的地方摔下去，脑壳像个砸开的椰子那样裂开来。

"他是一个好小伙子，"罗斯悲伤地想着，"他确实是个好小伙子。他运气太坏了。"

两个转悠的人走近来，从罗斯的桌子和另一张中间走过来，带着高兴、亲切的神情既同朋友，也同陌生人打招呼。罗斯突然看到黄头发、龅牙齿的那一个站住脚，神情古怪地望着对面的一男一女，接着不赞成地摇起头来。

那个眼睛充血的人抬头看。

"戈迪，"那个转悠的龅牙齿说，"戈迪。"

"喂，"那个衬衫上有渍子的人口齿不清地说。

龅牙齿朝那一对悲观地摇摇手指头，带着冷冷的谴责的神情瞟了那个女人一眼。

"我怎么跟你说的，戈迪?"

戈登在椅子上动了一下。

"滚开!"他说。

迪安继续站在那里，摇摇手指头。那个女人开始发火了。

"你走开!"她恶狠狠地嚷叫，"你喝醉啦，你这个醉鬼!"

"他也喝醉啦，"他的手指头暂时停止摇动，指着戈登。

彼得·希梅尔从容不迫地走过来，现在带着猫头鹰似的神情，摆出一副想要发表议论的样子。

"喂，"他开始说，好像是被请来处理孩子间小小的争吵似的，"有什么纠纷?"

"你把你的朋友带走，"朱厄尔刺耳地说。"他在打扰我们。"

"什么事?"

"你听我说过啦!"她尖声说，"我说把你的喝醉了的朋友带走。"

她提高了的声音响得超过饭馆里的谈笑声；一个侍者急忙赶来。

"你得轻一点!"

"这人喝醉啦，"她喊叫，"他在侮辱我们。"

"啊—哈，戈迪，"那个被指责的人坚持着说，"我怎么对你说的。"他转过身去对那个侍者说："戈迪跟我是朋友。我曾经出力帮助过他，对不，戈迪?"

戈迪抬头看。

"帮助我? 见鬼，没有!"

朱厄尔突然站起来，一把抓住戈登的胳膊，帮助他站稳身子。

"走吧，戈迪!"她凑到他面前，几乎是凑着他耳朵低声说，"咱们离开这儿。这个人喝醉了，发酒疯。"

戈登让自己被拉起来，向门口走去。朱厄尔把头扭回来一下，对闹得他们离开的那个人说话。

"你那一套我全知道！"她恶狠狠地说，"好朋友，你真是，哼。他把你那套全告诉我了。"

接着，她抓住戈登的胳膊，他们一起穿过好奇的人堆，付了账，走出去。

"你得坐下，"他们走掉以后，那个侍者对彼得说。

"什么事？坐下？"

"对——要不，就出去。"

彼得转过脸来对着迪安。

"来，"他建议，"咱们把这个侍者狠狠揍一顿。"

"行。"

他们向他走过去，他们的脸沉下来了。那个侍者向后退。

彼得突然伸出手去，在他身旁桌子上一个盆子里抓了一把炒肉丁，向空中一扔。肉丁像雪片似的、抛物线状地、慢腾腾地落在附近一些人的头上。

"嗨！安分点！"

"撵他出去！"

"坐下，彼得！"

"少说废话！"

彼得哈哈大笑，鞠了一个躬。

"谢谢你们热心喝彩，女士们，先生们。要是有人再借给我一点肉丁和一顶礼帽，咱们继续表演。"

饭馆里那个维持秩序的人[①]急忙走来。

"你得出去！"他对彼得说。

[①] 美国的饭馆、剧院、旅馆往往雇用身材结实的大汉驱逐闹事的人。

"见鬼，不出去！"

"他是我的朋友！"迪安怒气冲冲地插嘴说。

一群侍者聚集起来。"攮他出去！"

"还是走好，彼得。"

短短地搏斗了一下，那两个人被推推搡搡地向门口赶去。

"我还有帽子和大衣哪！"彼得喊叫。

"好，去拿吧，快一点。"

那个维持秩序的人松开了抓住彼得的手；彼得做了一个极灵巧的滑稽姿态，马上飞也似的转到另外一张桌子旁去，把大拇指碰着鼻尖，伸开其他四个手指头①，对着那帮恼火的侍者发出嘲弄的大笑。

"我想还是再等一会儿好，"他说。

又开始追赶了。四个侍者被派去堵住一面，另外四个堵另一面。迪安抓住两个侍者的上衣。在重新追捕彼得以前，发生了另一场搏斗，最后，他在打翻了一个糖缸和几个咖啡杯以后，终于被抓住了胳膊。在收款员的桌子旁又发生了一场新的争执，彼得想要另外买一盆肉丁带走，用来扔警察。

但是，把他请出门去引起的这场混乱，却及不上另一个景象精彩；饭馆里的人个个被那个景象所吸引，流露出赞赏的眼光，而且不由自主地发出拉长了的"啊—啊—啊！"

饭馆正面的大玻璃已经变成深雪青色，马克斯菲尔德·帕里什②画的月夜的颜色——那青色看上去好像紧贴在玻璃板上，要挤到饭馆里来似的。曙光从哥伦布广场上来了，奇妙、寂静的曙光，映出了不朽的克里斯托弗③的巨大的雕像的轮廓，还奇怪而神秘地同饭馆里的越来越暗的黄电灯光混合在一起。

---

① 在西方习俗中这是一个侮辱人的手势。
② 马克斯菲尔德·帕里什(1870—1966)：美国画家。
③ 哥伦布的名字。

十

　　进先生和出先生没有被人口调查员记在册子上。你在社会事业登记册，或者出生、结婚、死亡登记册，或者食品店的记账本上去找他们，是找不到的。他们已经湮没在遗忘中；证明他们曾经存在的一切证据都是模糊的、无法确定的，在法庭上也不可能得到承认。然而我有最充分的根据可以肯定，在一个短短的时间内，进先生和出先生呼吸着、生活着，有他们自己的姓名，生气勃勃地显露出他们自己的个性。

　　在他们短短的一生中，他们穿着本国的服装，在一个伟大的国家的伟大的公路上行走，受到嘲笑、咒骂、追赶和躲开。接着，他们消失了，再也听不到了。

　　当一辆敞篷出租汽车在熹微的五月晨光中在百老汇飞速驰过的时候，他们已经模模糊糊地形成了。进先生和出先生的灵魂坐在汽车中惊奇地谈论着那青色的亮光这么快地染遍克里斯托弗·哥伦布雕像后面的天空，迷惑地谈论着那些在街上朦胧地匆匆走过的早起者，他们的苍老、灰白的脸就像被风吹得在灰色的湖面上漂动的纸片。他们对一切事情都意见一致，从蔡尔兹那个维持秩序的人的荒谬到人生事务的荒谬。这天早晨唤醒了他们热烈的心灵中酒醉后的极度喜悦，使他们变得疯疯癫癫。他们对生活的欢乐确实是这么敏锐和强烈，使他们觉得应该用大喊大叫来表达。

"呀—啊—呵！"彼得用手做了个传声筒大叫——接着迪安参加喊叫了，他的喊叫虽然同样具有意义和象征性，却由于口齿不清而引起回声。

"唷—嗬！呀！唷嗬！唷—布巴！"

在五十三号街上，他们遇到一辆公共汽车，车顶上有个头发剪短的黑皮肤美人；在五十二号街上，他们遇到一个清道夫，他躲避，逃开，用痛心和悲伤的声音嚷叫："瞧你们在闹什么！"在五十号街上，一群人在一座很白的建筑物前面一条很白的人行道上转过脸来盯着他们的后影看，喊叫：

"这儿有伴，小伙子。"

在四十九号街上，彼得向迪安转过脸去。"美丽的早晨，"他庄重地说，那双猫头鹰似的眼睛乜斜着。

"也许是吧。"

"去吃点早饭，怎么样？"

迪安表示同意——还加了一句：

"早饭和酒。"

"早饭和酒，"彼得重复了一遍，接着他们互相望着，点点头。"这符合逻辑。"

接着他们两人都忍不住哈哈大笑起来。

"早饭和酒！啊，天啊！"

"没有这种东西，"彼得说。

"不卖吗？不要紧。咱们逼着他们卖。施加压力。"

"运用逻辑的力量。"

出租汽车突然在百老汇拐弯，顺着一条横马路开去，然后在第五街上一座庄重的、像坟墓似的建筑物前停住。

"怎么啦？"

出租汽车司机告诉他们，戴尔莫尼科到了。

这有点把人闹糊涂了。他们不得不花几分钟集中思想考虑一下，因为既然这么吩咐过，就一定有个理由。

"刚才提到大衣，"出租汽车司机提醒说。

这就对了。彼得的大衣和礼帽。他把它们忘在戴尔莫尼科了。事情弄明白以后，他们从出租汽车里出来，挽着胳膊向入口走去。

"嗨!"出租汽车司机说。

"嘿?"

"你们把车钱给我。"

他们摇摇头，生气地表示不行。

"待一会儿，现在不行——咱们吩咐你等着。"

出租汽车司机不同意;他马上要钱。他们以极大的自我克制，带着不屑计较的神情把钱付给他。

彼得在幽暗、无人的衣帽间里摸来摸去，找不到他的大衣和礼帽。

"没了，我想。谁偷走了。"

"说不定是哪个谢菲尔德的学生。"

"完全可能。"

"没关系，"迪安大方地说，"我把自己的大衣和礼帽也留在这儿——那么咱们就穿得一个样了。"

他脱下大衣和帽子，正要挂在钩子上的时候，他那东张西望的眼光像受到催眠术的摆布似的被钉在衣帽间的两扇门上的两大块纸板吸引住了。左面那扇门上有个大黑体字:"进"，右面那扇门上显示着同样醒目的字:"出"。

"瞧!"他快活地喊叫。

彼得的眼光跟着他手指头点的方向看去。

"什么?"

"瞧那两块牌子。让咱们拿走。"

"好主意。"

"也许是一对非常难得和非常珍贵的牌子。也许早晚有用。"

彼得把左面那块牌子从门上拿下来，想方设法要把它藏在自己的身

259

上。牌子相当大，这事情有点困难。他忽然想出一个主意；带着装模作样的神秘莫测的姿态，他转过身去。过了一会儿，他像演戏似的飞快地转过身来，向钦佩的迪安伸出两条胳膊，显示自己。他把牌子插在背心里面，完全遮住了衬衫的前胸。实际上，那个大黑体字"进"盖在衬衫上。

"唷嗬！"迪安乐坏了，"进先生。"

他照样把自己那块牌子插进去。

"出先生！"他得意洋洋地说，"进先生遇见出先生。"

他们向前走去，握手。他们忍不住又哈哈大笑起来；使人颤抖的愉快的痉挛使他们摇来晃去。

"唷嗬！"

"咱们可能弄到许多早饭。"

"咱们到……到康默多饭店去。"

他们胳膊挽着胳膊，从门口出去，向东拐到四十四号街上，直奔康默多饭店。

他们出来的时候，一个身材矮小的黑皮肤的士兵回头看他们，那个士兵脸色非常苍白和疲倦，一直没精打采地在人行道上转悠。

他开始走过来，好像要同他们说话，但是他马上盯着他看，眼光里显露出毫不相识的神情，他就等他们歪歪斜斜地在街上走过去，然后跟在他们后面，隔开约摸四十步，一边暗暗地笑，一边用愉快的、期待的声调反复低声说："啊，老弟！"

进先生和出先生这时候正在用开玩笑的谈话交换着未来的计划。

"咱们要酒；咱们要早饭。缺一样也不成。这是不能分开的。"

"咱们两样都要！"

"两样！"

现在天相当亮了；过路人用好奇的眼光盯着那两个人。他们显然在讨论什么事情，而且两个人都对这场讨论热烈地感到兴趣，因为他们时不时地发出一阵大笑，笑得那么厉害——两个人仍然胳膊挽着胳膊——

身子弯得差一点叠起来了。

　　走到康默多饭店前，他们同那个睡眼蒙眬的看门人互相说了几句粗话，有点困难地推动转门，随即穿过一个门厅，那里人很少，但是在场的人都被他们吓了一大跳；他们走进餐厅，一个被闹糊涂了的侍者把他们领到角落里一张偏僻的桌子旁。他们眼巴巴地看着菜单，动不出脑筋，互相为难地咕哝着每一样菜名。

　　"菜单上看不到一种酒，"彼得埋怨地说。

　　只听得侍者在说话，但是听不懂他在说什么。

　　"再说一遍，"彼得耐着性子宽容地继续说，"菜单上一种酒也没有，真是毫无理由，叫人扫兴。"

　　"有啦！"迪安自信地说，"让我来对付他。"他转过脸去，对着侍者。"给我们来……给我们来……"他急切地看着菜单。"给我们来一夸特香槟酒和一————……也许是火腿三明治吧。"

　　那个侍者神情疑惑。

　　"去拿来！"进先生和出先生同时吼叫。

　　那个侍者咳了一声，走掉了。他们等了短短一会儿，在这期间，他们没有发觉，侍者头已经仔细地察看过他们。接着香槟酒端来了；一看到酒，进先生和出先生就高兴起来。

　　"想想看，他们会反对咱们拿香槟酒当早饭——想想看。"

　　他们两人全神贯注地幻想着这种可怕的可能性，但是他们脑子太差，想不出。他们两人一起想象也想不出竟然有那么一个世界，在那里有人可能反对别人拿酒当早饭[①]。那个侍者打开瓶塞，发出响亮的噗的一声——他们的玻璃杯里顿时盛着泛着泡沫的淡黄液体。

　　"祝你健康，进先生。"

　　"彼此彼此，出先生。"

　　那个侍者走开了；过了几分钟；瓶里的香槟酒低下去了。

_____

① 这里暗指美国国会通过的禁酒法。

261

"真——真叫人不痛快，"迪安突然说。

"什么事不痛快?"

"想到了他们会反对咱们拿香槟酒当早饭。"

"不痛快?"彼得考虑着，"对，说得对——不痛快。"

他们又不由自主地大笑，号叫，摇摆，在椅子上笑得前俯后仰，一遍遍地互相重复着"不痛快"这个词——好像每重复一遍就使这件事越发变得荒谬似的。

又愉快地过了几分钟，他们决定再来一夸特。侍候他们的那个侍者急忙去同他的顶头上司商量；那个谨慎的人明确地指示，不再供应香槟酒。他们的账单送来了。

五分钟以后，他们胳膊挽着胳膊，离开康默多饭店，沿着四十二号街穿过好奇的、盯着他们看的人堆，走到范德比尔特大街比尔特莫尔门口。在那里，他们灵机一动，想出了闯过难关的办法，不自然地挺直身子，迅速迈开脚步，穿过门厅。

一走进餐厅，他们又重来了一次刚才的表演。他们兴奋得很，一会儿哈哈大笑，笑得弯下身去，一会儿突然谈论政治、学校和他们快活的心情。他们的手表告诉他们，现在已经九点了；他们模模糊糊地记起他们参加了一个值得纪念的舞会，他们永远不会忘记这件事情。他们舍不得离开这第二瓶酒。他们哪一个只要一提到"不痛快"这个词，两个人就嘻嘻哈哈乐得喘不过气来。现在，餐厅在飞也似的旋转；一种奇妙的轻松气息弥漫着并且净化着沉闷的气氛。

他们付了账，离开餐厅，走进门厅。

这时候，大门转动了，这是那天上午第一千次转动。走进门厅的是一个脸色非常苍白的年轻美人，眼睛底下有着黑圈，穿着很皱的夜礼服。她由一个衣服朴素的结实的男人陪同着，显然那个人不是一个合适的伴儿。

在楼梯头，那两个遇到进先生和出先生。

"伊迪丝，"进先生一边开始说，一边高兴地向她走去，很快地鞠了一个躬，"亲爱的，早安。"

那个结实的男人用询问的眼光瞟了伊迪丝一下，好像只是要求她允许马上把这男人撂倒，免得他挡道。

"请原谅我称呼得太亲热，"彼得考虑了一下又加了一句，"伊迪丝，早安。"

他抓住迪安的胳膊肘，把他推到前面去。

"见见出先生，伊迪丝，我最好的朋友。形影不离。进先生和出先生。"

出先生走上前去，鞠了一个躬；事实上，他走得太前，弯得太低，微微向前一斜，为了站稳身子，一只手在伊迪丝的肩膀上轻轻按了一下。

"我是出先生，伊迪丝，"他讨人欢喜地咕哝着，"是进先生、出先生。"

"是进和出先生，"彼得骄傲地说。

但是伊迪丝笔直地凝视着他们的旁边，眼光盯着她上面走廊里一个无边无际的斑点。她向那个结实的男人微微点点头，他像条公牛似的走上前来，用矫健灵活的动作把进先生和出先生推向两边。他和伊迪丝在两人中间穿过。

但是，走了十来步，伊迪丝又站住了——站住脚，指着那个矮个子、黑皮肤的士兵，他望着这群人，尤其是进先生和出先生的生动的表演，带着几分迷惑、出神和害怕的模样。

"瞧，"伊迪丝喊叫，"瞧那儿!"

她的声音提高了，几乎变成尖叫。她点着的手指头微微颤抖。

"就是那个兵把我哥哥的脚弄断的。"

十几个人叫起来；一个穿燕尾服的男人离开桌子旁的座位，麻利地蹿上去；那个结实的男人简直像闪电似的向那个矮个子、黑皮肤的士兵扑过去，接着整个门厅里的人把那几个人团团围住，进先生和出先生就此看不见他们了。

但是，在进先生和出先生看来，这件事不过是这个飞快地运动、旋转的世界的一个像彩虹似的五光十色的片断。

他们听到响亮的人声；他们看到那个结实的人跳起来；画面突然模糊了。

接着他们乘在一个向天上开去的电梯里。

"哪一层，请问？"开电梯的说。

"哪一层都成，"进先生说。

"最高一层，"出先生说。

"这是最高一层，"开电梯的说。

"再加一层，"出先生说。

"再高一点，"进先生说。

"天上，"出先生说。

十一

在离第六街不远的一家小旅馆的卧房里，戈登·斯特雷特醒过来，后脑勺感到痛，血管都在难受地悸动。他望望卧房各个角落里幽暗、灰色的影子，又望望角落里一张大皮椅上一个破了的地方，那张椅子摆在那里已经使用好久了。他看到地板上的衣服，乱七八糟、尽是皱纹的衣服。他闻到隔宿的烟卷味和隔宿的酒味。窗关得紧紧的。外面，灿烂的阳光越过窗槛照进来，变成一道充满灰尘的光柱——这道光柱被一张宽

264

阔木床的床头挡住了；他刚才就睡熟在这张床上。他躺着，一动也不动——神志麻木，昏昏沉沉；他的眼睛睁得很大，脑子里咔哒咔哒地乱响，像一架没有加油的机器。

他在看到那道充满灰尘的阳光和那个大皮椅上的裂口以后，一定经过了三十秒才感觉到有个人紧挨在他身旁；又经过了三十秒，他才发觉已经无可挽回地同朱厄尔·赫德森结了婚。

半个钟点以后，他出去，在运动器具店买了一把左轮手枪。接着他叫了一辆出租汽车到他一直住的东二十七号街上那个房间去；趴在那张他摆绘画材料的桌子上，他把一颗子弹从太阳穴后面打进自己的脑袋。

萧　甘译

刻花玻璃酒缸

一

　　历史上有粗石器时代，有细石器时代，有青铜器时代，过了许多年以后又出现了一个刻花玻璃器时代。在刻花玻璃器时代，年轻小姐一旦征服了小胡子高高翘起的年轻男士，结成了夫妇，事后总得坐下来写上好几个月的信，向亲友一一道谢，感谢他们送来了各种各样刻花玻璃的礼物——调酒缸，洗指碗①，套头酒杯，高脚酒杯，冰淇淋盘，糖果碟子，还有酒瓶花瓶，色色俱全——因为，刻花玻璃在九十年代虽已不算什么新鲜事物，可是其耀眼的反光到处，带来的是波士顿高级住宅区的时髦风尚，当时在僻远的中西部这一股风吹得可正热闹。

　　婚礼过后，调酒缸就以大者居中，都在餐具柜上一一摆好，酒杯也都全套陈列在瓷器橱里，烛台则分别置于两侧——于是这里的"生存竞争"也就宣告开始。糖果碟子断了小捏把，给拿到楼上当发夹盘去了；一只猫儿跳上来大摇大摆踱方步，把小酒缸撞下了柜子，女佣人拿糖盘不小心，又把中号酒缸砸了个口子；高脚酒杯都得了要命的腿骨折，连套头酒杯都像十个小黑人那样一个个失去了踪影，只知道那最后一只到头来只落得断腿带伤，委屈做了牙刷插子，跟另外好些落魄绅士一起伺候在浴间里的搁板上。不过，等到事情闹到了这步田地，反正刻花玻璃器时代也早已成了明日黄花了。

　　且说就在那开创伊始的全盛时代既过之后，有一天，那位好管闲事的洛杰·费波阿尔太太跑来找出名俏丽的哈罗德·派珀太太了。

"哎呀，我亲爱的，"那位好管闲事的洛杰·费波阿尔太太说，"府上的住宅真叫我喜欢。我看实在是艺术化。"

"你说得太好了，"那位俏丽的哈罗德·派珀太太一双不脱稚气的黑眼睛马上放出了光彩，"那就请你一定经常来玩儿。下午我通常总是一个人在家。"

费波阿尔太太真忍不住想说，她才不信呢，这话还能骗得了她？——城里谁没听到过风言风语的，说是弗雷特·甘奈先生一星期里总有五天下午要上门来找派珀太太，如此这般已有半载之久。费波阿尔太太到了这个年纪，世面也见得多了，对这班天生尤物她早已一个也不敢相信了……

"我最喜欢的是这饭厅，"她说，"看这许多美妙的瓷器，还有那么大一只刻花玻璃酒缸。"

派珀太太笑了，她笑得可甜了，费波阿尔太太本来倒认为那位先生如此这般的传闻还不无可以存疑之处，可一听到这样的笑声，疑虑顿时就消散了八九。

"噢，那只大酒缸呀!"派珀太太说这句话时，两瓣朱唇宛然就是一朵鲜艳欲滴的玫瑰花。"那只大酒缸说起来还有一段来历哩——"

"真的？——"

"你还记得卡尔登·凯贝这个小伙子吗？他呀，有一个时期对我追求得可紧哩，七年前，就是九二年吧，有一天晚上，我对他说我要跟哈罗德结婚了，他极力控制住自己的感情，说道：'伊芙琳，我要送你一件礼物，也跟你一样冷酷，一样漂亮，一样空虚，一样只消一眼便能看透。'当时我倒被他弄得小小的吓了一跳——他两道目光真凶极了。我还以为他要送我一幢房子，房子里有鬼，或是送我个什么玩意儿，一打开来就会爆炸呢。结果送来的就是这只酒缸，当然这酒缸也是挺好

---

① 盛了水放在餐桌上供餐后洗手指用。

的。那缸口的……直径？周长？还是什么？……足有两英尺半，不，恐怕是三英尺半吧。反正餐具柜都嫌小了，搁在上面戳出了一大截。"

"哎呀，我亲爱的，这事奇不奇！这小伙子大概就是在那个时候远走他乡的吧?"费波阿尔太太说着，赶紧暗暗记下了那几个精辟的字眼："冷酷，漂亮，空虚，一眼便能看透。"

"是啊，他到西部去了——也许是南方？——还是哪儿?"派珀太太那一副装痴作呆的表情也真是卓绝，无怪年岁虽增而娇媚始终不改。

费波阿尔太太戴上手套准备走了，临走又称赞了几句，说那宽敞的赏乐厅一头直通书房，并可窥见饭厅的一角，这样连成一片，颇给人以轩豁之感。这么精致而又小巧的一所住宅，在城里也着实可算首屈一指了，可派珀太太说他们还想换所大些的房子，要搬到丹佛罗路去。可见她男人的财源一定旺得不得了。

秋日的暮色渐渐浓了，费波阿尔太太一踏上人行道，便马上做出一副不以为然的、微微不乐的样子——大凡年届四十而又有钱、有地位的妇女，在街上总要特意挂上这样一副表情。

她一路走一路想：我要是哈罗德·派珀的话，我就少花那么一点时间在买卖上，多花那么一点时间在家里。要是能有个朋友去劝劝他就好了。

不过，假如费波阿尔太太觉得这天下午她还不虚此行的话，她其实只要再多等两分钟，就管保可以大有所获。因为，她顺着马路才走出了百来码，就在身影渐远而尚未消失之际，背后从人行道的另一头来了一位非常漂亮却心神不定的年轻男士，走到派珀公馆的门前。听到铃声女主人亲自来开了门，一见来人她显得有些惊慌，便快快地把客人让进书房。

客人急得什么似的说："我不能不来跟你见一面，看到你的信我真急死了。是哈罗德逼你写了这封信?"

她摇了摇头。

"弗雷特，我完了，"她的话说得很慢，在对方眼里此时那两片嘴

271

唇真活像凋零的玫瑰的两片花瓣。"昨儿晚上他回到家里，为这事很不高兴。他堂妹吉赛说是做亲戚的不能不管，到他的事务所去捅给他听了。他痛心极了……可……可我想想他的话也对，弗雷特。他说自从夏天以来，我们让人家在交际场里说尽了闲话，而他却一直蒙在鼓里，以前他偶然听见人家一鳞半爪的谈话，碰到人家闪烁其词暗暗点到我的事，本来也不懂，现在他都明白了。他生了很大的气呢，弗雷特，他是爱我的，我也……也很爱他。"

甘奈慢慢点了点头，眼睛半闭。

"对，"他说，"对，我也是跟你一样的毛病。经不起人家三言两语一说，就都觉得人家的话有理了。"一对灰色的眼睛不加掩饰地直瞅着她乌黑的双眸。"看来是好景不再了。说真的，伊芙琳，今天我在事务所里就整整一天没能干一点事，一直呆呆地望着你的信封出神，只顾出神，出神——"

"你得快走，弗雷特，"女主人沉住了气说，那特意加重了点语气的催促的口吻，对对方又是一个打击。"我已经向他作过保证，决不再跟你见面了。哈罗德的话哪些说得有理，我还是有点数的，今儿天都晚了，跟你在一起，那是万万不妥的。"

两个人这时仍还站着，她说着就向门口略微挪了一步。甘奈凄然地望着她，在这决绝的时刻，他要好好地对她看上最后的一眼，把印象珍藏在心中——可是冷不丁从门外走道上传来了一阵脚步声，两个人全都一愣，顿时变了两个石头人儿。女主人马上伸出手去，抓住客人的上装翻领，连推带扭的把他从一个大门洞里，带到黑咕隆咚的饭厅中。

"我想法让他上楼去，"她凑在他的耳边说，"你留在这儿千万别动，等听见他上了楼，再从前门出去。"

于是甘奈就一个人躲在里边，悄悄听着，听见她到穿堂里把丈夫迎了进来。

哈罗德·派珀今年三十六岁，比妻子大了九岁。他长得还算清秀——不过得添上两个小注：一是两只眼睛未免靠得太拢了些，二是

272

脸色一平静下来就带着些木呆呆的神气。他处理这个甘奈事件的态度，很可代表他平日的处世态度。当时他对伊芙琳说，这个问题就到此结了吧，他不会责备她，今后也决不会再提这件事。他自以为采取这样的态度是够宽大为怀的了——并认为妻子也受到了很大的感动。可是，自命宽宏大量的人其实往往胸襟特别褊狭，他也并不例外。

今天一回到家里，他对伊芙琳特意显得格外亲切。

伊芙琳急巴巴地说："得赶快换衣服了，哈罗德。别忘了咱们要到布朗森家去。"

他点点头，说：

"我换衣服要不了一会儿，亲爱的。"声音渐渐轻了下去——他走到书房里去了。伊芙琳的心扑通扑通乱跳。

"哈罗德……"她一开口，嗓子眼儿就有点发哽，说着也随后进了书房。只见哈罗德点上了一支烟。"得快些了，哈罗德，"她站在门口，好容易才把话接着说完。

"有什么好急的?"哈罗德有点儿不耐烦了。"你自己都还没有打扮好呢，伊芙。"

他两脚一伸，往莫里斯安乐椅①上一靠，打开了一份报纸。伊芙琳觉得心里一沉，她知道这一靠起码就是十分钟——可甘奈还在隔壁屋里提心吊胆站着呢。万一哈罗德要先喝上一杯再上楼，到柜子上去取酒怎么办? 她想起可以防患于未然，把酒瓶酒杯先给他端来。她固然生怕自己的举动会引得丈夫注意到饭厅，可是哈罗德去取酒的话那更不堪设想，她千万不能冒那个险。

但是就在这个当儿哈罗德却站起身来，把报纸一扔，向她走过来了。

"伊芙，亲爱的，"他俯身搂住了妻子说，"昨儿晚上的事你大概不会记在心上吧……"妻子哆哆嗦嗦紧偎在他的怀里，他又继续说道：

———————————

① 椅背的角度可随坐者的姿势自动调节的一种安乐椅。

"我知道，那不过是你交友不慎，一时失于检点罢了。咱们谁没有一点过错呢？"

他的话伊芙琳简直半句也没有听进去。她在想她能不能索性就这样紧紧依偎着他，就势把他牵出书房，引上楼去？她也想到可以装作不舒服，要他扶自己上楼——遗憾的是，她知道真要这样的话，哈罗德肯定会要她在长沙发上躺下，先去给她倒杯威士忌的。

突然间，她原已紧张到极点的神经又猛一抽紧，真要活生生的绷断了——她分明听见饭厅的地板嘎吱一响！声音很轻，但是千真万确。弗雷特打算从后门溜走了！

然而她的心紧接着又怦地一惊，几乎飞出了喉咙口——她只听见眈的一大声，像敲响了大锣，声震全屋。甘奈的胳臂撞上了那刻花玻璃的大酒缸了。

哈罗德嚷了起来："什么声音！里边是谁？"

妻子拉住他不放，可是他挣脱了。顿时，伊芙琳觉得屋里就像翻了天一样。她听见饭厅通厨房的门打开了，一阵扭打，铁锅子乒乒乒乓。她急得没办法，只好冲到厨房里把煤气关掉。厨房里，她丈夫慢慢地松开了夹住甘奈脖子的胳臂，站在那儿一动也不动，起初是惊得呆了，可是接着脸上便渐渐露出了痛苦的神色。

他愣愣的一遍又一遍直唤："我的老天！我的老天！"

他一转身，又像要冲向甘奈扑去，不过最后还是忍住了，他的肌肉也显然都放松了。他只是干巴巴苦笑了一下。

"好啊，你们居然……好啊，你们居然……"伊芙琳用手抱住了他，拼命拿眼色求他，可是他一把推开了妻子，呆呆的一屁股坐在厨房内摆着的椅子里，面色活像墙上的瓷砖。"好啊，伊芙琳，你背着我干的好事！好啊，你这个小妖精！你这个小妖精！"

做妻子的觉得从来没有这样怜惜过自己的丈夫，也从来没有这样疼爱过自己的丈夫。

甘奈一副低声下气的样子，说道："这事不能怪她。是我自己来的。"可是哈罗德却直摇头，等他抬起脸来时，看那脸上的神气就像遭到了什么意外，身受重伤，连脑子也一时被震迷糊了似的。那突然变得可怜巴巴的眼神扣动了伊芙琳肺腑深处一根不会出声的心弦——然而也就在同时，她的胸中又陡地涌起一股冲天的怒火。她眼里只觉得火苗直冒，两脚狠命乱跺，双手哆哆嗦嗦的在桌子上瞎抓乱摸，像要找件武器，最后就像发了狂似的，一头向甘奈扑去。

她狂叫一声："滚出去!"乌黑的眼睛喷着火，两颗小拳头无可奈何的只好都捶在他左遮右挡的胳臂上。"都是你! 你给我滚出去——出去——出去! 出去!"

二

到了三十五岁上，哈罗德·派珀太太在人们的心目中可就看法不一了——女人家说她风韵犹在，男人家则说她已经失去了光彩。大概她那秀丽的姿容原本具有一种使女人家见而生畏，却又令男人家无限神往的风采，如今已经消逝。她的眼睛还是那么大，那么黑，带着那么一股哀怨，但是已经脱尽了神秘的气息；那哀怨的眼波也已经不复是不朽的仙姿，而不过是凡人的意态了。她还养成了一个习惯，一遇心中吃惊或暗暗恼火，眉头自会拧到一块儿，眼睛总要眨上好几眨。她那两片朱唇也已经失去了迷人之处：一是红得没有那么浓艳了，二是本来她盈盈一笑时嘴角会微微往下一撇，既增添了眼梢的哀怨，又带着些调皮和妩媚,但是这也都看不见了。她现在笑起来嘴角反而都往上翘起了。当年她自恃貌美,沾沾自喜,对自己的微笑很引以为得意——常常还有意卖弄。可是等到她决心不再卖弄的时候,她的微笑却渐渐消失了,她身上那最后一丝神秘的气息也随之而不见了。

伊芙琳就是在甘奈事件发生后不到一个月决心不再卖弄她的微笑的。当时从表面上看,夫妇之间的关系也还跟以前差不多。但是就在伊芙琳发觉原来自己那么热爱丈夫的这短短几分钟里,她同时也看清了自己给丈夫留下的创伤竟是那样的难以平复。面对难堪的沉默,气疯疯的斥责,她苦苦挣扎了有一个月——她哀求,她像小可怜似的悄悄对丈夫曲意温存,而换来的却是几声苦笑——于是渐渐的她也默不作声了,夫妇之间隔上了一道隐隐约约的,却又是穿不过的屏障。她把那一腔火热的爱统统都倾注在男孩子唐纳的身上,真是不敢相信,现在心里只觉得儿子就是自己的半条命了。

到了来年,愈来愈多的共同利益和共同义务,再加上流云般时而掠过心头的一些往事的影子,促使夫妇俩又和好了——然而伊芙琳还是不免大大伤心了一场,她发现她已经错过了一生最宝贵的机会,如今只落得了一场空。尽管她本来在双方的心目中可说是青春的化身、爱情的象征,可是经过了那一段沉默的时期,柔情蜜意的源泉已经慢慢枯竭,她自己也已心如死灰,再也不想一起来领略这种旖旎风光了。

她干上了好些打破常例的事;她找起女伴来了,她宁可拣以前看过的书来看,她还喜欢做些针线活,好一边做活一边看着自己的儿女,她的心已经都扑在这一双儿女的身上了。她现在尽为些琐细小事而烦恼——譬如吃饭时明明好好的说着话,一看到桌子上有面包屑,她就分心了。总之,她已经渐渐不如从前:人到中年了。

她三十五岁那年的生日特别忙碌,因为当天晚上请客是临时匆匆决定的,到了傍晚,她站在自己卧房的窗前,觉得身上真有点累了。要是在十年前的话,她早就躺下睡一觉了,可是现在不行了,这么许多事不去照看照看,她放不下心:女仆都还在楼下打扫,小摆设还搁得满地

276

都是，伙食店里一会儿还要来人，跟他们说话客气了可不行——另外她还得给唐纳写封信，唐纳十四岁了，今年是第一年求学在外。

不过，经过了一番思想斗争，她差不多已经打定主意要躺会儿了，偏偏从楼下又冷不防传来了一个熟悉的"信号"：小朱莉有什么事了。她闭紧了双唇，锁起了眉头，眼睛眨了几眨，喊了一声：

"朱莉！"

"哎—哎—哎—唷！"朱莉的回答拉长了声调，是叫痛的口气。紧接着传上楼来的是那个新雇的女仆希尔达的声音：

"派珀太太，小姐弄破了一点皮。"

伊芙琳赶快到针线篮里去翻找，找出了一块破手绢，便匆匆赶下楼去。朱莉马上扑在她怀里哭了起来——快看看弄破在哪儿，朱莉的衣服上依稀有些血迹，这祸怕闯得不小呢。

"是大拇指！"朱莉说。"喔——！好痛！"

"都是这酒缸惹的祸，就是这最大的一只，"希尔达带着抱歉的口吻说。"我在这儿擦柜子，把酒缸在地上放一放，没想到朱莉来胡摸瞎弄，一不小心就划破了。"

伊芙琳冲着希尔达深深的一皱眉，就果断地扳过朱莉的身子，抱她坐在膝头上，马上动手撕起手帕来。

"来——让妈妈看看，乖乖。"

朱莉伸起了大拇指，伊芙琳就忙不迭地给包扎起来。

"看，这不是好了吗！"

朱莉不信似的，把包扎好的大拇指看了又看。扭了扭，能动呢。那泪痕斑斑的小脸上顿时透出了兴致勃勃的快活神气。她鼻子抽了几抽，又把大拇指弯了弯。

伊芙琳忍不住叫了声"哎呀，我的宝贝！"搂住女儿亲了亲，不过在临走之前还是又冲着希尔达一皱眉。真粗心！眼下的仆人全都是这个样。还是爱尔兰人比较可靠，要是能雇到一个爱尔兰人该有多好——可惜现在再也雇不到了——哪里像这班瑞典人，唉，真是……

五点钟哈罗德到了家，哈罗德一进她的卧房，就吵着说今天是她三十五岁生日，非要亲她三十五亲不可，那欢天喜地的腔调倒真是事有可疑。伊芙琳不许他胡来。

　　"你喝过酒了，"她不客气地说，可随即又补上一句，给定了"性"："呷了几口吧。你知道我挺讨厌这股酒味儿。"

　　哈罗德在窗前的一张椅子里坐下，停了一会，才说："伊芙，有件事我现在可以告诉你了。你大概也知道了商行里最近的情况不大妙吧。"

　　伊芙琳正站在窗前梳头，一听这话就转过身来瞅着他。

　　"什么意思？你不是一直说城里开个两三家五金批发商行也不碍事么？"她的话里露出了一些惊异。

　　"本来倒是这样，"哈罗德分明话中有话，"可这个克拉伦斯·阿恩实在是个精明人。"

　　"你说他今天来吃饭，我就觉得奇怪。"

　　"伊芙，"哈罗德又拍了一下膝盖，接着说："从一月一日起，'克拉伦斯·阿恩公司'就要变成'阿恩—派珀公司'了——'派珀兄弟公司'的招牌要摘下了。"

　　伊芙琳吃了一惊。丈夫的名字竟然排在第二位，她听来觉得大不顺耳；不过看哈罗德却还是兴高采烈的样子。

　　"我真不明白，哈罗德。"

　　"是这样的，伊芙，阿恩一直跟玛克斯有点勾勾搭搭。当初要是这两家联合了起来的话，那咱们的商行早成了个二路角色了，日子只能勉强对付着过，生意只能接小些的来做，遇到有风险的买卖就缩手缩脚了。问题都在于资金，伊芙。当初要是成立了'阿恩—玛克斯公司'的话，那大生意早给他们做了去了，可现在，这都该由'阿恩—派珀公司'来做了。"他顿了一下，咳了几声，隐隐约约一阵威士忌的气味，飘进了伊芙琳的鼻孔。"不瞒你说，伊芙，我疑心这事跟阿恩的太太有点关系。听说，这位太太个儿虽小，心可不小哩。估计她知道在本地玛克斯夫妇是帮不了她多少忙的。"

"这么说她——出身平常咯?"伊芙问道。

"说真的,我也从来没见过她——不过我相信她出身高尚不了。克拉伦斯·阿恩向本地的乡间俱乐部要求报名参加已经五个月了——至今没有下文①。"他不屑地挥了挥手。"阿恩和我今天在一起吃午饭,事情基本上都敲定了,所以我想无妨对他表示一下友好,请他们夫妇俩今儿晚上也来吃饭——反正连主人带客人总共也不过九个人,多半是自己亲戚。不管怎么说,对我来讲这总是一件大事吧,再说往后我们也总还免不了要跟他们来往来往,伊芙。"

"对,我看也是免不了的,"伊芙琳说着,沉吟起来。

其实使伊芙琳心烦的,倒不是来往应酬这一方面的事——她是想到了"派珀兄弟公司"就要变成"阿恩—派珀公司",不免有些愕然。看来总有些家运衰败的味道。

半个小时以后,她正要换上夜礼服去张罗宴会,听见丈夫的声音从楼下传来:

"嗨,伊芙,快下楼来!"

她走到过道里,俯在楼梯扶手上喊道:

"什么事?"

"趁这会儿客人还没来,请来帮我先把五味酒调好。"

她匆匆把夜礼服重新挂好,下得楼来,看见哈罗德已经把各种配料都摆好在饭厅的桌子上了。她就走到餐具柜前,拿了一只酒缸过来。

"哎,别,别,"哈罗德赶紧拦住她,"用那只大的吧。阿恩夫妇,你我,加上密尔顿,就是五个了,再加上汤姆和吉赛,就是七个,还有你妹妹和乔·安布勒,总共有九个人。你不知道,你调的五味酒销路才叫好呢。"

---

① 乡间俱乐部是设在城郊的俱乐部,设有高尔夫球场之类,供城里"有身份"的人玩乐,所以参加这个组织也是一种有"地位"的表示。

"还是用这只，"她也不肯相让。"这只就够大的了。汤姆的脾气你又不是不知道。"

汤姆·卢理是哈罗德的堂妹吉赛的丈夫，这人有个脾气：他不搞起什么事情来便罢，一搞总是弄得不欢而散。

哈罗德摇了摇头。

"别说傻话了。那一只装满了也不过三夸特光景，咱们有九个人喝哪，另外也总还得让仆人喝点儿——咱们调的五味酒又不凶。这么大大的一缸，看着也助了三分兴哪，伊芙。再说调好了也不一定都要喝完的。"

"我说还是用小的一只。"

哈罗德还是一个劲儿的摇头。

"不行，别不讲道理。"

"我哪点儿不讲道理?"妻子没好气地说。"我是不希望家里有人喝醉。"

"谁说你要人家喝醉啦?"

"那么就用小缸。"

"得了，伊芙——"

他抓起小缸就要端回去。妻子的双手早已从空而降，把酒缸按住了。你争我夺，三下两下，惹得丈夫恼了火，他嘴里叽咕了一声，一发狠，就把酒缸从妻子手里抢了下来，送回到餐具柜上。

伊芙琳对他瞅瞅，极力装出些藐视的神气，他却只是哈哈一笑。伊芙琳承认失败，走了出去，她发誓从此再也不管这五味酒了。

280

三

　　七点半，伊芙琳红光满面的下楼来了，高高盘起的秀发薄薄的搽了一层润发油，透出一派光艳。阿恩太太果然个子很小，她染了一头红发，穿一袭最时新的宽袖高腰长袍，暗暗有点紧张，可是跟伊芙琳见面一寒暄，就说得滔滔不绝了。伊芙琳一见这女人心里就很不喜欢，不过觉得她的丈夫还是相当不错的。这位先生一双蓝眼睛目光尖利，他天生有一种才能，对于可以攀龙附凤的对象极会讨好——只可惜他显而易见犯了个错误，踏上社会以后那么早就结了婚，所以如今已是无缘攀附了。

　　"能够认识派珀的夫人我真是高兴，"他也没有玩弄什么辞令。"看来我和你家先生今后要常常见面了。"

　　伊芙琳向他鞠躬致意，温文有礼地微微一笑，就转身去招呼别的客人了：哈罗德那个文静随和的弟弟密尔顿，卢理夫妇(也就是汤姆和吉赛)，自己那个没出嫁的妹妹艾玲，还有一位乔·安布勒——是个铁杆单身汉，也是艾玲常年的"护花使者"。

　　哈罗德招呼大家入了席。

　　"我们今天这个宴会是个五味酒会，"他兴高采烈地对大家说——伊芙琳看出他早已尝过酒味了——"所以就请大家都喝五味酒，别的酒也不备了。调五味酒是我太太最拿手的杰作，阿恩太太，你要是有兴趣

281

的话，可以让她把调法教给你。不过今天因为有些小小的"——他看见了妻子的眼色，顿了一下——"因为她有些小小的不适，所以这酒是由我调的。来，祝大家身体健康！"

　　酒一直不断地送上来。后来伊芙琳看到阿恩、密尔顿以及各位女客都在向斟酒的女仆摇头示意了，她心想自己主张不用大缸果然没错，酒缸里还有足足半缸酒呢。她拿定主意一会儿就去提醒哈罗德，可是等到女客一退席，阿恩太太却偏偏缠住了她不放，她只好很有礼貌的，显出一副挺感兴趣的样子，跟阿恩太太谈起一些城市和时装店来。

　　"我们也不知搬过多少地方了，"阿恩太太絮絮叨叨说，那颗红头发的脑袋摆得好不起劲。"说真的，以前我们在哪个城市里也没有住过这么久——这一回我可真希望能在这儿一直住下去。我挺喜欢这个城市，你说呢？"

　　"这……情况是这样的，我一向就是住在本市的，所以，自然就——"

　　"对，是这话，"阿恩太太说着笑了起来。"以前克拉伦斯老是对我说，做他的妻子得经常有个准备，说不定哪天他一回到家里就会说：'哎，咱们明天要搬芝加哥去住了，快收拾收拾吧。'所以我也就养成了那么一个习惯，不管到了哪儿，总是不敢好好住下去。"说着她又是老样子一声哈哈，伊芙琳心想这一声哈哈大概就是她在交际场上的应酬之道吧。

　　"我相信你家先生一定是挺能干的。"

　　"噢，那是，"阿恩太太唯恐她不信。"我那个克拉伦斯，就是有头脑。不但办法多，而且钻劲足。一旦看准了目标，那就不达目的决不罢休。"

　　伊芙琳点点头。心里还惦记着：饭厅里那帮男人不知道是不是还在喝酒？阿恩太太缠着她诉说生平，东拉西扯讲个没完，可是伊芙琳早已没在听了。好几支雪茄喷出的第一阵烟味，已经悠然飘进了这屋里。

她暗暗地想： 这座房子其实真不能算大，一碰到今晚这样的聚会，往往弄得书房里都烟雾腾腾，到第二天一定要把窗子开上几个钟头，才能散掉这股浓重的浊气。也许这一次合伙以后就可以……她不禁遐想联翩，满脑子都是新住宅了。……

阿恩太太的话音飘进了她的耳朵：

"我倒真希望能知道你这酒的配方，不知你是不是可以抄一份给我——"

就在这时饭厅里响起一片椅子声，男士们都迈着方步进这边屋里来了。伊芙琳一眼就看出她最担心的事终于成了事实。哈罗德面孔涨得通红，一句话没说完舌头就会打滑。汤姆·卢理走路都东倒西歪了，他来到艾玲身边，一屁股坐进长沙发里，险些儿撞在她的腿上。坐下以后，两眼茫然，冲着大家直眨巴。伊芙琳也忍不住对他眨了眨眼，可心里觉得实在没趣。乔·安布勒悠然自得，面带微笑，把雪茄抽得咕咕直响。只有阿恩和密尔顿似乎还看不出有什么酒意。

安布勒说了："这个城市是挺不错的，阿恩，你住长了就会有这种体会了。"

"我已经有这种体会了，"阿恩愉快地说。

哈罗德劲头十足地把头一摆，说："你只要有我作参谋，阿恩，我包你还会感到更满意。"

他于是就提起嗓子，把本城大大赞扬了一番，伊芙琳很不安，她担心大家是不是会感到讨厌——她自己就听得很讨厌。可是看来倒又不像。他们个个都听得很专心。伊芙琳抓住一个机会，赶紧打断了丈夫的话头。

她做出很感兴趣的样子，问道："阿恩先生，你府上一向是在哪儿呀？"说完却想起阿恩太太方才明明已经都告诉她了，不过那也没关系。要紧的是不能让哈罗德多说话。他一喝酒就糊涂。可是他刚刚给拉上岸来，立刻又扑通跳进了水里：

"我告诉你，阿恩。你第一步棋，应该先在这山上的住宅区搞一幢住宅。史蒂恩家的房子，或者里奇威家的房子，都可以买。要住上有气派的房子，好让人家说：'看，那就是阿恩的公馆。'你知道，这就给人一个印象：家底子厚着哪。"

伊芙琳脸都红了。听听这还像话么。可是阿恩却似乎仍然不觉得话里有什么不中听的地方，反倒一本正经点了点头。

"你是不是在找——"可是伊芙琳的话并没有说完，也没有人听见，因为哈罗德又大声嚷嚷开了。

"搞到有气派的房子——这是第一步。第二步就要广交朋友。本地人对待外来人，开头总很势利眼，不过也不会老是那么着——等到跟你成了相识，就不一样了。像二位这样的"——冲着阿恩夫妇把手臂一挥——"那决没有问题。将来管保对你们好得不得了，只要现在先通过这第一宽……通过这第一宽……"他咽了一口唾沫，才勉强说清楚了这个"关"字，并且摆出老资格的口吻，再郑重说了一遍。

伊芙琳用恳求的目光望了望小叔，可密尔顿还没有来得及插进一句话，汤姆·卢理嘴里早已说了叽里咕噜一大串，因为他牙齿紧紧咬着那熄了火的雪茄，吐字受到阻碍，话都是硬挤出来的。

"那希内顷呜群顷歇勒……"

"你说的是啥呀?"哈罗德钉住他问。

汤姆无可奈何，只好费劲地摘下嘴里的雪茄，可摘下的只是半截，还断下个烟屁股在嘴里，他就"呼"的一声，把嘴里的烟屁股朝对面啐去，哪知劲头不足，竟湿淋淋的落到了阿恩太太的裙兜上。

"抱歉，"他咕哝一声站起身来，懵懵懂懂就想去捡起来。幸而密尔顿的手及时在他上装上一按，他站立不稳倒了下去，阿恩太太就大大方方地微微抖了抖裙子，把烟屁股抖落在地上，自始至终没有低头瞧过一眼。

汤姆就口齿不清地接下去说："真不巧……"——道歉似的冲着阿恩太太扬了扬手——"我本来是在说，那乡间俱乐部的事，内情我全听说了。"

密尔顿凑过身去对他悄悄说了几句。

"别来管我,"他气呼呼地说,"我的脑筋清楚着哪。他们今天来还不就是为了这个?"

伊芙琳坐在那里简直吓慌了,她拼命想说却说不出话。她看见自己的妹妹在冷笑,阿恩太太面孔涨得血红。阿恩先生低头瞅着自己的表链,在那里摸呀弄的。

"是谁不让你进,我也听说了,这人又有哪点儿比你强?老实说这种区区小事,我有办法。可惜以前我不认识你,不然我早给你解决了。哈罗德告诉我,说你为这个事很不痛快。"

密尔顿猛然站起身来,他尴尬得实在坐不住了。于是大家也都一个个紧张地站了起来,密尔顿急急忙忙表示他得早些回去了,阿恩夫妇巴巴地听得一字不漏。接着阿恩太太便强自把气咽下,转脸对吉赛勉强一笑。伊芙琳看见汤姆步履踉跄走上前去,把一只手按在阿恩肩上——就在这时身边突然新冒出一个焦急的声音,她扭头一看,原来是那个新雇的女仆希尔达。

"对不起,派珀太太,朱莉的手只怕是发了炎了。手上全肿起来了,小脸蛋儿火烫,还一个劲儿的哼哼——"

"朱莉在哼哼?"伊芙琳这反问的声调很高。她突然觉得请客的事顿时就靠后了。于是赶快回过头来,两眼一扫,朝阿恩太太悄悄走去。

"真是对不起得很,嗯——"她把这位太太的名字一下子给忘了,不过马上就又接下去说:"小女身体不大舒服。我上去一趟,一定尽快下来。"她转身快步跑上楼梯,留在脑海里的是一个乱哄哄的场面,雪茄的烟雾迷漫一片,屋子的中央议论喧哗,看那样子似乎快要争起来了。

到了孩子的房里,扭亮电灯一看,只见朱莉在床上翻来覆去,烦躁不安,时而还发出一两声哭喊。用手一探,小脸蛋儿好烫。她不觉惊叫一声,赶紧顺着小手臂摸到被窝里,拉出那只伤手来。希尔达说得没错,大拇指整个儿都肿了,一直肿到了手腕上,指头当中是个发了炎的小伤口。别是血中毒！她暗暗叫了起来，心里真吓坏了。敢情伤口上包布条掉了，有脏东西侵入进去了。弄破手是三点钟的事——现在快十一点了。前后八个钟头，得血中毒也不可能这么快啊。她赶紧去打电话。

对面街上的马丁大夫不在家。自己的家庭特约医师福尔克大夫电话没人接。她穷思苦想，走投无路之中，只好打电话去找专给自己看喉病的喉科大夫，她狠命咬住了嘴唇，等着等着，好容易那位大夫才找出两个医生的电话号码告诉了她。就在这盼穿双眼的一会儿工夫里，她觉得好像听见楼下人声喧嚷——不过现在她恍惚已经身在另一个世界了。十五分钟以后，她总算找到了一位医生，深更半夜把人家从床上请起来，听那口气实在有点恼火。打完电话伊芙琳赶快回到孩子房里，看女儿的手又肿得厉害了些。

她急得直叫"上帝"，跪在床边，把朱莉的头发抚了又抚，摩了又摩。她又迷迷糊糊想到该去取些热水，于是便站起身来向门口走去，可是衣带挂住在床栏上，她扑面一交，跌得趴在地上。她挣扎着爬了起来，拼命地拉带子。带子没松开，却牵动了床，引得朱莉一阵呻吟。伊芙琳放轻了手脚，可是手指突然都不听使唤了，她一摸褶子结就在前边，一扯就把整个围腰一股脑儿扯了下来，这才脱了身，急忙忙冲出房门。

到了过道里，听见楼下悄悄的，只有一个响亮的声音在说话，口气挺强硬，可是等她到了楼梯口，那个声音也停了，随后是砰的一声，关上了大门。

她终于见到了赏乐厅里的光景：屋里只剩了哈罗德和密尔顿两个人，哈罗德靠在一张椅子里，脸色煞白，领口敞开，搭拉的嘴皮在抖动。

"怎么回事？"

密尔顿焦急地望着她，说道：

"刚才有些小小的争吵——"

这时哈罗德也看见她了，他使劲直起腰来，说开了：

"居然敢在我家里侮辱我堂妹夫！这个下三烂出身的暴发户真不是东西！居然敢在我家里——"

密尔顿告诉伊芙琳："汤姆跟阿恩吵了起来，哈罗德也插了进去。"

伊芙琳直嚷了："哎呀，密尔顿，你也真是，你就不能劝解劝解吗？"

"我劝啦，我——"

伊芙琳立刻打断了他的话："朱莉病了——伤口受了感染了。你扶哈罗德去睡行不行？"

哈罗德抬起头来：

"朱莉病啦？"

伊芙琳没有理睬，擦身而过，一直走到饭厅里。一见那大酒缸还在桌上，化开的冰水都沉在缸底，她不禁一阵颤栗。前楼扶梯上响起了脚步声，那是密尔顿扶哈罗德上楼去了，随后又听见一声唧咕："啊，朱莉没什么。"

"别让他到孩子房里去！"伊芙琳大声喊道。

这以后的几个小时真像做了一场噩梦。将近半夜医生来了，不到半个小时就做好了创面切开手术。医生到两点钟才走，临走给她留下了两个护士的地址，要她去请来护理，并且说好到六点半自己再来看一次。孩子果然得的是血中毒。

四点钟，留下希尔达守在床边，她回到了自己房里。她脱下夜礼服一脚踢到角落里，恨得浑身发抖。她换上一件家常便服，重又来到孩子身边，让希尔达去煮咖啡。

她直到中午时分才得空到哈罗德房里去转一转，可是进去一看，哈罗德早已醒来，正愁眉苦脸地直瞪瞪望着天花板。两颗布满血丝、陷得深深的眼睛冲她转了过来。伊芙琳一时真把他恨透了，连话也说不出来。只听见从床上传来一个枯涩的声音：

287

"什么时候了?"

"中午了。"

"我真是十足发了昏——"

"还提这个干什么，"伊芙琳尖着嗓子说。"朱莉都得了血中毒啦。医生说也许要"——说到这里她声音都哽住了——"医生说她那只手只怕是保不住了。"

"什么?"

"她的手叫那只——叫那只酒缸割破了。"

"就在昨儿晚上?"

"哎呀，你这人怎么那么多废话?"她都哭出来了。"她得了血中毒啦。你没听见吗?"

哈罗德瞅着她不知所措——想要坐起来，可撑起半个身子就僵住了。

"快让我穿衣服，"他说。

伊芙琳的火儿渐渐消了，一阵疲惫和怜惜的巨浪卷来，把她打垮了。自己的不幸，毕竟也就是他的不幸啊。

"对，"她没精打采地说，"我看你还是快穿衣服吧。"

四

如果说伊芙琳的一派丰采在三十刚出头那几年还未忍遽而离去的

288

话，那么几年一过，这份丰采便突然下了决心，一去不复返了。脸上原先只是略露形迹的皱纹陡然深了起来，腿上、臂上、臀部都迅速发胖了。那眉头拧到一块儿的习惯动作已经形成了一种自然的表情——看书时、说话时，甚至睡觉时，都会不时流露。她今年已经四十六了。

她和哈罗德之间不知不觉隐隐产生了一种对立的情绪，这在家业未能日趋兴旺，倒是走了下坡路的人家是十有八九的事。夫妇俩安歇时你看着我，我看着你，那种"只得罢了"的心情，真好比椅子旧了破了，无奈而勉强将就一样。丈夫一旦生了病，伊芙琳更不免有些担忧，和失意人相处是那么苦闷腻味，她只好千方百计打起点兴致来。

一天晚上，家庭桥牌的牌局已散，她也总算松了一口气。她今天晚上打错的牌多得异乎寻常，不过她也并不在意。这都怪艾玲说了句冒冒失失的话，说是战场上步兵的危险性特别大。儿子已经三个星期没有来信了，虽然这也不是什么稀罕的事，不过想起来总不免使她心神不定。她自然也就记不清台上出过几张"梅花"了。

哈罗德上楼去了，她就走到外边门廊上，去呼吸一下新鲜空气。一派迷人的皎洁月光，满洒在人行道和草坪上，她又像打个呵欠，又像轻轻一笑，想起自己年轻时有一次曾在月光下与恋人情意缠绵，缱绻竟夜。如今想想也很吃惊：当年就是一次又一次的恋爱，构成了她的全部生活。可现在，构成她生活的却是一个接一个的难题了。

朱莉就是一个难题——朱莉已经十三岁了，近来对自己的残疾也愈来愈敏感了，她宁愿一直守在自己的房里看书。几年前孩子一提起上学的事就怕得要命，伊芙琳不忍心送她上学，所以女儿完全是在娘的身边长大的，这可怜的小不点儿，装了只假手，却根本不想用，一直灰溜溜地插在口袋里。伊芙琳担心她老是不用，会弄得连手臂都举不起来，所以小姑娘最近已经在逐步学习使用了，可是练习的时间一过，那小手便又悄悄缩回到口袋里去了，除非母亲吩咐一声，她才没精打采的，遵命伸出来活动一下。有一个时期伊芙琳索性给她衣服上不做口袋，结果朱莉苦恼得就像掉了魂似的，整天痴痴呆呆地在屋里东走西走，如此长达一

289

月之久，伊芙琳看得终于软下心来，放弃了这个试验。

唐纳的问题从一开始就不一样。对朱莉，伊芙琳想教育她尽量少依赖母亲，可是对唐纳，则极力要使他留在母亲的身旁，可惜那一直是白操心——到了最近，她对唐纳的问题则根本已经管不着了；唐纳所属的那个师开赴海外已经有三个月了。

她又打了个呵欠——生活是属于年轻人的。自己的青年时代应该说是多么幸福啊！她想起了自己的那匹小马"小玲珑"，想起了自己十八岁那年跟随母亲远游欧洲的情景——

"难以捉摸，实在难以捉摸，"她收起笑容，对着明月出声自语。举步回到屋里，刚要把门关上，忽然听见书房里有个响动，她吓了一跳。

原来是那个中年的女仆玛莎：现在他们家只有一个仆人了。

"啊呀，是玛莎!"她吃惊地说。

玛莎赶紧转过身来。

"喔，我还以为太太在楼上呢。我是在——"

"有什么事吗?"

玛莎犹豫了。

"没什么，我……"她显得很局促不安。"是这样，派珀太太，有封信，我记不得搁在哪儿了。"

"有封信？你自己的信?"伊芙琳开亮了灯，问道。

"不，是给你的，派珀太太，今天下午末班信送来的。邮差把信交给了我，正好后门的铃响了。我就接了信进来，大概是在哪儿随手一放，后来就忘了。所以现在想来找一找。"

"什么样的信？是唐纳少爷寄来的吗?"

"不是，大概是一份广告，要不就是哪家商号里来的信。我记得信封是长长的，扁扁的。"

她们就在赏乐厅里到处寻找，茶几盘上、壁炉架上全找遍了，然后又到书房里找，连一排排书的顶上都摸到了。玛莎无法可想，只好停下手来。

"会到哪儿去了呢？我当时是一直朝厨房里走的。对，也许在饭厅里。"她兴兴头头正要到饭厅去，冷不丁听见背后一阵急促的呼吸，便赶忙回过头来。只见伊芙琳已经撑不住坐在一张莫里斯安乐椅里，眉头紧紧攒成一团，眼睛不住乱眨。

"太太不舒服吗?"

伊芙琳好一会儿没有答话，只是呆呆地坐在那里，不过玛莎看得出她的胸脯在急剧地起伏。

玛莎赶紧再问一遍："太太不舒服吗?"

"没什么，"伊芙琳的话说得很慢，"得了，信在哪儿我知道了。你去吧，玛莎。我知道了。"

玛莎惊疑不定地退了下去，伊芙琳还是呆呆地坐在那儿，只有眼边的肌肉在动——揪紧了又放松，放松了又揪紧。信在哪儿她已经知道了——她心里已经雪亮，仿佛这信就是她亲手放的一样。而且她凭着直觉，马上就明确地预感到这是封什么信。长长的、扁扁的信封，好像装的是一份广告，上角印着"陆军部"几个大字，下面较小的字体，标有"公事"的字样。她知道这封信准是在那只大酒缸里，封皮上墨水字写着她的名姓，信里带来的是她灵魂的死讯。

她悠悠忽忽站起身来，顺着一排书橱向饭厅摸去，穿过门洞，不一会儿就摸到了开关，把灯开亮了。

眼前赫然出现了那只酒缸，在电灯的照耀下反射出一方方光晕，深红的镶着黑边，金黄的镶着蓝边。那晶亮的笨重身躯张牙舞爪，诡奇万状，透着一派凶气。她往前刚跨出一步，又停了下来。再走一步就能从缸口上望到缸内了——再走一步就能见到一道白边了——再走一步就能……她双手猛的落在那又毛又冷的玻璃面上……

她一下子撕开了信封，手忙脚乱地打开了好难打开的信纸，捧在面前，几行打字直刺她的眼帘，有如一拳头劈面打来。像鸟儿扑了扑翅膀，信纸飘飘地掉在地上。满屋子早已天旋地转、嗡嗡直响，一会儿却

291

又突然平静了下来；没有关上的前门里吹进来一阵微风，送来一辆过路汽车的声音；她听见楼上起了一阵轻微的响动，接着书橱背后的水管子一阵嘎嘎乱响——那是她丈夫在关水龙头……

她此刻仿佛觉得她并不是接到了唐纳的死讯，她只觉得她和这玻璃酒缸之间的那一场暗暗不断的角斗分明又打了一个回合，平时一直风疲浪轻，一个回合来时便陡然惊涛压顶。别看这玩意儿漂亮，那可是冷酷、恶毒的化身，是一个男人（她连他的长相都早已忘了）送给她的一宗不怀好意的礼物。多少年来一直就是这样，不声不响、端然森然地稳坐在她家的厅堂正中，像个千眼怪物，射出上千道冰凌般的眼光，荧荧然融为一片邪祟。始终不老，始终不变。

伊芙琳在桌子边上坐了下来，如痴如迷地直瞅着那酒缸。那酒缸此刻似乎挂上了一丝冷笑，一丝凶狠的冷笑，仿佛是说：

"你瞧，这一回我就用不到直接来打击你了。我何必呢。你知道就是我夺走了你的儿子。你也知道我有多冷酷，多狠心，多漂亮，因为你自己以前也一样冷酷，一样狠心，一样漂亮。"

那酒缸似乎突然倒过身来，变大、变大，变成了好大一个圆篷，光灿灿、颤巍巍地罩住了这间屋子，罩住了整个住宅。四壁也缓缓消失不见了，于是伊芙琳便看到，这个天篷原来还在不断往外扩展，离她愈来愈远，把朦胧的天边，把太空的一切日月星辰都隔在篷外，隔篷看去似乎都成了些隐隐约约的墨水点。篷下出现了形形色色的人们，光线一经天篷的折射，照到他们身上就另是一番光景了：看去影子倒像是亮光，亮光却反而像是影子了。在这酒缸化成的闪闪烁烁的天穹下，整个世界就换了一副装扮，变得面目全非了。

这时候只听见有一个嗡嗡的声音仿佛从远处传来，很像低沉而清晰的钟声。声音出自酒缸天篷的中心，顺着巍巍的缸壁传到地面，又从地面急急反弹到她耳边：

"你瞧，我就是命运的主宰，"那个声音喊道，"你的小算盘哪里敌得过我？我决定事物的成败，你那些渺小的梦想岂是我的对手？我可

292

以令时光飞逝，我可以把良辰美景顷刻断送，把尚未实现的心愿在事先扼杀。一切变故、失察，一切积于忽微的危难，都是我一手的创造。我出奇制胜，神妙莫测，我可以叫你手腕失灵，一筹莫展，我是菜里的芥末，生活中的辣子。"

那嗡嗡的声音打住了，一阵阵回响也渐渐远去，传遍了苍茫的大地，一直传到天涯海角——也即是那酒缸的边缘，然后又上了巍巍的缸壁，重新归回天篷的中心，嗡嗡地响了好一阵才消失。那万丈高墙随即便向她缓缓逼来，眼看愈缩愈小，也愈逼愈近，像是要来把她压个粉碎；她攥紧了拳头，正等着冰凉的玻璃一下子砸得她头破血流，酒缸却突然一扭身，翻了个过儿——又稳坐在那餐具柜上了，一副晶亮耀眼、玄之又玄的样子，有如经过了百来架三棱镜的反射，迸发出万道光芒，化出千百种色彩，闪闪烁烁，纵横攲侧，交织成一片。

前门又吹进来一阵冷风，伊芙琳一咬牙，使出拼命的劲头，伸长了胳臂，把酒缸抱住。得赶快！——得坚决！胳臂绷得都生疼了，细皮嫩肉下的瘦筋筋都快拉断了，费了好大的力气，才把酒缸抬了起来，捧在手里。用的劲头太大，后背的衣服都绷开了，她觉得风吹在背上寒飕飕的，于是就转过身来，迎着冷风，挪动被那千斤重负压得踉踉跄跄的脚步，出了饭厅，穿过书房，直向前门走去。得赶快！——得坚决！胳臂里血脉在麻木地搏动，两膝一路里只觉得发软，可是手捧着冰凉的玻璃倒感到挺痛快。

她晃晃悠悠出了前门，来到石阶上，扭转了半个身子，鼓足了全身的勇气和力量，来作这最后一次拚命——可是就在她松开双手的当口，那麻木的指头却在发毛的玻璃面上粘住了那么一会儿，也就在这一会儿工夫里，她脚下一滑，站立不稳，随着一声绝望的呼喊，就向前倒去，酒缸仍在手里……人却倒了下去。……

马路对面灯光依旧，这哐啷一声一直老远传到马路的那头，过往行人都吃惊地急忙赶来，楼上一个疲惫的男人从将睡未睡中醒了过来，一个小姑娘在似睡非睡的噩梦中呜咽。月色溶溶的人行道上，那个寂然不动的黑糊糊的人影儿周围，满地都是玻璃片儿，多得数不清，有长长的，有方方的，有尖尖的，在月华下闪烁着微微的光彩：发青的，泛黄的，有乌油油而带上金芒的，也有红殷殷而镶着黑边的。

蔡 慧译

冬
天
的
梦

一

在高尔夫球场当球童的，好些可是穷得够惨的，家里就是那么个单间屋子，前院还得养上一条蔫头搭脑的奶牛。但是德克斯特·格林却不一样，他爸爸开设的杂货店是黑熊镇上的第二家大杂货店（最大的一家叫"天心号"，是专做雪莉岛上的有钱人买卖的）。德克斯特当球童，只是为了挣几个零钱花罢了。

入了残秋以后，一到天气日转寒峭、连日阴云不开之时，那就表明明尼苏达的漫长的冬天降临了。于是大地就像合上了白色的箱盖，积雪盖没了高尔夫球场的草地，德克斯特的滑雪板也就在那里如飞而过了。在这种季节里经过那一带，他总不免深深地感到怅惘——眼看球场只好闲搁上整整一个冬天，成了几只寒伧的麻雀的天下，他觉得那实在不是滋味。再说，夏天树上是彩旗招展，一派风光，而如今却只剩下些沙箱①，寂寞地半埋在结硬的冰雪里，叫人见了也真不胜凄凉之感。翻过山顶时，风冷得有如刀割；要是有太阳的话，他就眯起眼睛，迎着那刺目的万点金光，索性慢慢地走上一阵。

四月一到，冬天突然就结束了。雪水一下子都流入了黑熊湖，连一些带着红球黑球早早赶在季节前头的高尔夫迷，都没有能赶上打个照面。一点也没有大事张扬，连像样样的大雨都没下一场，严寒就那样悄悄地去了。

德克斯特明白，这北方的春天可是有些凄清难受的——不过他也了解，这里还有个绝妙的秋天。一到秋天，他自会紧握拳头，精神抖擞，不住地自言自语，只管叨念几句傻话，有时冷不防还会劲头十足地奋臂一挥，仿佛眼前自有无数观众，自有千军万马。十月里他只觉得充满了希望，到十一月他已经得意得如痴如醉了，于是迷迷糊糊的，夏天在雪莉岛留下的一鳞半爪鲜明的印象就都在脑海里化开了。他顿时变成了高尔夫球冠军，在一场惊人精彩的比赛中击败了海德里克先生。他在幻想的球场上把这场球打了总有一百来遍，每一次每一个细节都各各不同——有时他胜来简直不费吹灰之力，有时他连打几个出色的好球才后来居上。他还像莫铁默·琼士先生那样，跳下了"皮尔斯埃罗"汽车，便神态凛然迈方步踱进雪莉岛高尔夫球俱乐部的休息室——要不然就在一大群围观者的啧啧称羡下，在俱乐部浮码头的跳板上作了一次花式跳水表演……而旁边看得张口结舌的观众里，就有莫铁默·琼士先生。

后来有一天却发生了这样一件事：琼士先生——是那地地道道的琼士先生，不是幻想中的琼士先生——竟然眼泪汪汪地来找德克斯特，他恭维德克斯特是……是俱乐部里最了不起的一个球童，说是琼士先生决不会亏待他，请他千万不要把活儿辞掉，因为俱乐部里别的……别的球童全都不行……侍候他打一盘高尔夫球就要丢掉他一、二十个球……哪次不是这样……

"不成，先生，"德克斯特回绝得挺干脆，"我不想再当球童了。"顿了一下，又补上一句："我年纪太大啦。"

"看你也不过十三、四岁嘛。再说你怎么早不辞，晚不辞，偏偏今儿早上就想把活儿辞啦？你不是答应过我，下个星期还要陪我去参加州里的比赛吗？"

"我想想我年纪实在太大了。"

德克斯特把他的"甲等"球童牌还给了大班，算清了工钱，就回到

---

① 沙箱是盛沙用的，打高尔夫球时发球处需要铺上沙。

黑熊镇上去了。

那天下午莫铁默·琼士先生一边喝酒，一边嚷嚷："这么好的球童我还没见过第二个！从来不丢一个球！又勤快！又伶俐！也不多嘴！老老实实！懂得好歹！"

说起事情的根源，却全在于一个才十一岁的小姑娘。那看似个难看的姑娘，其实却是个美人胎子——些长大后美丽得难描难摹、惹得许多男人苦恼无穷的姑娘，往往在前三两年都是这样貌不惊人的。不过那美人胎子的影子却早就依稀可辨。那微笑时嘴角往下一牵的神气，那——乖乖！——那简直是含情脉脉的眼波，总有一种有欠端庄的味道。这种女人总是很早就萌发出青春的活力。那在她的身上也已经完全看得出来，单薄的身子似乎遍体焕发出一派光艳。

她九点钟就急不可耐地来到了球场上，还有个穿白亚麻布衣服的保姆伴随在侧，白帆布袋里插了五根全新的小高尔夫棒，也由保姆背着。德克斯特第一眼看到她时，见她正站在球童室旁边，显得有点局促不安，为了掩饰这不安的神情，她就汕汕的特意找话跟保姆说，还莫名其妙地做了几个怪里怪气的脸子。

"哎，今天的天气倒是不坏呀，希尔达，"德克斯特听见她说。只见她嘴角往下一牵，微微一笑，偷偷往四下里溜了一眼，眼光经过德克斯特时，在他身上停留了一下。

随即她又对保姆说：

"哎，我看今儿早上大概打球的人不多吧?"

又是一笑——盈盈的一笑，做作的痕迹明显极了——然而却是那样迷人。

"我真不知道咱们该怎么办，"保姆嘴里这么说，眼睛却哪儿也没瞧着。

"不要紧，我有办法。"

德克斯特站在那里一动也没动，嘴都忘了闭上了。他知道他要是跨前一步，两道目光就要跟她的视线相遇，可要是朝后一退，又看不清楚她的脸。他并没有一下子就看出这还是个很小的小姑娘。过了一阵，才记起原来这个小姑娘他去年曾经见过几次——那时还穿着小灯笼裤呢。

突然他不由自主地笑了出来，笑得很唐突，很冒昧，连他自己也吃了一惊，于是就一转身想赶快走开。

"小伙子!"

德克斯特站住了。

"小伙子——"

这分明叫的是他。岂止叫他——还赏了他一个笑脸呢——正就是那种异样的笑脸，那种稀奇的笑脸。好些男人见过她这种笑脸以后，直到中年还难以忘怀。

"小伙子，你可知道球教师在哪儿?"

"给人上课去了。"

"那你知道球童大班在哪儿?"

"今天还没有来。"

"哦。"她一听，一时也不知如何是好。只好站在那里，两脚一前一后，换个不停。

"我们想要雇一个球童，"保姆说。"莫铁默·琼士太太让我们出来打高尔夫球。没有球童，我们不知道怎么打法。"

琼士小姐一个白眼，把她的话儿截住了。白眼之后，立刻又换上了那副笑脸。

"现在这儿就我一个球童，"德克斯特对保姆说。"我得在这儿看着，等大班来。"

"哦。"

主仆俩于是就退到了一边，离德克斯特远远的，两个人在那儿谈着谈着，忽然争得不可开交。后来只见琼士小姐抽出一根高尔夫棒，在地上使劲乱敲。她觉得这还不够劲儿，又举起球棒打算朝保姆胸前狠命打去，保姆连忙一把抓住，把球棒夺了下来。

"你这个不得好死的讨厌的老东西!"琼士小姐一嚷就像发了疯

似的。

接下来两个人又争了一通。德克斯特看见这场吵架很有些喜剧的色彩，几次忍俊不禁，不过他总是极力克制，尽量不笑出声来。他心里总觉得小姑娘打保姆打得有理，说什么也赶不掉这种古怪的想法。

幸而就在这时大班来了，于是一场风波顿时风定浪息。保姆马上就找上了大班：

"琼士小姐要雇一名球童，这一位说他走不开。"

德克斯特连忙说："麦肯纳先生叫我守在这儿，一定要等你来。"

"好啦，他现在不就来啦。"琼士小姐说着，满面春风地对大班笑了笑。随即就放下高尔夫袋，踏着矜持的细步，向第一个发球处走去。

"你怎么啦?"大班转过身来对德克斯特说。"你怎么还像个木头人似的，愣在那儿不动呀? 还不快去把小姐的球棒捡起来!"

"我今天不打算上工了，"德克斯特说。

"你不打算上工——?"

"我想把这里的活儿辞了。"

他居然作出了这样重大的决定，连自己也吓了一跳。他是个挺"红"的球童，在这儿干一夏天，可以挣到三十块钱一个月，你走遍沿湖一带，上哪儿也找不到这样的好差使。可是现在他内心受到了剧烈的震动，烦乱的心绪非得马上找个地方痛痛快快发泄一下不可。

其实，事情还不是这样简单。德克斯特以后也经常要碰到这样的情况——原来他是不知不觉在冬天的梦指挥下行事的。

二

　　他那些冬天的梦有时候固然也不一定那么印象鲜明，不一定那么合乎时宜，可是那大致的轮廓总是长留在心头。过了几年以后，也正是由于这些梦幻的影响，德克斯特就没有到本州的州立大学去读商科（当时他父亲已经干得相当发达，愿意担负他这笔费用），他宁可冒着得不偿失的风险，上了东部一座久著声誉的古老学府，以致常常弄得手头十分拮据。但是，你不要看他那些冬天的梦一开头就很向往富人，就认为小伙子无非是有些势利眼而已。实际上他的目标还不在接近富丽堂皇的世界，结交富丽堂皇的人们——他干脆就要追求这种种富丽堂皇的享用。他什么东西都要最好的，却往往自己也不知道要这些干啥；不过有时他又莫名其妙地拼命克制、强自压抑——生活中就偏多这样的谜。这里所要说的就是他这样一次自我克制的经历，至于他一生发迹的过程，就不打算细说了。

　　他发了财。发财的速度相当惊人。大学毕业以后他来到了黑熊湖那帮阔游客居住的城里。在那里住不到两年，论年纪也才二十三岁，可就已经有人常常在那里夸他了："这小子有出息……"他周围的富家子，有的担着风险在推销债券，有的拿出家产去冒险投资，有的在埋头啃那二十四大卷的《乔治·华盛顿商业学教程》，可是德克斯特却凭着他的学位，以及他那张信心十足的嘴，借到了一千块钱作为资本，在一家洗

302

衣店里搭伙当了老板。

他刚入伙的时候那家洗衣店规模还小，但是德克斯特悉心研究了英国人洗高级羊毛高尔夫球袜的技术，学到了下水不缩的诀窍，不到一年工夫，那帮穿灯笼裤的爷们①就已经都成了他的主顾了。他们要洗"设得兰"毛袜毛衣，就非送他的洗衣店不可，正像要雇球童就得雇一个会捡球的一样。过不多久，连他们太太的高级内衣也都一并往他的店里送了——当时他的洗衣店也早已在城里各处又增设了五家分店。还没到二十七岁，他就成了这附近一带最大的一个洗衣店网的老板。那时他就卖掉了股子，搬到纽约去了。不过我们这里所要说的，还是他刚发迹时的一段事迹。

在他二十三岁那年，有一位哈特先生——就是爱夸"这小子有出息"的那几位老先生之一——给了他一张请帖，请他到雪莉岛高尔夫球俱乐部去度周末。于是有一天，他终于在俱乐部的登记簿上签下了自己的大名。当天下午，他就同哈特先生、桑伍先生、海德里克先生凑成两对，打了一局双打。他当年就在这个球场上背过哈特先生的高尔夫袋，球场上的一洼一沟他闭着眼睛都指得出来——这些他觉得就没有必要提了，不过他还是情不自禁地对跟在身后的四个球童瞅了几眼，巴不得能从他们身上找到一似他当年的神态眼色，好缩小眼前的他和当年的他之间的鸿沟。

那天也怪，眼前老是会蓦地闪出熟悉的往事的影子，像飞一般的掠过。他本来还颇以外客自居，可是一转眼就忍不住觉得自己比海德里克先生真要高明何止百倍千倍。海德里克先生不但为人讨厌，连打高尔夫球的功夫也一样差劲。

哈特先生打到第十五洞区附近，把球打丢了，这一下，却引出了一

---

① 打高尔夫球时一般都穿灯笼裤，在膝头以下扎紧。

件怪事。当时他们在障碍地带①的杂草丛中到处找球，不防从身后的土墩背面传来一声清脆的喊声："球来闪开!"他们都直起腰来慌忙扭头看去，只见从土墩顶上陡地飞出一只崭新的球来，一个向右的曲线球，正好打在海德里克先生的小肚子上。

"他妈的活见鬼!"海德里克先生嚷了起来。"这班蠢娘们，根本就不能让她们打高尔夫球。都快无法无天了!"

土墩顶上探出一个头来，同时传来了一个声音：

"从这里过一下，行吗?"

"你的球打在我肚子上啦!"海德里克先生气疯疯地说。

"是吗?"那姑娘说着向他们走了过来。"那真是对不起。我是叫过'球来闪开'的。"

姑娘的眼光漫不经心地在每个人身上停留了一下，就顺着"正规通路"留心找她的球儿去了。

"我别是打进'障碍地带'了吧。"

她这自言自语到底是无心之言，还是一句刻薄话，乍一听是无法断定的。不过这马上就清楚了，因为她的搭档也爬过土墩跟上来了，只听她对那人快活地喊道：

"找到啦!要不是球正好碰在东西上，我这一棒早打到洞区里了。"

她拿起短棒摆好架势，准备打一个短球，德克斯特就趁此机会把她看了个仔细。她穿一身蓝底格子布衣服，领口和肩头都滚了白边，越发显出她的皮肤是晒得黑黝黝的。十一岁时那种矫揉造作的神气、娇小的体态，曾使她含情脉脉的眼神、嘴角一牵的笑意，显得那么可笑，可是那种神气和体态今天都已经不见了。如今她出落得那样美丽动人。两颊的血色像画上一样，都集中在一处——那可不是一抹红晕，而是一种时

---

① "障碍地带"及下文中的"正规通路"都是高尔夫球术语。从发球处到洞区（即球洞周围的一方草地）之间有一条修整过草的通路，称为"正规通路"。"正规通路"旁边有杂草、矮树、石块的地带称为"障碍地带"。

起时落、类乎兴奋的发红的脸色，说浓却又不浓，看去倒像随时都会一下子褪得无影无踪似的。她这种脸色，还有那灵巧多姿的嘴，总是给人以一种变化不定的感觉，生气勃勃的感觉，热情奔放的感觉——只有眼神流露出了荣华生活中的一点哀愁，把这种感觉冲淡了几分。

她急巴巴心不在焉地把短棒一挥，球飞过了洞区，落在一个沙坑里。她赶紧假意一笑，有口无心地说了声"谢谢"，就追了上去。

为了等她打这个球，他们耽搁了好一阵子。海德里克先生在近旁的一个发球处说："这个裘迪·琼士！对付她没有别的办法，只有把她屁股朝天，狠狠地揍，揍满了半年，把她嫁个老八板儿的骑兵连连长。"

"天哪，好俊俏的姑娘！"桑伍先生大为赞叹。这位先生不过三十才出头。

"还俊俏咧！"海德里克先生不屑似的嚷着说。"你看她那模样儿，老是像等着人来跟她亲个嘴似的！瞪出了那一对母牛似的大眼睛，对城里每一条牛犊子都要瞧一眼！"

看来海德里克先生这话的意思，恐怕未必是指母性的本能说的。

"她打高尔夫条件不错，好好地打，准能打好，"桑伍先生说道。

"她体型不行，"海德里克先生一本正经地说。

"她的身段可挺优美，"桑伍先生又说。

"谢天谢地，她这球幸亏不是个急球，"哈特先生说着，对德克斯特丢了个眼色。

天色晚了，太阳下山了，撒下一片缤纷的彩霞，蓝一抹红一抹的，深浅不一，夹着金光。于是那清风如语、干爽宜人的西部的夏夜便来临了。德克斯特在高尔夫球俱乐部的阳台上眺望，看那微风轻拂下的鳞片般的平静的涟漪——满月下的湖水看去有如银白色的糖蜜。这时月光像是下了命令，于是万籁俱归沉寂，一泓湖水清澈明净，月色轻笼，无限幽静。德克斯特换上了游泳衣，直游到最远的一个浮码头上，爬上码头，就伸开了手脚，水淋淋的躺在那跳板的湿帆布上。

一条鱼跃出了水面，一颗星星亮得耀眼，四外湖滨的灯光闪烁不定。远处一个黑沉沉的半岛上有人在弹钢琴，弹的还是去年夏天，以至前几年夏天流行的曲子——《请！请!》、《卢森堡伯爵》、《无愁丘八》这一类轻歌剧里的选曲。一水空阔，琴声悠扬，这在德克斯特一向认为是一种绝美的境界，所以他就躺在那里一动也不动，静静地听着。

这时钢琴又弹出一支乐曲，德克斯特记得那分明是五年前他读大二的时候时兴的曲子，曾经风靡一时。有一次学校里开跳舞会，就演奏了这支曲子，可惜跳舞会这种花钱的玩乐，那时他还享受不起，所以只好站在体育馆外边隔墙而听。每次听到这支乐曲，他总会听得心醉神迷，因此如今他就在这种心醉神迷的状态下，思量起自己眼前的境遇来。他内心深深地感到满意，只觉得自己此刻在世上真是如鱼得水，只觉得周围的一切都是那么辉煌，那么迷人，此情此景，这辈子怕不会再有第二回了。

突然，从岛上的暗处闪出来一个又扁又长的朦胧的影子，听那响亮的声音，可知是一条竞赛用的汽艇。船尾拖着两道白色的浪花，才一眨眼工夫，汽艇就已开到了他的身边，噗噜噜的浪花飞溅声淹没了丁丁咚咚狂热的钢琴声。德克斯特撑起身来，看到船上有个身影站在那里掌舵，两只乌黑的眼睛正隔水打量着他，可是这时距离已经渐渐拉开，不一会儿汽艇也就过去了。汽艇到了湖中，却拖着浪花绕起大圈子来，莫名其妙地兜了一圈又一圈。可也同样奇怪的，兜了几圈以后，那汽艇却又忽然破圈而出，重新向浮码头驶来。

"那儿是谁呀？"她关上马达，喊了一声。这时她离德克斯特已经很近，连她穿的游泳衣都看得出来了，看样子那是件淡红色的背心连裤。

船头把浮码头一撞，浮码头猛地往外一侧，德克斯特就禁不住朝她那边滚去。虽然双方心儿冷热不同，彼此却一下子都认了出来。

"你不就是今儿下午我们打高尔夫碰上的那几位里的吗？"她问道。

他说他就是。

"那么你会不会开汽艇？因为，假如你会开的话，我想请你帮我来开一下，让我在船后边滑冲浪板。我名字叫裘迪·琼士，"说着对他做了个怪里怪气的傻笑——应该说，是打算做个傻笑，因为她虽然也把嘴一扭，可是那笑容却并不叫人感到滑稽，倒是让人觉得美极了，"我住在岛上那头的一座屋子里，可屋里有个男人在那里等我。我看见他的车子一到门口，就赶紧开着汽艇出来了，谁叫他硬是要管我叫意中人呢。"

一条鱼跃出了水面，一颗星星亮得耀眼，四外湖滨的灯光闪烁不定。德克斯特坐在裘迪·琼士的旁边，听她讲解她这艘汽艇是怎么个开法。讲完她就下到水里，轻巧自如地来一个爬泳的姿势，向浮在船后的冲浪板游去。看她游泳，眼睛一点也不费劲，就像看树枝摆动，看海鸥飞翔一样。在有似白金而稍暗的微波荡漾中，只见那晒成了灰胡桃色的手臂在柔软地划动，胳膊肘首先露出水面，接着前臂向后一挥，带来了一阵水花的溅落声，然后再一奋臂向下劈去——劈出了一条前进的路来。

他们于是就向湖中而去；德克斯特一回头，看见冲浪板已经高高的翘起了头，姑娘正跪在那压得低低的板尾。

"开快，"她喊着说，"尽量开快。"

他遵命把操纵杆往前一推，船头顿时高高地跃起一片雪白的浪花。等他再一回头，姑娘已经站起在冲浪板上，张开了手臂，仰脸望着明月了。

"冷得要命呢，"她嚷着说。"请问你尊姓啊？"

德克斯特告诉了她。

"哎，明儿你上我家来吃晚饭怎么样？"

像船上的飞轮一样，德克斯特的心在那里直打转。那姑娘一时心血来潮，一句话就使他的生涯改弦易辙，算来这已是第二回了。

三

　　第二天傍晚，德克斯特到了她家，等候她下楼。他恍惚觉得这幽雅深静的暑居和外边的玻璃顶游廊里似乎都挤满了早就爱着裘迪·琼士的男人。这种男人他熟悉——当初他踏进大学，他们也都从贵族化的预科学校升了上来，个个衣着漂亮，年年避暑休养，晒得黑里透红。他看出自己有一点要比这班人高明。那就是自己比他们有朝气，有劲头。可是他内心也不能不承认，他希望自己的孩子将来也都要成为他们那样的人，这也就是说，他承认自己不过是粗汉壮汉一类，还得往上高升，才能成为那一流的人物。

　　后来他穿锦衣华服的日子终于来了，他也知道了全美国最高贵的服装店是哪一家，那天晚上他穿的一套衣服正就是在全美国最高贵的服装店做的。他举止之间也带上了本大学所特有的那种庄重的风度，显得与其他大学出身的迥然有异。他明白这种独特的风度对他极有帮助，所以早就注意培养了。他知道对于衣着仪表，马虎比讲究更需要有点自信。不过，要马虎他也只能让孩子去马虎。他母亲本姓克林斯列契，是个波希米亚人，属农民阶级，一直到老也只会说几句结结巴巴的英语。母亲是这样，做儿子的也就不便做那种出格的事了。

　　七点稍过，裘迪·琼士下楼来了。她穿一身蓝缎子便服，德克斯特本来预计她还会穿得考究些，所以乍一见就有些失望。使他愈加失望的

308

是，对方略表欢迎以后，便到前厨房门前，推开了门喊道："开饭吧，玛莎。"他本来还以为会有个男管家来请入席，以为饭前还要先喝点开胃酒。但是过一会儿他也就把这些想法都抛在脑后了，因为他们肩并肩在长沙发上坐下，都盯着对方看了起来。

"爸爸妈妈不来了，"她若有所思地说。

德克斯特还记得上次见到她爸爸的情景，幸亏老夫妻俩今儿晚上不在——不然他们也许会猜疑：这小子不知是何许人？他出生在基博尔，那也是明尼苏达的一个小镇，从这儿再往北过五十英里就是。他一向对人说自己的家乡是基博尔，而不是黑熊镇。这种乡村小镇只要离得远，不现眼，不在游人如云的名湖边上给人垫脚，做自己的家乡也并没有什么不好意思的。

他们谈起他当初上的是哪所大学，姑娘说她这两年也经常到那所大学去。还谈起雪莉岛的游客都是附近那个城里来的——德克斯特那几家日益兴隆的洗衣店也就在这城里，明天他又该回店料理店务去了。

吃饭的时候女主人情绪不好，闷闷不乐，德克斯特也因此觉得很不自在。她沙哑着嗓子尽说些不高兴的话，句句都使德克斯特听得不安。她只要一笑——冲着德克斯特一笑，看着鸡肝一笑，以至是毫没来由的一笑，德克斯特心里就要感到发慌，因为她的笑里看不到一丝欢乐，实在也毫无笑意可言。那猩红色的嘴角往下一牵，与其说是莞尔一笑，还不如说是在招引人来跟她亲个嘴。

吃完晚饭以后，她拉着德克斯特来到没上灯的玻璃顶游廊上，有意改变一下气氛。

"我有点伤心，你不见怪吧？"她说。

"对不起，我大概惹你讨厌了，"他反应很迅速。

"哪儿的话呢。你是挺好的。可我今儿下午实在伤心极了。有个男人，我本来倒对他很有好感，哪知道突然晴天一声霹雳，他今儿下午向我吐露了真情，说他实际是个两手空空的穷光蛋。以前他可从来没有对我露过一丝口风。这也未免太缺德了，你说是不是？"

"他也许是不敢告诉你吧。"

"就算不敢告诉我吧,"她接口说,"那他一开始也不实事求是呀。要知道,我如果早晓得他没钱……唉,其实我喜欢的穷汉子也多的是,要嫁给他们我都是百分之百的愿意。可这一回我思想上一点准备都没有,受了这个打击,我这颗心就对他再也热乎不起来了。这就好比一个姑娘厚着脸皮告诉自己的未婚夫,说自己其实是个寡妇。做未婚夫的对寡妇本来倒不一定有什么歧视,可……"

她突然打住了,冷不丁掉转话头说道:"咱们就实事求是,开门见山吧。请问,你是何等样人?"

德克斯特迟疑了一下,才一本正经地说:

"我是个平凡的人。我的事业主要还得看将来。"

"你穷不?"

"穷倒是不穷,"他老老实实说,"跟同样年纪的人比起来,我挣的钱在全西北恐怕还没人及得上。我知道这话按理很不该说,可你有言在先,要我实事求是,开门见山。"

沉默了一会儿,她笑了,嘴角也挂下来了,身子不着痕迹地微微一歪,她就挨到了德克斯特的跟前,仰起了脸,盯着他的眼睛。德克斯特紧张得喉头都哽住了,他屏息凝神,等着来做那个实验——四片嘴唇,两种元素,经过一番奇妙的反应以后,不知会生出什么样的化合物来?不一会儿他就体验到了——对方以一个接一个的吻,透肌入骨地、毫无保留地,把自己那段兴奋的情绪都传输给了他。这种吻,不是给予千金一诺,而是为的求得满足,不是使他怀着热望,但愿此情再续,而是使他醉饱之后,还想求得更大的醉饱。……这种吻,就像慈善机关,用有求必应、漫无节制的施舍来造成需要。

过不了几个钟头,德克斯特的看法就已经非常明确了:自从他少年时代懂了自尊、有了抱负以来,他所一直想望的,正就是这个裘迪·琼士。

四

　　事情就这样开了头，其后热乎的程度虽然有起有伏，但是双方的关系却始终保持着这样一种基调，直至收场。这样一个直言不讳、肆无忌惮的人物，德克斯特还是初次领教，可是他半个人儿已经交给了她，由着她摆布了。裘迪心里想要什么，她总是极力利用自己的美貌，必欲得之而后已。她根本不讲究什么方法，不玩弄什么手段，也不考虑什么后果——她无论跟谁相好，用脑筋来想一想的事是不大干的。她就只知道要男人注意她的姿色体态曼妙卓绝。德克斯特也不想劝她把脾气改一改。她那些缺点都跟一股火热的劲儿和在一起，火热的劲儿盖过了缺点，缺点好像都无所谓了。

　　就在那第一个晚上，裘迪把头靠在他肩膀上，悄声说道："我也不知道我怎么了。昨儿晚上我还觉得我心上有个情人，可今儿晚上我就觉得我爱上了你——"这话当时在德克斯特听来似乎挺美、挺罗曼蒂克。只觉得心头是一股说不出的激动，当下好容易才压抑住了，藏在心里。可是过了一个星期，他对她这种作风就不得不改变了看法。一天晚上她开了自己的跑车，同他一块儿去参加野餐；等到吃完了饭，她却带上另外一个男人，也就开了这辆跑车，悄悄走了。德克斯特发现后气得发昏，尽管当时还有好些人在场，他却差点儿连起码的礼貌都顾不上了。事后裘迪虽然一再向他保证，说她绝对没有跟那个男人亲嘴，可德克斯特知道那是撒谎——不过想到她至少还特意来对自己撒了个谎，心里又觉得稍稍安慰些。

他在那年夏季结束之前就查明了，围着裘迪打转的各色男人连他在内共有一十二人。他们十二个人，个个都曾一度压倒众人，有过独蒙青睐的时候——其中约有半数至今还能不时承她稍示柔情，继续在那里做着好梦。一旦有人长时受到冷落，眼看就要落荒而走，她便故意让他亲近那么一时半刻，甜言蜜语一番，这么一打气、一鼓劲，又能叫他跟上一年半载。裘迪对这批一筹莫展的情场败将这样恣意作践，倒并非有什么恶意，事实上她也根本没有清楚地意识到自己的所作所为是坑害人的。

一有新人登场，别人就都抛落了下来——跟他们的约会自然而然就都取消了。

遇到这种情况，别人是一点办法都没有的，因为这一切都出于她本人的主动。这个姑娘可不是情场周旋所能"赢得"的——巧妙的手段迷惑不了她，柔情蜜意打动不了她，假如有人硬是把她逼得紧了，她就索性把他们的关系化为单纯的肉体关系；在她那曼妙的肉体的魅惑下，凭你意志怎么坚强，脑筋怎么灵活，也占不了一丝便宜，结果难免堕入她的彀中。她一定要满足了自己的欲望，赤裸裸的卖弄过了风情，这才欢喜。也许是因为她对恋爱的青年男女看得多了吧，她采取了一种自卫之道，纯粹用本身内在的滋养来哺育自己。

德克斯特第一阵的兴奋过去之后，接着而来的却是烦躁和不快。迷上了她，快乐得神魂颠倒，这可是抽鸦片，对他毫无补益。幸而这年冬天那种销魂荡魄的时刻并不常有，所以对他的工作还影响不大。在他们相识之初，双方的爱悦本来一度看来像是相互的、深切的、出乎自然的——比如那第一年八月里，他们一连三天，天天在她家黑沉沉的游廊上消度黄昏，直至于夜深，幽暗的壁凹里和凉亭的围栏后都是他们相拥而吻的地方，那种离奇的病态的吻可以从傍晚直吻到天黑，而一到早上她又总是显得像花一般鲜艳，大天白日见到了他还面带几分娇羞。那种无限欢悦的心情，简直跟已经订了婚一样，对德克斯特来说愈是因为婚约未定，就愈加感到心荡神驰。就在那三天里，德克斯特第一次向她求了婚。她一会儿说"以后再说吧"，一会儿说"还是吻我吧"，一会儿说"我倒也不是不愿意嫁给你"，一会儿说"我是爱你的"，一会儿——却又什么都不说了。

原来，这时候来了一个纽约人，使三天的欢会就此中止了。九月里这个纽约人在裘迪家作了整整半个月的客。他们俩的关系立刻传得沸沸扬扬，害得德克斯特痛苦极了。此人的父亲是一家大信托公司的董事长。不过，过了一个月，听说裘迪就对他感到厌倦了。有一天晚上开跳舞会，裘迪跟当地的一个小白脸在汽艇里坐了整整一晚上，害得那纽约人像发了疯似的，也在俱乐部里找了一晚上。裘迪告诉当地的那个小白脸说，她讨厌家里那位客人，果然，过了两天那位客人就走了。有人看见她还到车站送行，据说那位客人当时的脸色可是真够伤心的。

那年的夏季就这样结束了。转眼德克斯特就满二十四岁了，他的境况也愈来愈称心如意了。他参加了当地的两家俱乐部，并且就在其中一家俱乐部住下。在俱乐部里他虽然并没有加入那单身独闯、现抓舞伴的光棍舞客的行列，可是逢到有什么舞会，估计裘迪·琼士可能翩然光临，他是决不放过的。按说他也尽可以多多参加一些社交活动——现在他是个很能让人看得中意的青年了，商界上那些做爸爸的对他也都口碑不错。他对裘迪·琼士表现的那片痴情，反而使他越发受到尊重。不过尽管如此，他却并不想在交际场上图什么发展；看到那些朝三暮四用情不专的家伙，不管星期六还是星期几，凡有舞会无会不到，遇有宴会便硬是要跟已经结婚的年轻人挤在一起，他觉得实在有点看不惯。他心里早就在盘算要到东部去，要到纽约去。他想要带裘迪·琼士一块儿去。他尽管已经看清这姑娘是在什么样的环境里长大的，却始终看不清她的好坏。

这一点务请记住——因为只有明白了这一点，才能理解他又怎么会为了她干出那样的事来。

他认识裘迪·琼士十八个月以后，同另一个姑娘订了婚。那姑娘名叫艾玲·希乐，她爸爸对德克斯特一向是非常赏识的。姑娘长着一头淡色头发，为人温柔端庄，就是身材嫌胖了点。本来已经有两个男人在追求她了，德克斯特向她正式表示了求婚的意思，她便大大方方的跟那两个男人分了手。

夏去秋来，冬尽春回，然后又是夏去秋来——为了裘迪·琼士那两片难对付的嘴唇，他牺牲了那么多大有可为的光阴。她对德克斯特时而兴致勃勃，时而极力挑逗，时而恶意作弄，时而又无动于衷，时而还对他满脸的看不起。找些小事故意慢待，给个白眼，只要是对男朋友干得出来的，德克斯特什么没有尝到过——仿佛因为她喜欢过了他，就得这样报复他一下似的。她高兴时就对他招招手，不高兴时就对他打呵欠，再高兴时就再对他招手，他呢，就常常含着辛酸，半闭着眼睛去应付。她带给他销魂荡魄的欢乐，也带给他无法忍受的精神的痛苦。她给他增添了无穷的麻烦、大量的苦恼。凌辱他、欺压他，她都干，她还利用对方对自己的热情，来消磨他工作的热情——好当作玩儿。除了没斥责过他以外，她对他简直就干尽干绝了。他总算没有挨过她的斥责——据他看，那也不过是因为怕斥责了他，就会破坏她那个面冷心更冷的形象罢了。

秋天来了又去了，他也想到自己跟裘迪·琼士肯定已是姻缘无份了。要把这个想法安在心里是不容易的，不过他终于还是说服了自己。晚上躺在床上，他总要翻来覆去思想斗争好一会。他总要想一想为她受过多少烦恼和痛苦，扳着指头算一算她做个妻子有哪几条明显的缺陷。可是想着想着心头又会涌起对她的眷恋，过上好一阵子才能阖眼。为了免得想念她在电话里的沙哑的话声，以及一起吃午饭时她从对面投来的眼风，他就发愤工作，要干到很晚才歇手，夜里还要上办事处去，考虑考虑长远的打算——就这样接连干了一个星期。

干满了一个星期，他去参加了一次舞会，从别人手里请她跳了一次舞。跳完舞并没有请她在旁边坐一会儿，也没有恭维她一声今天真漂

314

亮，这大概可以算是他们相识以来的第一遭吧。她却并没有理会这些，这使德克斯特有些不快——但也只是有些不快而已。他看到裘迪今天晚上又换了个新的男朋友，一点也不觉得妒忌。多少时候磨下来，他早已妒忌不起来了。

他在舞会上待到很晚。他伴艾玲·希乐坐了一个小时，跟她谈书、谈音乐。他对书和音乐可以说都是门外汉。不过现在他的时间已经可以自己做主支配了，所以头脑里就有了一个带点自负的想法，觉得自己——年纪轻轻就已经在事业上取得惊人成就的德克斯特·格林——对这一类学问也应当有一些研究才好。

那是十月里的事，当时他已经满了二十五岁。次年一月，德克斯特和艾玲便订了婚。他们决定到六月正式宣布，再过三个月，就举行结婚典礼。

这一年明尼苏达的冬季长得简直没完没了，等到风里带来了暖意，雪水终于泻入了黑熊湖，那已经快到五月了。德克斯特一年多来第一次享受到一种心灵的宁静。裘迪·琼士到佛罗里达去了，后来又跑到了温泉城，听说她不知在哪儿订了婚，又不知在哪儿解了约。德克斯特刚下决心跟她一刀两断的时候，人家还未免把他们联系在一起，常常向他问起裘迪的近况，这使他感到伤心，可是后来看到他宴会上的座位总排在艾玲·希乐旁边，人家也就不再向他打听裘迪的消息了——倒是把裘迪的消息反过来都告诉了他。他已经不再是发布裘迪消息的权威人士了。

五月终于到了。晚上，空气里潮湿得可以滴下水来，德克斯特走在黑沉沉的街上，心里感到惘然：曾几何时，一事未成，多少欢乐已经化为泡影。回想去年五月，正是裘迪搅得他无限心伤，想想真不可原谅而又毕竟原谅了她的时候——也正是他难得能够在心里抱个幻想的时候，那时他还只当裘迪终于渐渐爱上了他呢。付出的代价是久所珍惜的幸福，换得的却是这样的结果。他知道，艾玲不过是张在他背后的一方帘幕，是在发亮的杯碟间张罗的一只手，是呼儿唤女的一个声音……火炽的热情和妖娆的意态是从此见不到了，从此也无心再领略夜色的奇幻以及四时晨昏无穷变化的美妙了……再也没有两个薄薄的嘴唇往下一牵，凑到他的嘴边，把他抬到九重天上，与两颗仙眸迎面相对了。……这些印象都深深地印在他的心上。他为人刚强，又极机灵，这种印象是不会轻易淡忘的。

五月中，正处于入夏前的短短的过渡阶段，有几天乍暖还寒的天气。一天晚上，他到艾玲家去。他们订婚的消息过一个星期就要正式宣布了——其实这个消息谁听了也不会感到惊奇。今天晚上他们打算到大学俱乐部去，在长沙发上坐个把钟头，看看人家跳舞。和她一块儿出去，他心里就觉得塌实些——喜欢她的人实在太多了，她的名声实在太大了。

他几步登上那座高级住宅的台阶，一脚跨进门去。

"艾玲，"他喊了一声。

从起坐间里出来招呼他的却是艾玲的母亲。

"德克斯特，"她母亲说，"艾玲头痛得厉害，上楼去了。她本来是要跟你一块儿去的，可我让她去睡了。"

"大概不要紧吧——"

"哎，不要紧的。明儿早上还跟你一块儿去打高尔夫。你今儿晚上就放她一天假，好吗，德克斯特?"

她的笑容十分可亲。德克斯特跟她彼此印象都很不错。德克斯特在起坐间里说了一阵闲话以后，就告辞走了。

他住在大学俱乐部，所以又回到了那里，在门口站了一会，看人跳舞。他靠在门柱上，见到一两个熟人点点头——后来禁不住打起呵欠来了。

"哈罗，亲爱的。"

身旁一个熟悉的声音，叫他吃了一惊。原来裴迪·琼士撇下了一个男人，从舞厅那头走到他跟前来了——裴迪·琼士简直成了个苗条的五色洋娃娃，穿戴得金光闪闪，头发上扎了一条金带，衣裙下露出跳舞鞋两只金色的鞋尖。对他微微一笑时，淡淡的容光仿佛鲜花乍然开放。屋里顿时拂过了一股暖意，射进了一道光辉。他插在晚礼服口袋里的手只觉得一阵阵抽紧。内心突然激动万分。

"你什么时候回来的?"他装作随意似的问道。

"过来我告诉你。"

她说完转身就走，德克斯特跟着去了。一别这许多日子，今天这意想不到的归来真差点儿使他流下了眼泪。这姑娘简直就像去过魔街，受过魔法，身上会奏出迷魂曲来。种种神秘的遭逢，种种有起死回生之妙的新的希望，当初都随着她的离去而离去了，如今又随着她的归来而归来了。

在门道里她转过头来。

"你有车在这儿吗? 你要没有的话，我有。"

"小轿车有一辆。"

金光闪闪的衣裙一阵窸窣作响，她上了小轿车。砰地一声，德克斯特关上了车门。她坐上过多少汽车啊，有这种型号的，有那种型号的，总是这样一上车就往皮靠垫上一靠，胳膊肘搁在车门上，摆出这个姿势来等着。这姑娘，只要有外来的腐蚀，她肯定早已受到玷污无疑，但是，这种作风却完全是她本性的流露。

德克斯特强自镇定了一下，这才勉强发动了车子，重又开到街上。心里想: 不要当作一回事，千万千万! 这种事她早先都干过，自己早已把她撂开了，好比吃进一笔坏账，早已从账本上一笔勾销了。

他慢慢地往市区里驶去，装作出神的样子，在商业区的人影寥落的街上开过; 偶尔遇到电影院散场，街上才热闹些，赌场门前也有好些青年在闲荡，不是萎靡得像病病鬼，便是神气得像拳击师。从酒吧间里传出来杯声叮当，还有手拍柜台的声音，玻璃窗隔绝了这些小天地，但见一抹昏黄的灯光。

她目不转睛地瞅着德克斯特。沉默实在难堪，可是在这个节骨眼儿上，德克斯特却偏偏诌不出一句话来打破这肃静的气氛。他找了个近便的转弯处一拐弯，回头向大学俱乐部驶去。

"你想念我吗?"她突然问道。

"谁都想念你。"

他心想: 不知道她听说过艾玲·希乐的事没有? 她回来了才一天——她出外的时候,也差不多正就是他订婚的时候。

"你真会说话哟!"裘迪苦笑着说——其实却并没有一丝愁苦的意味。两道锐利的目光直盯着他。他却全神贯注地在那里开他的车。

"你比先前更漂亮了,"裘迪像是陷入了沉思。"德克斯特,你这双眼睛真叫人怀念哪。"

德克斯特一听差点儿笑了出来,不过他没有笑。这种话只能说给嫩小子听去。然而他心里还是不免觉得一动。

"我对什么都感到腻味透了,亲爱的。"她管谁都叫"亲爱的",而且这一声亲昵的称呼总带有一股非君莫属似的佻达的电影腔。"我希望你能跟我结婚。"

她这话说得如此直率,倒使德克斯特发了愣。按理说,这时他就应当老实说明,自己就要跟另一个姑娘结婚了,可是他却怎么也说不出口。他倒宁愿对她赌神发誓,说自己根本就不爱那姑娘。

"我相信我们俩是合得来的,"裘迪还是那个腔调儿,继续往下说,"除非——说不定你已经忘记了我,爱上别的姑娘了。"

她显然信心挺足。她甚而还说,她决不相信有这样的事,就算万一真有这样的事,也无非是他年轻孟浪——也许是想斗个气什么的。她会原谅他的,因为这种事没有什么了不起,丢过一边也就完了。

"除了我,别家的姑娘甭说你也都看不上,"她又接着说道,"你真好,爱我就是这样一心一意。哎,德克斯特,去年的事你忘啦?"

"没忘。"

"我也没忘!"

她是真的动了感情呢——还是在那里演戏,愈演愈上劲了呢?

"我想我们要是还能像去年那样,该有多好啊,"她说。这时德克斯特就只好逼着自己答道:

"我看这事办不到了。"

"是啊，恐怕是办不到了。……听说你对艾玲·希乐追求得可是够热烈的。"

她说到这个名字并没有加重一丝一毫语气，可是德克斯特听了还是突然感到一阵羞惭。

"哎呀，你还是送我回家吧，"裘迪忽然嚷了起来，"我不想再去参加那个跳舞会了，真没意思——都是些娃儿。"

德克斯特于是便一拐弯，改向住宅区驶去，裘迪却独个儿悄悄地哭了。德克斯特以前还没有看见她哭过。

黑暗的街道骤然一亮，前后左右纷纷耸现出富家的宅第，小轿车开到莫铁默·琼士公馆的门前，停了下来。那是一座占地颇广的宏伟的白色建筑，罩着一片如水的月华，显得迷离而又壮丽。多么结实的住宅，他倒不觉吃了一惊。那高厚的围墙、那坚固的钢梁、那种雄浑、磅礴、壮观的气势，好像都是特意为了给他身边这个年轻的佳人做个对比似的。房屋的结实，格外衬出了姑娘的纤弱——仿佛是要告诉人们，蝴蝶鼓一鼓翅膀，顶多也只能搧起这么一点小小的风来。

德克斯特坐在那里一动也不动，心里紧张得乱腾腾的，生怕一动，她就非落到自己怀里不可。她湿润的脸上早已滚下了两颗泪珠，停在嘴唇上边，在那里颤动。

她抽抽搭搭地说："我长得比别人都美，为什么我就偏得不到快乐？"她眼中的泪光动摇了他坚定的决心，两片嘴唇含着无限的哀怨，慢慢地向两边挂了下去："德克斯特，只要你看得中我，我是愿意嫁给你的。我知道你大概还看不中我，可我一定会做到让你看着觉得十二万分满意，德克斯特。"

千言万语，有气愤的，有矜持的，有热情的，有带着恨的，有含着爱的，在德克斯特的嘴边展开了争斗。可是一股势不可挡的感情的巨浪随后打来，把他身上残留下的一点理智、规矩、疑虑、自尊心，统统席卷而去。说话的这个姑娘是属于他的啊，是他的心上人，是他的意中

319

人，是他最珍爱的宝贝。

"请来坐一会儿好吗?"德克斯特听见她呼吸的声音都急促起来了。

犹豫半晌。

"好吧，"德克斯特的声音发了抖，"我来。"

五

说也奇怪，对那天晚上的事德克斯特不但事后并不悔恨，此后很长一个时期也始终没有一点失悔之意。放在十年的长河里来看，裘迪对他旧情复燃一月而灭，不过是小事一桩。他没有顶住裘迪的进攻，虽然自己陷入了更大的痛苦，艾玲·希乐和她的爹娘(两位老人家待他那么好)也为此而伤透了心，可是他觉得那也没有什么大不了的。艾玲的难过的模样也并没有留下什么难忘的印象铭刻在他心上。

德克斯特的性格可是够刚强的。本城的居民对他这个行为抱什么看法，在他看来根本无所谓，这倒不是因为他打算就要离开本城，而是因为他觉得外人对问题的看法总未免有隔靴搔痒之嫌。什么群众的意见，他压根儿就不睬这一套。他一旦看清其事无望，自己没有回天之力，拉不住裘迪·琼士，于是对她也就毫无怨恨之意了。他爱裘迪，只要他人未老，情未枯，他就会永远爱下去——可是这姑娘他是得不到的了。这就使他尝到了只有刚强的人才能尝到的那种极大的痛苦——以前他可也

320

尝到过极大的欢乐，可惜只有短短的一阵子罢了。

裘迪斩断这段姻缘，提出的理由是她不愿意从艾玲手里"把他抢走"——也就是这个裘迪，一度对他可是一心一意务在必得的。这么一个虚妄已极的借口，德克斯特听了却也没有激起什么反感。现在什么也激不起他的反感、逗不起他的乐趣了。

二月，他到了东部。他原来打算把洗衣店出盘，从此就定居在纽约——可是三月里美国参了战，使他改变了计划。他立即回到西部，把店务交给合伙人经管，自己就在四月下旬进了第一期军官训练营。当时有多少年轻人像他这样，战争一来反倒感到有些欣慰，因为乱成一团纠缠在心头的千思万绪，这一下就全解脱了。

六

前面说过，这篇小说不打算写他的一生——不过有时笔下无意，也不免写进了一些与他少年时代的梦幻无关的事情。这些梦幻的来龙去脉到此已差不多交代完毕，他的故事也就要结束了。末了就剩一件小事还需要叙述一下——算来那又是七年以后的事了。

事情发生在纽约，当时他在纽约已经干得非常得意，真可谓得心应手，无往不利。他那年已经三十二岁，除了大战刚结束时匆匆去了一次以外，七年来一直没有到西部去过。这回正好有个叫达夫林的人从底特律来，因为要谈点买卖，便到他的办事处来看他，结果当场发生了这样一件小事，可以说，从此就宣告了他生活中这个特定侧面的结束。

"原来你是中西部的人啊，"那个叫达夫林的人随随便便地抓住了一个话头说。"这倒希奇——我还以为像你这样的人大概是在华尔街生养长大的哩。我告诉你——我在底特律有个最要好的朋友，他的妻子跟你正好是同乡。他们举行婚礼的时候我还替他们当招待呢。"

德克斯特猜不透他底下还要说些什么，一时没有接口。

"他妻子叫裘迪·辛姆士，"达夫林这话的口气似乎也很平淡，"娘家姓琼士。"

"啊，我认识她。"德克斯特隐隐感到有些耐不住了。裘迪结婚的消息他自然早已听说了——大概是有意没去打听吧，所以以后的消息他就都不知道了。

"蛮好的姑娘，"达夫林的脸色莫名其妙地沉了下来，"我真有点为她难过呢。"

"怎么?"德克斯特心里有根弦一下子警觉了起来，敏感了起来。

"唉，路德·辛姆士八成儿是神经出了点问题。倒不是虐待妻子，他就是灌饱了酒，在外边到处逛荡——"

"妻子倒没有在外边到处逛荡?"

"哪儿呀。守在家里看孩子。"

"哦。"

"人老珠黄啦，"达夫林说。

"老?"德克斯特嚷了起来。"哎呀，老兄，她今年才二十七哪。"

他满脑袋就是一个狂热的念头，恨不得冲出门去，马上搭火车赶到底特律。他的身子也不由自主地站了起来。

"你大概还有事吧，"达夫林赶快向他道歉。"我实在不知道——"

"没有，我没有事，"德克斯特口气平静了下来。"什么事也没有。真的什么事也没有。你说她今年才……二十七吗? 不，不，是我说

322

她今年才二十七。"

"对，是你说的，"达夫林觉得有点无趣。

"那你说下去，说下去。"

"说什么？"

"裘迪·琼士的事呀。"

达夫林望着他，一副无可奈何的样子。

"哎呀，还说什么呢——要说的事我都跟你说啦。她丈夫待她可真够凶的。不过要说到离婚什么的，那也不会。有时她丈夫把她欺侮得够呛的，她倒反而又原谅了他。依我看哪，其实她倒是爱她丈夫的。她刚来底特律那会儿，倒是个漂亮的姑娘。"

漂亮的姑娘！德克斯特觉得这话简直荒唐。

"那么她现在就不漂亮了吗？"

"喔，还蛮不错。"

"那倒要请教了，"德克斯特说着，突然一屁股坐了下来。"你的话我不明白。你说她本来'倒是个漂亮的姑娘'，可现在呢，你又说她'还蛮不错'。我不明白你到底是什么意思——裘迪·琼士怎么能说是个漂亮的姑娘呢。应该说是个绝色的美人。哎，我认识她，我认识她。应该说是个——"

达夫林一听乐得直笑。

"我不打算跟你吵架，"他说。"我认为裘迪是个好姑娘，对她我也很有好感。可我真不明白，像路德·辛姆士这么一个人，怎么会一见她就风魔呢？当时他硬是风魔了。"然后又补上一句："女人多半就是这么回事。"

德克斯特两眼紧盯着达夫林，心里一连串的胡思乱想：他这话一定有个缘故吧。是这人少个灵心慧眼呢，还是私下难道有什么怨仇？

"女人往往就是这样，说老就老了，"达夫林说着啪的一声打了个"榧子"。"甭说你是个过来人了。大概我也健忘，已经把她结婚时的那份丰采全给忘了。我跟她常见面都是后来的事啦。她一双眼睛还是挺漂亮的。"

　　一种昏昏沉沉的感觉袭上了德克斯特的心头。他有生以来第一次觉得自己像是喝得大醉。达夫林说了句什么，他一听哈哈大笑——这他是清楚的；可那到底是句什么话，有什么好笑——他就说不上了。不一会儿，达夫林走了，他就在长沙发上躺下，透过窗子望起纽约天边的景色来。夕阳渐渐沉到了那一溜高楼的背后，留下一抹粉红金黄的残霞，自有一种朦胧的美。

　　他本来以为自身已经没有什么可以失去，事到如今，已经不怕再受到什么打击了——但是现在他才明白，他刚才分明又失去了点什么，那种痛切的感受，决不下于他娶了裘迪·琼士，眼看着她红颜老去。

　　梦幻都无影无踪了。他心窝里像是给挖去了一大块。他不禁有些心慌意乱，赶紧用手掌使劲捂住了两眼，拼命地回想啊，回想：雪莉岛拍岸的细浪，月光下的阳台，高尔夫球场上的格子布球衫，明净的阳光，她脖子上那金黄色的细软的汗毛。还有那亲吻时的滋润的嘴唇，那带着忧伤的哀怨的眼波，那早上面目一新的清丽的风姿。唉，这些都已一去不复返了！都已成为前尘旧事，今天不可再寻了。

　　他多少年来第一次流下了眼泪。但是今天流泪，为的是他自己。他顾不上仪容不整，也顾不上手在发抖。他不是没有想到，可是他已经无心顾及了。因为他的心已经不在了，再也回不来了。门已经关上了，太阳也已经下山了，彩霞早已敛尽，只留下了那亘古不变的钢一般灰色的天穹。他即便有过什么辛酸，也都留在那幻想的世界里了，留在那青春的世界里了，留在那生活丰富多彩、引得他大做其冬天之梦的世界里了。

　　"从前，"他自言自语说，"从前我心里总有那么股劲儿，可如今已经没了。如今已经没了，已经没了。我哭不出来。我没有心思。那股劲儿永远也不会再回来了。"

蔡　慧译

重访巴比伦①

一

　　"还有坎贝尔先生在哪儿?"查利问。

　　"上瑞士去了。坎贝尔先生病得可厉害哪,韦尔斯先生。"

　　"我听到了真难受。还有乔治·哈特呢?"查利打听。

　　"回美国去了,去工作了。"

　　"还有那个雪鸟②呢?"

　　"他上礼拜还在这儿。反正他的朋友谢弗先生在巴黎。"

　　一年半以前那张很长的名单上的两个熟人的名字。查利在他的笔记本上潦草地写了个地址,把那一页撕了下来。

　　"你要是看到谢弗先生的话,把这交给他,"他说。"这是我连襟的地址。我还没有打定主意住哪一家旅馆。"

　　看到巴黎这么冷落,他并不真的感到失望。不过,里茨酒吧间这么静悄悄,倒是奇怪而叫人吃惊的。这不再是一个美国人的酒吧间了——他待在这儿觉得应该讲究礼貌,而不是好像他是这儿的主人。这儿归还给法国了。他一下出租汽车,看到那个看门的在佣人的出入口跟一个旅馆里打杂差的聊天,就看到这种静悄悄的气氛,往常这个时候,看门的正忙得没命啊。

　　穿过走廊那会儿,在从前闹得沸沸扬扬的女盥洗室里,他只听到传来一个厌烦的声音。一拐进酒吧间,他按照老习惯,眼睛笔直向前看,

327

走过那二十英尺绿地毯，然后一只脚稳稳地踩在酒吧柜下面的横档上，回过头去，打量全室，没想到只看见角落里从一张报纸上露出一双眨巴的眼睛。查利要找酒吧间侍者头儿保罗，那个保罗在证券大涨的后期坐着定造的自备汽车来上班——不过，他干得很有分寸，把汽车停在最近的街角旁。可是，今天保罗在他乡下的别墅里，只得由亚历克斯来告诉他消息。

"行了，不要了，"查利说，"我近来喝得少了。"

亚历克斯恭维他："两年前，你可真能喝。"

"我确实能坚持少喝，"查利蛮有把握地向他说，"我到现在已经坚持了一年半以上了。"

"你看美国的情形怎么样？"

"我已经有几个月没到美国去了。我在布拉格做买卖，代表两三个企业，那儿的人不知道我的情况。"

亚历克斯微笑。

"还记得乔治·哈特在这儿举行的那次单身汉宴会吗？"查利说。"嗳，克劳德·费森登的情况怎么样？"

亚历克斯压低了声音，装出一副吐露机密的模样："他在巴黎，可是他不再上这儿来了。保罗不准他进来。他喝的酒啊，吃的午饭啊，经常还吃晚饭哪，一年多没付钱，他一古脑儿欠了三万法郎。保罗最后说他得把账付清，谁知道他开了一张空头支票给保罗。"

亚历克斯伤感地摇摇头。

"我真不明白，这么一个呱呱叫的人。现在浑身浮肿了——"他用手做了一个大苹果的模样。

查利看到一伙尖声尖气的男妓在一个角落里坐下来。

"什么都影响不了他们，"他想。"股票有时候涨，有时候跌；人

---

① 巴比伦(Babylon)：古代巴比伦王国首都，以奢华淫靡著称。此处是指巴黎。
② 这是一个吸毒者的外号。

有时候闲逛，有时候工作，可是他们永远这个样。"这地方叫他憋得慌。他要了一副骰子，跟亚历克斯赌酒账。

"在这儿待得久吗，韦尔斯先生？"

"我在这儿待四五天，看看我的小女孩。"

"啊！你有个小女孩？"

外面，细雨霏霏，霓虹灯招牌仿佛在烟雾中映出火焰似的红光、煤气似的蓝光、幽灵似的绿光。这是下午比较晚的时候，条条街上熙来攘往；小酒馆里灯光暗淡，在嘉布遣会①修女大街的拐角上，他叫了一辆出租汽车。宏伟的粉红色协和广场在车窗外掠过；他们接下来就不可避免地越过塞纳河了，查利顿时感到塞纳河左岸那一派外省风光。

查利吩咐出租汽车开到歌剧院街，这并不是顺路。不过，他要看暮色苍茫中歌剧院的豪华的正面，想象那不停地奏着《缓慢曲》②开头几个小节的汽车喇叭声是第二帝国③的号声。人们正在关上勃伦塔诺书店前面的铁栅，迪瓦尔饭馆那一片具有中产阶级风味的整齐的小小树篱后面，已经有人在吃晚饭了。他从来没有在巴黎一家真正便宜的馆子里吃过一餐。五道菜的晚饭，四法郎五十生丁，只合十八美分，还包括酒哪。不知怎么的，他觉得惋惜从来没去吃过。

汽车一路向左岸驶去，他一下子感到外省气息，心里想："我辜负了这座城市。我当时不认识，可是日子一天又一天过去，两年工夫完了，一切都完了，我也完了。"

他三十五岁，长得挺俊。眉心间有一条很深的皱纹，使他那张爱尔兰人的表情灵活的脸显得严肃起来。他在帕拉蒂纳路上他连襟的家门前按门铃的时候，那道皱纹显得更深，使他的眉毛也皱起来了；他的肚子里有一种痉挛的感觉。从开门的女佣人后面，冲出一个可爱的九岁的小女孩，她尖声尖气地叫："爹爹！"接着猛地扑到他的怀里，像条鱼似

① 天主教方济各会的一个分支。
② 《缓慢曲》：法国作曲家德彪西(1862—1918)所作曲名。
③ 指拿破仑三世当国王的法兰西第二帝国(1851—1870)，当时社会畸形繁荣，民风浮华。

的欢蹦乱跳。她拉着他的一只耳朵，把他的头拉得转过来，她的脸颊贴着他的脸颊。

"我的吱吱喳喳的喜鹊，"他说。

"啊，爹爹，爹爹，爹爹，爹爹，爹，爹，爹!"

她把他拉进客厅，一家人都在那儿等着，一个男孩和一个跟他的女儿一样年纪的小女孩、他的大姨和她的丈夫。他招呼马里恩，小心地掌握着声调，既不显出假装的热情，也不显出厌恶。虽然她把注意力摆在他的女儿身上，尽最大的努力来冲淡她那永远不会改变的不信任神情，不过，她的反应还是比较直爽的不冷不热的态度。两个男人友好地紧握手，林肯·彼得斯还把手在查利的肩膀上放了一会儿。

房间里暖烘烘，而且是舒服的美国式摆设。三个孩子亲热地走来走去，穿过那通向其他房间的长方形黄色门框玩耍；熊熊的炉火发出的劈劈啪啪的声音，厨房里传来那种法国式的忙碌的声音，这显示出六点钟的时候的家庭欢乐。可是，查利并不轻松自在；他一直提心吊胆，只是从他的女儿那儿获得信心，她时不时地抱着他买给她的玩具娃娃，来到他身旁。

"真的好极了，"林肯问他的时候，他这样回答。"那儿有许多买卖不景气得很，可我们干得比什么时候都好。事实上，是好得不得了。我下个月要去美国把我的姐姐接出来，为我管家。我去年的收入比我有钱的时候更多。你知道，那些捷克人——"

他这样自吹自擂是有明确的目的的；可是说了一会儿，看到林肯的神情有一点不耐烦，他就改变话题了：

"你们的两个孩子真乖，有教养，懂礼貌。"

"我们认为霍诺丽娅也是个挺好的小女孩。"

马里恩·彼得斯从厨房里出来。她是个高个子女人，眼睛里流露出担心的神情，她从前也有过美国姑娘那种活泼可爱的风韵。查利可从来没有觉得过；人们在谈到她从前多么漂亮的时候，他老是感到惊奇。一开始，他们两人中间就有一种本能的冷淡。

"噢，你看霍诺丽娅怎么样?"她问。

"太好啦。我简直大吃一惊，她十个月长了这么许多。孩子们个个气色很好啊。"

"我们有一年没请教过医生了。你这次回巴黎觉得怎么样?"

"看到这儿美国人这么少，感到有点奇怪。"

"我可感到高兴，"马里恩气呼呼地说，"至少你现在能走进一家铺子，没人把你当百万富翁了。我们跟别人一样一直吃苦头，不过，整个说来，眼下愉快得多了。"

"可是，那会儿日子过得真美，"查利说。"咱们都有点像王公贵族，简直不可能犯错误，好像会魔法似的。今天下午，我在酒吧间里，"——他发觉说漏了嘴，迟疑了一下——"那儿我一个人也不认识。"

她狠狠地看了他一眼。"我原以为你酒吧间去够了呢。"

"我只待了一下。每天下午，我喝一杯，决不多喝。"

"吃晚饭以前，你要不要喝杯鸡尾酒?"林肯问。

"我每天下午只喝一杯，刚才已经喝过了。"

"我希望你坚持下去，"马里恩说。

她那冷冰冰的口气明显地流露出她的厌恶，可是查利只是微笑了一下；他有更大的打算。她这种气势汹汹的谈吐只有对他有利；他完全懂得要等待时机。他要他们先谈论他这一次来巴黎的目的，他的目的他们是知道的嘛。

吃晚饭的时候，他在捉摸霍诺丽娅到底像他呢，还是像她的妈，可是肯定不了。他们两人都有那种给自身带来灾难的气质；要是霍诺丽娅一点都没有，那才幸运哪。他心里涌起一阵强烈的想保护她的愿望。他以为自己知道该为她干些什么。他相信性格；他要退回整整一代去，重新相信性格是永远可贵的因素。其他的一切都是靠不住的。

吃罢晚饭不久，他就走了，不过不是回旅馆。他一心想用他那双比从前更清晰、更有判断力的眼睛看一看夜巴黎。他买了一张游乐场加座票，看约瑟芬·贝克①用她巧克色的四肢和身体组成种种阿拉伯图案。

看了个把钟头，他走出来，向蒙马特②踱过去，走上皮加尔路，走进布朗歇广场。雨已经停了，几辆出租汽车在有歌舞表演的馆子前停下，汽车里走出穿夜礼服的人，妓女们独自个儿或是两个人一起在转悠，还有许多黑人。他经过一扇透出亮光的门，门里传来音乐，有一种熟悉的感觉，他就站住脚。那是布里克托普舞厅，他在那儿度过许多时光，还花过许多钱。走过去几家门面，他发现另一家从前常去的舞厅，莽莽撞撞地探进头去。一个巴不得有客人来的乐队马上奏起音乐。一对职业的跳舞男女马上跳起身来；侍者头儿呢，赶紧向他跑来，嚷着说："大批客人就要来啦，先生！"可是，他急忙退出来。

"你得喝得醉醺醺才会进去，"他想。

泽利咖啡馆已经关门，周围那些外表寒碜、路子不正的便宜旅馆都是黑沉沉的；布朗歇路上灯光比较多，还有一伙说着本地话的法国人。诗人地窖咖啡馆没有了，不过天堂咖啡馆和地狱咖啡馆的两张大嘴仍然张开着——在他看的时候，甚至还吞下了从一辆旅游车上走出来的稀稀拉拉几个客人——一个德国人、一个日本人，还有一对美国人，他们两人用惊慌的眼光向他瞟了一眼。

蒙马特竭尽全力，动足脑筋，就那么点儿本领。所有的欢乐场所和销金窟的排场都像小孩的游戏，规模局促，他突然懂得"挥霍"这个词儿的含义——那就是化为一阵清风，化有为无嘛。在夜晚那短短的几个钟头里，每从一个地方转到另一个地方是一次大大地提高身份，花的钱越多，越是可以慢条斯理地寻欢作乐。

他记得点一支曲子就给一个乐队一张一千法郎的钞票，叫看门的叫一辆出租汽车就扔给他一百法郎。

不过，钱不是白花的。

---

① 约瑟芬·贝克(1906—1975)：美国黑人女歌唱家和舞蹈家，长期在巴黎演出，被认为是美国"热烈的爵士"的化身。1937 年入法国籍。
② 蒙马特：巴黎北部一个区，以咖啡馆和夜生活闻名于世。

花掉的钱，哪怕是最荒唐地胡乱花掉的钱，都是奉献给命运的，那种命运使他可能不记得那些最值得记住的事情，那些他现在会永远记住的事情——他失去了抚养女儿的权利；他的妻子永远离开了他，躺在佛蒙特州的坟墓里。

在一家啤酒馆刺眼的灯光下，一个女人跟他搭话。他给她买了鸡蛋和咖啡，避开她盯着他的勾引的眼光，给她一张二十法郎的钞票，叫了一辆出租汽车回旅馆。

二

他睡醒过来，看到的是一个秋季的晴天——玩橄榄球的天气。昨天的沮丧无影无踪了，他喜欢街上的人们。中午，他坐在瓦泰尔大饭店里，霍诺丽娅的对面；只有想起这个馆子的时候，他不会回忆那些香槟酒宴会和从两点开始一直吃到暮色苍茫才结束的漫长的午饭。

"嗳，来点儿蔬菜怎么样？你不是该吃点蔬菜吗？"

"哦，好吧。"

"这儿有菠菜、花椰菜、胡萝卜和菜豆。"

"我喜欢花椰菜。"

"你吃两样蔬菜，好不好？"

"我吃午饭通常只吃一样蔬菜。"

那个侍者装出一副非常喜爱小孩的模样。"多么可爱的小姑娘！法语说得跟法国人一样好。"

"吃什么甜点呢？待会儿点怎么样？"

侍者走掉了。霍诺丽娅眼巴巴地望着她的爸爸。

"咱们要干些什么呢？"

"咱们待会儿先上圣奥诺雷路那家玩具店去，你爱什么就买什么。接下来，咱们到帝国剧院去看杂耍。"

她踌躇了一下。"我喜欢看杂耍，玩具店不用去了。"

"干吗不去。"

"哦，你已经给我买了这个玩具娃娃。"她随身带着哪。"再说，我的玩具着实不少嘛。何况咱们眼下算不上有钱人了，对不？"

"咱们从来不是有钱人。不过，今天你要什么都买给你。"

"好吧，"她顺从地同意。

她的妈在世，她还有个法国保姆那会儿，他有意严一些；可是现在他放松了，尽可能显出前所未有的宽容；他不得不既做她的爸爸，又做她的妈妈，一点也不能引起她对他的隔阂嘛。

"我想要跟你认识，"他一本正经地说。"首先，让我介绍一下自己。我叫查尔斯① · J · 韦尔斯，住在布拉格。"

"啊，爹爹！"她格格地笑起来。

"请问，你叫什么名字？"他坚持问下去；她马上也演起戏来："霍诺丽娅 · 韦尔斯，住在巴黎帕拉蒂纳路。"

"有丈夫吗，还是单身？"

"没有，没有丈夫。单身。"

他指指那个玩具娃娃。"可是我看到你有一个孩子，太太。"

霍诺丽娅不愿意否认这个娃娃是她的，把它抱在胸口，很快想出了回答："是啊，我有过丈夫，可是现在没有了。我丈夫去世了。"

他很快地接着说："娃娃叫什么名字？"

---

① 查尔斯：查利的正式称呼。

"西蒙娜。按照我学校里最好的朋友的名字起的。"

"你在学校里成绩这么好,我感到很高兴。"

"这个月我第三名,"她夸口说。"埃尔西"——那是她的表姐——"只得到个十八名;理查德呢,差不多是末了一名。"

"你喜欢理查德和埃尔西吗?"

"啊,喜欢。我很喜欢理查德;埃尔西呢,也挺喜欢。"

他小心谨慎地,可是装得随随便便地问:"马里恩大姨妈和林肯姨夫——你更喜欢哪一个?"

"啊,我想,是林肯姨夫吧。"

他越来越感觉到她不简单。他们走进来的那会儿,背后有一阵低声的"……真可爱";现在呢,旁边那张桌子的人都静下来听她说话,都瞪出了眼望着她,好像她是一朵没有知觉的鲜花似的。

"我跟你干吗不住在一起?"她突然问。"是因为妈妈去世了吗?"

"你得待在这儿,多学点法语。要做爹的照顾得你这么好有困难嘛。"

"我确实不再需要多少照顾。我样样都自己干。"

他们走出馆子的时候,出人意料地一男一女叫住了他们。

"唷,老韦尔斯!"

"你们好,洛兰。……邓克①。"

突然出现了往昔的幽灵:邓肯·谢弗,大学里的同学。洛兰·夸尔斯,一个三十岁的脸色苍白的金发美人;三年前,在那挥金如土的日子里,帮他们一个月过得像一天那样快的那一伙中就有她。

"我丈夫今年来不成啦,"她在回答查利的时候说。"我们穷得没命。所以他给我两百块钱一月,跟我说我靠这点儿钱也对付得了。……这是你的小女孩?"

"回进去坐一会儿怎么样?"邓肯问。

---

① 邓克:邓肯的爱称。

"不行。"他有个借口感到高兴。跟往常一样，他总是感觉到洛兰有一股热情的、挑逗的魅力，不过他自己的生活节奏现在不一样了。

"好吧，那一起吃晚饭怎么样?"她问。

"我没有空。把你们的地址留给我，让我打电话找你们。"

"查利，我相信你没喝醉。"她作出判断说。"我确实相信他没喝醉，邓克。拧他一把，看他醉没醉。"

查利把头向霍诺丽娅一扬。他们两人笑了。

"你的地址呢?"邓肯怀疑地问。

他踌躇了一下，不愿说出他住的旅馆的名字。

"我还没有借旅馆。还是我打电话给你们。我们现在上帝国剧院去看杂耍。"

"好啊! 我也正想去看哪!"洛兰说。"我想看看小丑啊、走绳索的啊、变戏法的啊。咱们去看吧，邓克。"

"我们先得去办件事，"查利说。"也许咱们在那儿会遇见你们。"

"好吧，你这势利的家伙。……再见，漂亮的小姑娘。"

"再见。"

霍诺丽娅有礼貌地行了个屈膝礼。

不知道为什么，他讨厌这次偶然的会面。他们喜欢他，因为他在干正经事，因为他严肃地做人；他们想见他，因为现在他比他们坚强，因为他们想从他的力量中获得支持。

在帝国剧院里，霍诺丽娅骄傲地拒绝坐在她爸爸的折叠的大衣上。她已经是个有主见的人了，自己有一套规矩；查利越来越巴不能够在她完全定形以前，使她的性格多少有点像他。在这么短的时间里，要想了解她是没有希望的。

幕间休息的时候，他们在门厅里遇见了邓肯和洛兰，那儿有一班乐队在演奏。

"去喝一杯?"

"好吧，不过，别上酒吧间。咱们去找一张桌子。"

"真是个十全十美的爸爸。"

查利一边恍恍惚惚地听着洛兰说话，一对望着霍诺丽娅的眼光从他们的桌子上移开；他跟着她的眼光在房间里看来看去，一心想看到什么，却拿不准她在看什么。他们两人的眼光遇上了，她露出微笑。

"我喜欢那柠檬水，"她说。

她说了些什么呢？他想望的是什么呢？后来，坐着出租汽车回去的时候，他把她拉到怀里，让她的头贴在他的胸脯上。

"宝贝，你想到过你的妈妈吗？"

"想，有时候想，"她含含糊糊地回答。

"我希望你别忘掉她。你有她的相片吗？"

"有，我想有的。反正马里恩姨妈有。你干吗希望我别忘掉她？"

"她生前非常爱你。"

"我也爱她。"

静默了一会儿。

"爹爹，我要跟你一起过，"她突然说。

他的心怦怦地跳了；他就是想要她这样提出来。

"你不是过得很愉快吗？"

"可不是，可是我最爱你。你呢，既然妈妈去世了，也最爱我，对不对？"

"那还用说。不过，你不会永远最爱我的，宝贝。你会长大成人，遇上一个跟你年纪相当的男人，跟他结婚，忘掉还有一个爹爹哪。"

"可不是，这话不假，"她平静地同意。

他没有走进房子。他九点钟再来；为了到时候谈他那件非谈不可的事情，他要保持精神抖擞。

"安全回家以后，你在那个窗口露露脸。"

"好吧。再见，爹，爹，爹，爹。"

他等在黑暗的街上，直到她在楼上的窗口露脸，神情热烈，满面红光，亲亲她自己的手指，把飞吻送进黑夜。

三

　　他们在等他开口。马里恩穿着一身庄严的夜礼服，这身打扮叫人依稀想到是丧服，她坐在咖啡器具后面。林肯走来走去，神情兴奋，看来他刚才一直在说话。他们跟他一样急于谈正题。他几乎是直截了当地提了出来：

　　"我想你们知道我来看你们为的什么事——我这次来巴黎的真正的用意是什么。"

　　马里恩摸着项链上的黑星，皱起了眉头。

　　"我巴不得马上有个家，"他接着说，"我也巴不得马上让霍诺丽娅待在那个家里。我感激你们为了她妈的缘故收留了她，可是情况现在改变了，"——他踌躇了一下，接着更有力地说下去——"拿我来说，有了根本性的变化，我要求你重新考虑一下这件事。我要是否认三年以前我行为不检点的话，那是愚蠢的——"

　　马里恩抬起头望他，眼光冷酷。

　　"——不过，那一切都过去了。上回我跟你说过，已经有一年多，我每天只喝一杯酒，这一杯我是有意喝的，免得酒在我想象里变得太了不起。你们懂得这种想法吗？"

　　"不懂，"马里恩干巴巴地说。

"这是我对自己耍的一种手段。这样来保持平衡。"

"我懂你的意思了，"林肯说。"你不想让酒对你有诱惑力。"

"可以这么说。有时候，我忘了，就不喝。可是，我还是设法喝这一杯。反正我所处的地位也没法拼命喝酒。我代表的那些企业对我的工作十分满意，我要把我的姐姐从伯林顿接出来，给我管家，我也非常想跟霍诺丽娅一起生活。你们知道，哪怕她的妈妈跟我闹得不愉快的时候，我们也从来不让任何事情影响霍诺丽娅。我知道她喜欢我；我也知道我照顾得了她，还有——好吧，事情就是这样。你们觉得该怎么办?"

他知道眼下他免不了挨一顿痛骂了。会骂上一两个钟头，这滋味可不好受；不过，他要是能捺住那不可避免的怨气，装出一副改邪归正的浪子的虚心的姿态，到头来，他可能达到目的。

要忍住性子，他对自己说。你并不要辨什么是非曲直；你要的是霍诺丽娅。

林肯先开口："我们上个月收到你的信，就一直谈论这件事情。我们很高兴让霍诺丽娅住在这儿。她是个可爱的小女孩，我们挺乐意照顾她，不过，问题当然不在这儿——"

马里恩突然插嘴说："查利，你能有多久不喝得醉貌咕咚?"她问。

"永久，我希望。"

"这话哪一个能相信?"

"你知道，我原来酒喝得不怎么凶，我不做买卖，上这儿来以后，什么事也没有，才大喝起来。那会儿，海伦和我到处转悠，跟一伙——"

"请别把海伦扯进去。听你这么说她，我受不了。"

他沉着脸看她。他一直说不准海伦生前这姐妹俩有多亲。

"我喝酒的时间只有一年半——从我们来到这儿起，直到我——身体垮掉。"

"这段时间够长了。"

"这段时间是够长了，"他表示同意。

"我是完全为了海伦才负起这个责任的，"她说。"我总是想她本来会要我干些什么。坦白地说，从那一宿你干出了那件岂有此理的事情，我心目中压根儿就没你这个人了。我没法改变自己的看法。她是我妹妹。"

"是啊。"

"她临终的时候，要求我照顾霍诺丽娅。当时，你要是不在疗养院里的话，事情可能会好一些。"

他没话可回答。

"我这辈子永远忘不了那天早晨海伦来敲我的门，浑身湿透，直打哆嗦，她说你把她锁在门外。"

查利双手紧紧抓住椅子的扶手。这比他料想的更不好受；他原想长篇大论地辩白和解释，可是他才开口说："那一宿，我把她锁在外面——"就给她打断了："要我再听一回，我受不了。"

沉默了一会儿，林肯说："咱们扯开去了。你要马里恩放弃她的合法监护权，把霍诺丽娅交给你。我想关键在她是不是信任你。"

"我不怪马里恩，"查利慢腾腾地说，"不过，我认为她可以完全信任我。我过去一直行为正当，三年以前才开始生活放荡的。当然啦，我随时都可能变坏，这样想法也是合情合理的。可是，咱们等得太久，霍诺丽娅的童年就会过去，我就失去了有一个家的机会。"他摇摇头，"那我就干脆失去她了，你们难道不知道吗？"

"是啊，我知道，"林肯说。

"你以前怎么不想到这一切，"马里恩问。

"我想，我也时不时地想过，可是那会儿海伦跟我处得不愉快。我同意把孩子交给你们监护的时候，正仰面朝天躺在疗养院里，而且我的钱都在股票市场上蚀光了。当初，我知道自己的行为不检点；我想只要能让海伦安心，我什么都同意。可是现在情况不一样了。我在正正经经地干活，而且我的行为好得没得命，就——"

"请别当着我面赌咒发誓，"马里恩说。

他望着她，大吃一惊。她说的话一句比一句凶，越来越明显地流露出她的反感。她把她对人生的一切恐惧砌成一堵墙，拿它来阻挡他。可能是几个钟头以前，她跟厨子拌过嘴吧，所以她才会这样琐碎地数落。查利想到让霍诺丽娅待在对他这么憎恨的气氛中，心里越来越慌了；这儿一句话，那儿摇摇头，这种憎恨早晚会暴露出来，霍诺丽娅的心中会被根深蒂固地埋下一些不信任的根苗。可是，他憋着一肚子火，不让它发作，脸上不露出一丝痕迹；他已经赢得先手，因为林肯发觉马里恩的谈吐荒谬，轻轻地问她，从什么时候起，她反对"没命"这个词儿。

"再说，"查利说，"我现在能给她一些特殊照顾。我要带一个法国家庭女教师到布拉格去。我已经租了一套新公寓——"

他停住嘴，发觉自己说漏了嘴。不可能指望他们对他的收入又比他们的高一倍会心平气和。

"我想你能比我们使她的生活过得更豪华，"马里恩说。"几年前，你在乱花钱的那会儿，我们过的是花十个法郎都得掂量一下的日子。……我猜想你又开始在这么干了。"

"啊，不，"他说。"我已经学乖了。当初我也苦苦干过十年，你也知道——直到跟许多人一样，在股票市场上交了好运。运气好极了。看来用不着再干什么了，我才不干的。不会再发生这种事情了。"

长时间的静默。他们三人都感到神经紧张，而查利呢，一年来第一次想喝一杯。他现在拿得稳林肯·彼得斯想要把孩子交给他的。

马里恩突然哆嗦起来；她多少能看到查利现在已经站稳脚跟；再说，她那做妈妈的感情也承认他的愿望是合情合理的；不过，她长期以来带有一种偏见——这种偏见的根源是她莫名其妙地不相信她的妹妹生活幸福，而在那个可怕的夜晚发生了那件叫人震惊的事情以后，她的偏见就变成对他的憎恨。这完全是因为当时她正巧身体有病，境况又不好，恶劣的心绪使她不由得不信确实有邪恶的行为和邪恶的人。

"我没法不这么想！"她突然叫起来。"你该对海伦的去世负多大

341

的责任，我不知道。这件事你应该去跟你自己的良心核计。"

他像触电似的浑身感到一阵剧烈的痛苦；他有一刹那差一点跳起身来，一个没有发出来的声音硬憋在嗓子眼里。他好不容易才忍住性子没发作，一刹那，又是一刹那。

"别难受，"林肯过意不去地说，"我从来不认为这件事你有责任。"

"海伦是心脏有毛病才去世的，"查利愁眉苦脸地说。 .

"是啊，心脏有毛病。"马里恩说，好像这话对她有别的意思似的。

她发作以后也感到没劲了；这时，她才看清他，发现不知怎么的，他已经控制了局面。她向她丈夫瞟了一眼，从他那儿得不到帮助；突然她甘心认输了，好像这是一件无足轻重的小事似的。

"你爱怎么办都行！"她从椅子上蹦起来，嚷着说。"她是你的孩子。我才不来碍你的事哪。她要是我的孩子的话，我情愿让她——"她硬是克制住自己。"你们俩决定吧。这种情况我受不了啦。我不舒服。我要去睡了。"

她匆匆忙忙地走出房间；过了一会儿，林肯说：

"这一天对她来说也够受的了。你知道她受的刺激有多深——"他的声音几乎像在赔不是。"一个女人脑子里有了想法以后啊！"

"那还用说。"

"事情会顺利起来的。我想她现在看到你——养得起孩子了，所以我们没有正当的理由妨碍你或者妨碍霍诺丽娅。"

"谢谢你，林肯。"

"我还是去看看她怎么样了。"

"我走了。"

他走到街上，还在打哆嗦，但是从波拿巴路一路走到码头区，精神振作了；当他越过塞纳河的时候，在码头上的灯光下，他生气勃勃，感到兴高采烈。不过，回到房间里，他睡不着。海伦的形象一直在他的脑子里出现；他原来多么爱海伦啊，直到他们毫无意义地糟蹋对方的爱情，把爱情扯成碎片。在那个马里恩记得清清楚楚的可怕的二月夜晚，两口子已经暗暗吵了几个钟头。在佛罗里达饭店，他们大闹了一场，接着他打算带她回去，可她去吻了坐在一张桌旁的小韦布；后来，她歇斯底里地胡言乱语。他独自个儿回家，简直气疯了，用钥匙锁上了门。他怎么能知道她一个钟头以后会独自个儿回来呢，又怎么能知道要下大雪，而她穿着便鞋在雪地里转悠，恍恍惚惚，连出租汽车都不叫呢？结果，她害了肺炎，好不容易才死里逃生，这简直像是个奇迹；接下来是一大堆担惊受怕的护理工作。他们"和好"了；不过，那是结局的开端。而马里恩亲眼目睹了这一幕活剧，而且想象她的妹妹还吃了许多苦头，她怎么忘得了呢。

　　回忆往事使他跟海伦格外亲近；天蒙蒙亮的时候，柔和的白色亮光悄悄地照在他的身上，他似醒非醒地跟她谈起话来了。她说他给霍诺丽娅的安排是再好都没有了，她要霍诺丽娅跟他在一起。她说她感到挺高兴，因为他一直规规矩矩，而且干得越来越好。她还说了许多话——非常亲密的话——可是他穿着白衣服坐在秋千上，秋千越荡越快，所以最后她说的那一切他都听不清楚了。

四

　　他醒过来，感到快活。生活的门又打开了。他为霍诺丽娅和自己制订计划，展望前景，为未来作出安排，可是他突然记起当初他和海伦制订的一切计划，不由得悲伤起来。当时她没有计划要死啊。现在才是最重要的——要有工作做，要有人可爱。不过，爱得过分也不行，因为他知道不管是做爸爸的对女儿，还是做妈妈的对儿子，爱得过了头，对他们会有多大的危害：将来，孩子长大成人，在找配偶的时候，会追求同样盲目的痴情，万一找不到，就会反对爱情和人生。

又是一个明朗、清新的日子。他打电话到林肯·彼得斯工作的银行里去问他，他回布拉格去的时候，能不能指望把霍诺丽娅带上。林肯认为没有理由拖延。只有一件事——合法的监护权。马里恩想要再保留一个时期。她被整个事情折腾得心乱如麻，要是她觉得还能控制一年局面的话，事情就会好办得多。查利表示同意，他只要那个看得见、摸得着的孩子嘛。

接下来是找个家庭女教师的问题。查利坐在一家阴沉沉的职业介绍所里，跟一个急性子的贝亚恩女人和一个结实的布列塔尼乡下女人谈话，那两个人他都不中意。明天，他会去看一些其他应聘的女人。

他跟林肯·彼得斯在鹰首狮身兽饭店吃午饭，尽可能地不流露他欣喜的心情。

"千好万好，总没有自己的亲孩子好，"林肯说，"不过，你也该了解马里恩心里是什么滋味。"

"她已经忘了我在那边有七年是怎么苦干的①？"查利说。"她只记得那一宿。"

"另外还有原因哪。"林肯踌躇地说。"你跟海伦在欧洲各国寻欢作乐，胡乱花钱的那会儿，我们只能凑合着过日子。我没有从繁荣中捞到一点儿好处，因为我生来胆小，除了付人寿保险以外，从来不敢买什么证券。我想马里恩觉得世上的事有点不公道——你到后来连工作都不干，可越来越有钱。"

---

① 那边指美国。上文查利说十年，此处说七年，是作者误记。

344

"来得容易去得快嘛，"查利说。

"可不是，一大部分落在旅馆里打杂差的啊、吹萨克斯管的啊，和侍者头儿的手里——唉，盛大的宴会已经散啦。我说这些只是说明马里恩对那些发疯似的年头的感受。你要是今晚六点马里恩还没有累的时候上我家来，咱们就把那些细节当场谈妥吧。"

回到旅馆，查利发现一封从里兹酒吧间转来的气压传送快信，他为了找一个人在那儿留下了地址。

亲爱的查利：

那天我们遇见你的时候，你真怪，我不知道自己是不是有什么事情惹你生气了。要是有的话，我可是无意的。事实上，我这一年来一直非常惦记你，而且在我的心底里老是想我要是上这儿来的话，就可能遇见你。在那个疯狂的春天，咱们确实过得真痛快；譬如说，那一宿，你跟我偷肉铺的三轮车；还有一回，咱们打算去见总统，你戴着没有帽顶、只有帽边的旧礼帽，拿着一根铁丝手杖。近来好像人人都看上去变老了，可是我一点也不觉得老。今天，咱们在一起待一会儿，谈谈往日的乐事，好不好？我眼下还宿醉未醒，不过到了下午会好的；在五点左右，我会到里兹那个活地狱来找你的。

永远忠诚的

洛兰

他的第一个感觉是害怕，他这个成年人确实偷过一辆三轮车，带着洛兰，在深夜到天亮那段时间里蹬着车转遍了星形广场。他回忆起来简直是一场梦魇。把海伦锁在门外，这件事同他平时的行为倒对不上号；可是偷三轮车这一类事情却对得上号——他可干过不知多少回啊。要过多少个礼拜、多少个月的放荡生活才会落到这么无法无天的地步呢？

他极力想象洛兰当年给他的印象——非常有诱惑力。海伦对这事感到不高兴；不过，她什么也不说。昨天，在馆子里，洛兰看来俗气、臃肿和憔悴。他特别不想见她；亚历克斯没把他旅馆的地址说出去，他感到高兴。他想起了霍诺丽娅，想到跟她一起度过的那些礼拜天，想到他向她说早晨好，想到他知道她夜晚睡在他的房子里，在黑暗中鼻息均匀，心里就轻松了。

五点钟，他坐了出租汽车，给彼得斯一家子买了礼物——一个逗人的布娃娃、一盒罗马士兵、送给马里恩的鲜花，还有送给林肯的麻纱大手绢。

他来到那套公寓，看出马里恩已经接受这不可避免的安排了。她现在招呼他，就像他是这一家子的一个难对付的亲人，而不像一个来意不善的外人。霍诺丽娅已经听说，她要走了，查利高兴地看到她机伶地掩饰她那极度喜悦的心情。只有坐在他膝上的那会儿，她才悄悄地透露了自己的欣悦，并且问了声："什么时候？"接着，她就溜下去，跟别的孩子一起去玩了。

他和马里恩在房间里单独待了一会儿；他一时冲动，大胆地脱口而出：

"家庭纠纷是痛苦的事情。吵到哪儿是哪儿，没个准谱儿。这种事情不像疼痛或是伤口，而像皮肤开裂，因为没法弥补，裂口就收不成。我希望你我的关系能好起来。"

"有些事情是很难忘的，"她回答。"这是个信任问题。"这句话他没法回答；不一会儿，她问："你什么时候打算带她走？"

"我一找到家庭女教师就走。我希望在后天。"

"这再怎么也来不及。我得给她准备得像样些。最快得礼拜六。"

他答应了。林肯回进房间，问他可要喝酒。

"我喝每天那杯威士忌。"

这儿暖烘烘的，是个家，大伙儿围着炉火。孩子们觉得很安全和了不起；妈妈和爸爸是认真的，处处关心孩子。他们要为孩子们做的事情比接待他的来访更重要。归根结蒂，一调羹药水比马里恩跟他自己的紧张关系更重要。他们不是迟钝的人，可是已经深深地陷入生活和环境的罗网。他拿不稳自己能不能拉林肯一把，帮他脱离银行中那老一套的刻板工作。

传来一阵长长的门铃声；那个样样干的女用人穿过房间，走进过道。又是一阵长长的门铃声，门开了，接下来是说话的声音。客厅里的三个人都眼巴巴地抬头望着；理查德走到看得见过道的地方，马里恩站起了身子。接着，那个女用人回进来了，后面紧跟着一片说话声，在灯光下，终于现出了邓肯·谢弗和洛兰·夸尔斯。

他们神情欢乐，吵吵嚷嚷，哈哈大笑。一刹那，查利吓呆了，他不知道他们怎么打听到了彼得斯的地址。①

"啊！"邓肯淘气地对查利摇着一个手指头。"啊！"

他们又发出一阵大笑。查利焦急而狼狈，急忙跟他们握握手，把他们介绍给林肯和马里恩。马里恩点点头，简直一声不吭。她向壁炉前倒退了一步；她的小女孩站在她身旁；马里恩呢，一条胳膊搂着她的肩膀。

查利对他们这样闯进来越来越恼火，等他们说明来意。邓肯集中了一下思想，说：

"我们来请你出去吃晚饭。洛兰和我坚决要求你再也别像捉迷藏似的来这一套隐瞒地址的把戏了。"

查利向他们走近些，好像要逼他们退到过道里去似的。

"对不起，我不能去。告诉我你们上哪儿，我在半个钟头以后打电话给你们。"

这话压根儿不起作用。洛兰突然在一张椅子边上坐下来，眼光盯着理查德看，嚷着说："啊，多漂亮的小男孩！来，小男孩。"理查德向他妈妈瞟了一眼，可是人没有动。只见洛兰耸耸肩膀，向查利转过身去：

---

① 此处作者误记。小说开始时，作者即叙述查利托里茨酒吧间侍者将写有林肯·彼得斯的地址的纸条转交邓肯·谢弗。

"去吃饭吧。你的亲戚绝不会介意的。真是难得见到你啊。没想到你这么一本正经的。"

"我不能去，"查利厉声说。"你们俩去吃晚饭，我打电话来。"

她的声音一下子变得不愉快了。"好吧，我们走。可是我记得有一回清早四点，你砰砰地砸我的门，我可是挺讲交情，给你喝一杯哪。走吧，邓克。"

他们动作缓慢，脚步踉跄，臃肿的脸绷着，退到过道里。

"再见，"查利说。

"再见!"洛兰咬牙切齿地说。

他回进客厅，马里恩一步也没有动过，不过这时她的另一条胳膊搂着她的儿子。林肯还在把霍诺丽娅摇来摇去，像钟摆那样一来一回的摆动。

"真无耻!"查利大发脾气。"简直无耻透顶!"

两口子都没有回答。查利猛地坐在一张扶手椅上，拿起酒杯，又放下来，说:

"我两年没见的人，竟然这么死皮赖脸——"

他突然停住嘴。马里恩急促而怒气冲冲地发了一声"啊!"猛地背过身去，走出房间。

林肯小心谨慎地放下霍诺丽娅。

"你们几个孩子先进去喝汤，"他说;等他们依从地进去以后，他对查利说:

"马里恩身子不好，她受不了惊吓。这号人确实会使她发病。"

"我没有要他们上这儿来啊。不知道他们向哪一个人打听到了你的地址。他们有意——"

"唉，太糟糕了。这对事情没有好处。对不起，我失陪一下。"

剩下查利一个人，他紧张地坐在椅子上。他听得见孩子们在隔壁房间里吃饭，短短地交谈，已经把刚才大人们的那一场争吵忘掉。他听到隔得更远的一个房间里有低低的谈话声，接着是叮的一响，有人拿起电话听筒的声音；他慌慌张张地走到房间的另一头去，避免无意中听到什么。

林肯很快回来了。"喂，查利。我想今天的晚饭还是取消了吧。马里恩病倒了。"

"她生我的气了吧?"

"有点儿，"他说，口气挺生硬，"她身子骨单薄，而且——"

"你的意思是说，关于霍诺丽娅的事她改变主意了。"

"她眼下一肚子气。我不知道她怎么想法。你明天打电话到我的银行里来跟我谈吧。"

"我希望你向她说明一下，我做梦也想不到那两个人居然会上这儿来。我跟你们一样恼火。"

"我现在什么也没法向她说明。"

查理站起身来。他拿着大衣和帽子，正要在过道上走出去。接着，他开了餐室的门，声调不自然地说："再见，孩子们。"

霍诺丽娅站起来，绕过桌子，搂住他。

"再见，乖心肝，"他含含糊糊地说，接着他尽可能使自己的声音显得比较柔和，尽可能在讨好什么似的说："再见，亲爱的孩子们。"

五

查利怒气冲冲地直冲里兹酒吧间，一心想找到洛兰和邓肯，可是他们不在那儿；后来，他发觉自己也拿他们没有什么办法。他在彼得斯家没有喝那杯酒；这时候，他要了一杯威士忌苏打。保罗走过来招呼他。

"变化真大啊，"他感伤地说，"我们的买卖几乎只有以前的一半。我听说美国有许多人都蚀光了，也许逃过了第一次大跌风，可躲不过第二次。你的朋友乔治·哈特听说蚀得一个子儿都没有了。你回美国了吗？"

"不，我在布拉格做买卖。"

"我听说你在大跌风中也蚀了不少。"

"可不是，"接着他咬牙切齿地加了一句，"可是我在大涨风中就把我要的一切蚀光了。"

"做了空头？"

"大致是这样。"

他不由自主地回忆起那些往事，那简直像是一场梦魇——那些他们在旅行的时候遇见的人，接下来是那些一行数字都加不成、一句连贯的话都说不成的人。在轮船的舞会上，海伦同意跟那个小个子跳舞，那个人却在离餐桌十英尺的地方侮辱她；妇人和姑娘喝醉了酒，吸了毒，尖声叫嚷，从公共场所被人抬出去——

——男人们把他们的妻子锁在门外，因为一九二九年的雪不是真正的雪。你要是想不算它是雪的话，付点钱就行。

他走去打电话到彼得斯的公寓里去；林肯来接电话。

"我打电话来是因为这件事一直挂在心上。马里恩有明确的意见吗？"

"马里恩病了，"林肯简短地回答。"我知道事情完全不是你的责任，可是我不能让她精神崩溃。我怕咱们得把这事搁上半年再说；我不敢担这个风险，害她再受到这样严重的刺激。"

"我懂得。"

"对不起，查利。"

他回到桌旁。他杯子里的威士忌喝光了；亚历克斯用探询的眼光望着杯子，他摇摇头。眼下，他可做的事情不多了，只剩下给霍诺丽娅买些东西差人送去。明天，他要差人给她送去许多东西。他相当生气地想着，那只是钱罢了——他给过多少人钱啊。……

"不，不喝了，"他对另一个侍者说。"我该付你们多少?"

有一天，他会回来的；他们没法让他永远付账。可是他要自己的孩子，而且现在，除此以外，别的都算不了什么了。他不再年轻，也不再有个人的美妙的念头和梦想。他完全能肯定海伦不会要他这么孤独。

鹿　金译

《译文名著文库》作品目录